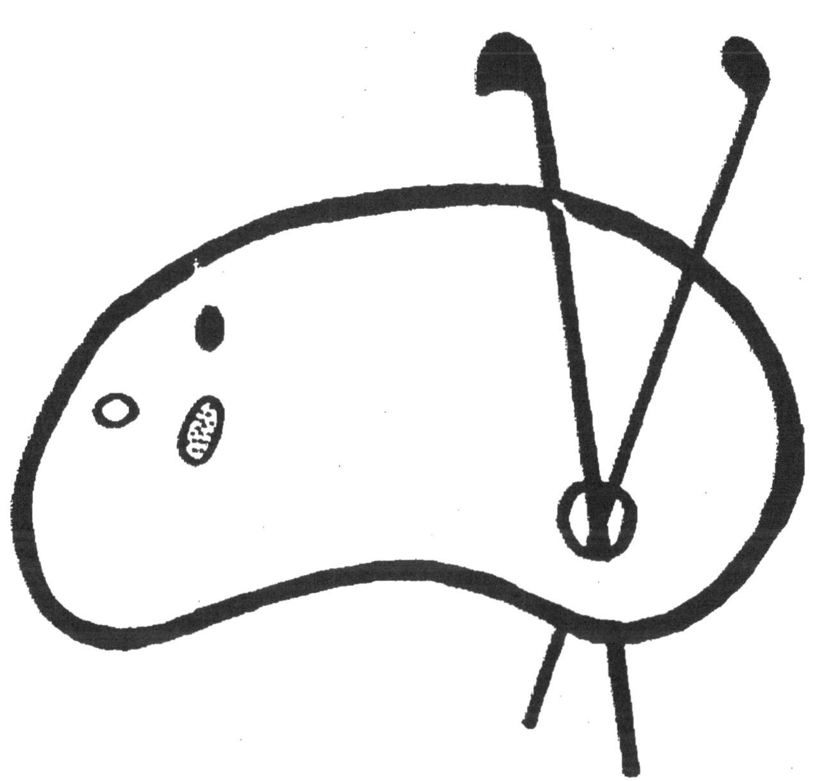

HISTOIRE

DE LA

BRETAGNE

RÉPUBLICAINE

Depuis 1789 jusqu'à nos jours

PAR

CH.-M. LAURENT

« VIVRE LIBRE OU MOURIR ! »

(Serment des Jeunes Citoyens militaires de la Bretagne et de l'Anjou assemblés à Pontivy, le 15 janvier 1790 et les jours suivants.)

LORIENT
Chez CORFMAT Fils
RUE DU PORT, 6

PARIS
Chez LEMERRE
PASSAGE CHOISEUL, 27 et 29

DU MÊME AUTEUR :

	PRIX
DE PARIS A DANTZIG, récit d'un prisonnier.	3 f. »

LORIENT. — IMP. CORFMAT FILS, LIBRAIRE-ÉDITEUR, RUE DU PORT, 64

HISTOIRE

DE LA

BRETAGNE

RÉPUBLICAINE

DU MÊME AUTEUR :

PRIX

DE PARIS A DANTZIG, récit d'un prisonnier............ 2 f »

1875. — LORIENT. — CORFMAT FILS IMPRIMEUR-ÉDITEUR

HISTOIRE

DE LA

BRETAGNE

RÉPUBLICAINE

Depuis 1789 jusqu'à nos jours

PAR

CH.-M. LAURENT

SOMMAIRE : Lutte du parlement contre la royauté. — État misérable des paysans bretons avant 1789. — La Bretagne aux états généraux et à l'assemblée nationale. — Le pacte fédératif de 1790, entre la Bretagne et l'Anjou, origine de la fédération française. — Soulèvement des paysans de la Haute-Bretagne contre les nobles ; incendie et pillage des châteaux. — La constitution civile du clergé. — Excitations des prêtres dans les campagnes. — La loi de la conscription provoque, en 1793, une prise d'armes générale des paysans bretons contre les cités bourgeoises. — Les gardes-nationales fédérées de la Bretagne écrasent l'insurrection. — Les Bretons arment à la fois des bataillons contre les Anglais, contre les Vendéens et contre Paris. — Le fédéralisme. — La Vendée et la chouannerie. — Les jacobins en Vendée et en Bretagne. — Les corsaires bretons sous la République et sous l'Empire : Surcouf. — La fédération de 1815. — La Bretagne sous la monarchie constitutionnelle. — Les conspirations dans l'Ouest. — Association bretonne pour le refus de l'impôt, en 1829. — Révolution de 1830 ; les journées de juillet à Nantes. — La monarchie de juillet. — Lamennais et la réforme ecclésiastique. — La Bretagne en 1848. — Le second empire. — Les Bretons pendant la guerre de 1870-1871. — Le fédéralisme et la décentralisation.

PARIS

CHEZ TOUS LES LIBRAIRES

HISTOIRE

DE LA

BRETAGNE

RÉPUBLICAINE

INTRODUCTION

Idée générale de la Bretagne. — Résumé historique des temps anciens. — L'Armorique. — Nominoé. — Les Bretons au service de la France. — Anne de Bretagne. — Réunion à la couronne de France. — La Bretagne conserve ses libertés et ses franchises. — Rapports avec l'ancienne royauté. — Résistance du parlement. — D'Aiguillon et La Chalotais. — De l'idée fausse que se fait généralement le public français sur le rôle de la Bretagne dans les événements contemporains. — Il existe une Bretagne républicaine dont les actes surpassent en grandeur et en énergie ceux de la Bretagne royaliste.

Il est à l'Ouest de la France une contrée célèbre par son caractère et son originalité. Son sol est, selon l'heureuse expression d'un de ses poëtes, *une terre de granit recouverte de chênes* aux aspects sauvages et pittoresques. L'Océan assaille de trois côtés ses rivages abruptes, déchirés, semés d'écueils terribles. Une population dure et laborieuse, mais profondément ignorante, remplit ses campagnes, et les émaille, surtout les jours de fête, par la variété infinie de ses costumes : descendants directs des vieux Celtes, les paysans bretons en ont conservé en certains endroits l'habit et parfois les mœurs; ils ignorent en grande partie l'usage de la langue française ; ils parlent, ainsi que les paysans du pays de Galles, en Angleterre, un langage dont presque tous les mots appartiennent à l'idiome employé chez les populations des Gaules et de la Grande-Bretagne avant l'arrivée des Romains et l'introduction de la langue latine. Ces circonstances, dues à l'esprit de ténacité et de jalouse indépendance qui leur est naturel, expliquent la difficulté que les idées et les usages français ont toujours trouvée à pénétrer chez eux.

Les habitants des villes possèdent toutes les qualités des paysans de leurs campagnes, et n'en ont pas tous les défauts : ils sont aussi durs au travail, beaucoup plus actifs et nullement ignorants, quoique parfois routiniers. Le peuple parle la langue française avec facilité, surtout avec pureté, en l'assaisonnant d'un accent musical plus original que désagréable. L'industrie locale est généralement peu développée. En politique les Bretons des villes se sont surtout montrés amis de la justice et du droit appuyé sur la légalité.

Avec ses intrépides marins et ses vaillants soldats, ses savants, ses philosophes, ses jurisconsultes, ses écrivains, avec tous les grands hommes qu'elle a produits dans tant de genres divers, la Bretagne est une de nos provinces qui ont le plus contribué à fonder la force et la grandeur de la France. Elle s'appela d'abord l'Armorique. Sous ce nom elle opposa, à l'aide de ses flottes, aux vaisseaux et aux troupes de César vainqueur des Gaules, une héroïque mais inutile résistance. Il lui fallut subir le joug. Au IIIe, au IVe et surtout au Ve siècle, elle reçut un nombre considérable de colonies de Bretons qui fuyaient la grande île pour échapper au fer des envahisseurs Anglo-Saxons, et prit d'elles le nom de Bretagne. Lorsque Clovis eut à son tour conquis la Gaule, il essaya de dompter les Bretons : il échoua dans son entreprise ; tout ce qu'il put obtenir, ce fut de conclure avec eux un traité d'alliance dont la conséquence fut le désarmement des derniers Romains qui restaient encore dans l'Ouest. La Bretagne conserva sa liberté et ses chefs nationaux pendant plusieurs siècles ; mais elle ne put résister aux armes de Charlemagne : les armées impériales, après trois guerres terribles dont la dernière détruisit les arbres et les maisons, soumirent le sol avec ce qu'il y restait d'habitants. Il fallut cinquante ans à la Bretagne pour se refaire. Alors, à la voix de Nominoë, elle se soulève contre les fils de Louis le Débonnaire. Charles-le-Chauve, l'un d'eux, voit sa puissante armée périr presque tout entière sous ses yeux, à Ballon, près de Redon, dans une bataille qui dura deux jours. Dorénavant la Bretagne prend part, comme état indépendant, à tous les grands évènements qui intéressent la France : elle lutte contre les Normands, elle vole avec Guillaume à la conquête de l'Angleterre, elle envoie ses fils à la croisade.

Mais à mesure que la France et l'Angleterre se développent, la Bretagne devient l'objet des convoitises de l'une et de l'autre : Henri II d'Angleterre lui impose un de ses fils pour duc. C'est à cette période que se rattachent le meurtre du jeune Arthur par Jean-sans-Terre, et l'intervention de Philippe-Auguste. Celui-ci dépouille le meurtrier de toutes ses possessions et donne à la Bretagne un duc de sa main et de sa maison, Pierre Mauclerc. La vieille Armorique, quoique toujours souveraine, sera désormais unie à la France par le lien de l'hommage.

Étranglée de plus en plus entre la France et l'Angleterre, elle fait au siècle suivant de magnifiques efforts couronnés de succès, pour échapper à l'une et à l'autre. C'est le temps des Charles de Blois, des Montfort, des Beaumanoir, des Clisson, des Duguesclin, à côté désquels il faut citer trois femmes héroïques, Jeanne de Montfort, Jeanne de Penthièvre, Jeanne de Clisson. La haine des Bretons contre les Anglais est implacable et leurs sympathies penchent visiblement du côté de la France : celle-ci leur ouvre ses armées où les plus braves d'entre eux remplissent les postes les plus élevés. Duguesclin, Olivier de Clisson, Arthur de Richemont se succèdent presque sans interruption dans la charge de connétable de France, et chassent à tour de rôle les Anglais du royaume. Mais toutes les fois que la France, abusant de la sympathie qu'elle inspire, veut mettre la main sur la Bretagne, les Bretons désertent en foule ses armées et se retournent contre elle afin de défendre leur pays plus cher à leurs yeux qu'honneurs et richesses. Il faut toute la prudence et toute l'habileté d'Anne de Beaujeu soutenues d'une armée victorieuse pour obtenir en faveur du roi Charles VIII la main de la duchesse Anne, dernière souveraine des Bretons, laquelle apporte comme dot à la France son noble et beau duché. Cette union, renouvelée avec Louis XII, ne se trouve véritablement consommée qu'en 1532, sous François Ier, aux conditions les plus honorables pour la Bretagne : la vieille province garde ses coutumes, ses lois, ses États, son duc ; mais ce duc est désormais le roi de France.

Les querelles religieuses qui ensanglantent le royaume au XVIe siècle, déchirent également la Bretagne. Le parti de la Ligue, dont Mercœur est le chef dans cette province, commet la faute d'accepter l'appui de l'Espagne : la Bretagne, tremblant de passer sous le joug étranger, se jette tout entière dans les bras de Henri IV, et prouve ainsi qu'elle est devenue française de cœur : c'est à Nantes que ce roi fonde définitivement par un édit fameux la paix religieuse.

Richelieu construit le port militaire de Brest, et, en bâtissant la citadelle de Port-Louis à l'entrée de la rade au fond de laquelle s'élèvera bientôt Lorient, prépare l'avenir au premier port de constructions navales de France.

Sous le règne despotique de Louis XIV, la province, malgré l'opposition des États dont les franchises sont violées, est accablée d'impôts écrasants : les paysans des environs de Rennes, des Montagnes Noires, de la Cornouaille, se révoltent ; les soldats du roi les pendent, les tuent ; le grand roi lui-même, voulant laisser de sa vengeance une trace durable, fait abattre les flèches de leurs clochers.

Pendant la minorité de Louis XV le régent continue les errements de Louis XIV. Alors quelques gentilshommes bretons entreprennent, avec l'appui des Espagnols gouvernés par Albéroni, de séparer encore une fois la province du royaume. Le complot, ramification de la fameuse conjuration de Cellamare, est découvert : les seigneurs de Talhouët, du Couëdic, de Pontcallec et de Mont-Louis portent leur tête sur l'échafaud de Nantes. Le règne de Louis XV creuse de plus en plus l'abime où la royauté doit s'engouffrer. Déjà éclatent en Bretagne les faits précurseurs du grand mouvement qui va faire explosion dans toute la France et qui refluant sur notre province la remuera plus profondément qu'aucune autre. Arrêtons-nous un moment sur ces faits avant d'entrer dans le corps de notre récit.

Il est facile de se convaincre, en jetant un coup d'œil sur l'histoire, que la France, avant 1789, formait une véritable confédération d'états et de provinces, chacune ayant ses lois, son organisation particulière : la royauté était le lien qui unissait politiquement tous ces états. Parmi les différents peuples de France, le peuple breton était peut-être celui qui avait, conformément aux traités d'union conclus sous Charles VIII, Louis XII et François Ier, conservé le mieux son indépendance au point de vue administratif. Le roi, on l'a déjà vu, ne pouvait lever aucun impôt dans la province sans le consentement des États, composés comme partout du tiers, du clergé et de la noblesse, et sans l'approbation du parlement qui pouvait accorder ou refuser l'enregistrement des édits. Pendant le règne de Louis XV, d'Aiguillon étant gouverneur, le ministère fit des appels fréquents et des plus onéreux aux ressources du pays. La noblesse et le haut clergé, par esprit d'indépendance beaucoup plus que par intérêt pour le peuple, résistèrent constamment à l'établissement de ces impôts extraordinaires dont par suite de leurs priviléges ils n'avaient pas cependant à supporter les charges ; le tiers et le bas clergé qui redoutaient de se mettre à la discrétion d'une noblesse altière et oppressive, et qui voulaient avant tout vivre en paix avec la royauté, accordèrent chaque fois à celle-ci les subsides qu'elle demandait et les payèrent sans murmurer. Mais en 1764, le ministère, dont tout l'or de France n'aurait pas suffi à remplir les coffres, fit aux États une nouvelle demande de deux sols par livre ; cette fois le tiers à bout de ressources, s'unit à la noblesse pour refuser. Le parlement, inspiré par La Chalotais, refusa également d'enregistrer les édits, soutint les États et défendit aux agents du fisc de procéder à la levée de l'impôt. En vain Louis XV veut contraindre ce grand corps par lettres-patentes; le monarque voit avec stupéfaction ses lettres lui revenir par la poste. Le parlement est mandé tout entier à Paris pour y recevoir verbalement les ordres du roi; mais ce sont au contraire les magistrats qui, arrivés en présence de Louis XV, lui exposent les doléances de la province. Louis XV, irrité, leur enjoint de retourner immédiatement à Rennes, et d'y attendre communication de ses volontés. A leur retour, les magistrats se démettent en masse de leurs fonctions à l'exception de douze qui se trouvent bientôt couverts de ridicule. Le cours de la justice est suspendu dans toute la province.

Le duc d'Aiguillon, avons-nous dit, était alors gouverneur, créature des jésuites, également détesté du peuple, de la magistrature et de la noblesse. Le procureur-général La Chalotais l'avait, en plein parlement, accusé d'exaction et d'arbitraire. De plus, La Chalotais était le premier magistrat de France qui eût osé, dans un réquisitoire implacable, dénoncer comme anti-sociales les constitutions des jésuites : à sa requête, cette compagnie avait été condamnée par le parlement de Bretagne un an avant de l'être par celui de Paris. Il était donc considéré avec raison comme le principal auteur de leur expulsion qui venait d'avoir lieu. D'Aiguillon trouva dans la querelle du parlement et du ministère l'occasion de venger d'un seul coup lui-même et ses maîtres. Il fit saisir et jeter aux fers La Chalotais et son fils, et trois autres conseillers, sous l'inculpation d'intrigue et de complot contre l'Etat. La Chalotais demeura plusieurs années soumis à la plus inique et à la plus rigoureuse des captivités. Il parvint cependant à rédiger un mémoire justificatif à la suite duquel on lisait ces mots : « écrit avec une plume faite d'un cure-dents, de l'encre faite avec de la suie de cheminée, du vinaigre et du sucre, sur des papiers d'enveloppe de chocolat. » Ce cure-dents, selon l'expression de Voltaire, burinait pour la postérité. Le mémoire de La Chalotais, outre l'intérêt qui s'attache à l'œuvre, est en effet un des monuments les plus purs de la littérature du XVIIIe siècle. En ce temps-là il eut pour effet d'attirer sur son auteur un redoublement de persécutions, et de faire mettre à la Bastille le libraire Hovius, de Saint-Malo, qui l'avait imprimé. Cependant l'opinion publique était saisie : la clameur fut telle dans toute la France qu'il fallut reconnaitre l'innocence de La Chalotais et condamner d'Aiguillon. Le gouverneur de Bretagne destitué, allait porter une peine plus sévère de son iniquité, lorsque la courtisane Dubarry en fit un ministre : tous les parlements furent cassés. Louis XVI les rétablit ; La Chalotais put seulement alors revenir occuper dans celui de Rennes la place qu'il y avait tenue avec tant d'honneur et tant d'éclat.

Nous touchons à la grande et solennelle époque où la nation tout entière va se trouver face à face avec le roi et les classes privilégiées. Nous allons assister aux luttes terribles nécessitées par cette rencontre, aux conséquences qu'elles ont produites et qu'elles continuent à produire. La Bretagne a joué et joue toujours un rôle important dans cet immense combat de l'avenir contre le passé ; mais le public français se fait généralement une idée inexacte de ce rôle : la Bretagne lui paraît avoir eu dans la Révolution une action plus entravante qu'impulsive, qui se traduit encore à ses yeux par ces deux mots : Chouannerie et Vendée. Beaucoup d'écrivains, surtout les poëtes, séduits par la bravoure des paysans vendéens et bretons, ont exalté en eux un héroïsme qui avait en somme son origine dans un sentiment de profond égoïsme ; les mêmes écrivains ont, tantôt passé sous silence, tantôt diminué le mérite des républicains bretons vainqueurs ; ceux-ci cependant ne firent que repousser le fer avec le fer, et obéirent en se défendant à un sentiment plus élevé d'intérêt national. Les écrivains en question ont donc contribué d'une manière regrettable à tromper l'opinion sur l'attitude générale de la Bretagne dans ce grand mouvement d'où est sortie la société actuelle. L'immense majorité du public ne sait pas qu'en dehors de la Bretagne royaliste, et bien au-dessus d'elle, il y a en effet la Bretagne républicaine, affirmée par des actes d'une grandeur, d'une beauté, d'un patriotisme incomparables. Oui, elle existe cette Bretagne : d'illustres historiens, Michelet, Thiers, Vaulabelle ont signalé deux ou trois phases de son existence, mais d'une manière incomplète et souvent insuffisante ; leurs indications peuvent servir néanmoins de jalons. D'autre part, M. Duchâtellier, de Quimper, a fait, il y a quarante ans, avec un talent supérieur, une histoire détaillée de la Bretagne pendant la période révolutionnaire, en s'appuyant sur les documents les plus riches et les plus authentiques; malheureusement son travail, un peu volumineux, ne se trouve guère que dans les bibliothèques de quelques érudits; d'ailleurs il a laissé plus d'une lacune, et il a surtout négligé d'indiquer la part d'action considérable de la Bretagne dans les progrès de la Révolution ; il n'en fournit pas moins un ensemble d'éléments très-précieux à tous ceux qui voudront écrire sur cette province. M. Duchâtellier s'arrête à l'avénement de Napoléon Ier. Il n'a été écrit depuis, croyons-nous, aucune étude sur le mouvement général des faits et des idées en Bretagne à partir de cette époque. Il y a quelque chose à raconter cependant sur les périodes comprenant la fin du premier empire, la restauration, le passage des d'Orléans, la république de 1848, le second empire, et même les événements des dernières années, car l'établissement définitif de la République en France a mis un si grand intervalle entre ces événements et nous, qu'on peut les considérer désormais comme entrés dans le domaine de l'histoire. En nous aidant des travaux de nos devanciers et en y joignant le résultat de nos nombreuses recherches, il nous deviendra possible d'ajouter aux anciennes histoires de Bretagne, qui s'arrêtent ordinairement à la Révolution, une nouvelle période embrassant à peu près un siècle. Nous avons en même temps l'espoir de prouver, par ce travail nouveau, que cette belle province qui, outre ses guerriers, a donné à la France Abailard et Lamennais, Descartes et Lesage, Duclos et Maupertuis, Laënnec et Broussais et tant d'autres, n'a pas dégénéré parce qu'elle a donné aussi le jour à quelques chefs de chouans, et qu'au contraire elle a marché, trainant du pied son boulet royaliste, et s'est tenue souvent, malgré tout, au premier rang, sur le libre chemin qui conduit à la lumière et au progrès.

CHAPITRE PREMIER

PREMIERS ÉVÉNEMENTS DE LA RÉVOLUTION

État misérable des paysans bretons avant 1789. — Les droits féodaux. — Atrocité du système du domaine congéable. — Commencements de la Révolution. — Le parlement refuse d'enregistrer les édits de Louis XVI concernant les réformes judiciaires. — Le comte de Thiard à la tête de ses troupes le force à se dissoudre. — Troubles dans Rennes. — Douze gentilshommes bretons, délégués auprès du roi, sont jetés à la Bastille. — Agitation dans toute la Bretagne. — Des députations de tous les ordres parviennent auprès du roi. — Elles obtiennent satisfaction et sont l'objet d'une réception triomphale au Parlement de Paris. — Réunion des Etats de Bretagne. — Division dans les esprits à l'approche des Etats-Généraux. — Provocations de la noblesse. — Luttes sanglantes dans les rues de Rennes. — Moreau et les étudiants. — Les jeunes citoyens de Nantes et d'Angers. — Convocation des États-Généraux.

Le besoin des réformes se faisait sentir en Bretagne comme dans toute la France. Les réclamations de la bourgeoisie y étaient marquées au même coin que celles qui se formulaient dans les autres provinces, nous verrons même plus tard qu'elles étaient quelquefois plus hardies : égalité d'impôt, liberté individuelle, accès pour tous à tous les emplois, réforme judiciaire, etc., etc. Mais nulle part ailleurs le sort des habitants des campagnes n'était aussi déplorable et n'appelait un plus prompt remède. Le récit de l'infortune où se trouvaient plongés ces malheureux est à peine croyable aujourd'hui, surtout lorsque l'on songe qu'au lendemain de leur délivrance ils mordaient le sein de la Révolution, leur bienfaitrice. Les documents attestant leur état misérable sont là cependant et font foi. D'après Ogée, contemporain de Louis XVI, auteur très-estimé d'un dictionnaire de l'histoire et de la géographie bretonnes : « Si le commerce répandait un peu d'aisance parmi les populations voisines des côtes, l'intérieur était rempli d'hommes sans activité, courbés sous le poids de l'infortune, sans espérance de pouvoir jouir d'un meilleur sort. On y rencontrait des troupes de mendiants ; des femmes, des enfants couverts de haillons ; des malheureux de toute espèce. » Dans les années 1773, 1774 et 1775, marquées par la disette, le chiffre des décès surpassa de quarante mille celui des naissances ; on vit des familles de cinq, six, sept et huit personnes, privées de pain pendant des mois entiers, « prolonger leur vie avec quelques mauvaises racines et autres aliments dégoûtants et nuisibles. » Il se produisit un décroissement dans la population, causé par une diminution dans le nombre des mariages ; « les jeunes paysans, témoins du désespoir de leurs voisins qu'ils voyaient chargés d'une nombreuse famille, frémissaient à l'aspect du sort qui semblait les menacer, et fuyaient avec soin tout engagement.» Aux maux causés par cette atroce misère des cultivateurs bretons venait s'ajouter le mépris que l'on avait pour eux. « A voir la manière dont on agit avec les cultivateurs de nos champs, dit Ogée, il semble qu'on les prend pour des animaux sans âme, sans sentiment, pour des êtres dégradés qui n'ont de l'homme que la figure ; aussi sont-ils, dans plusieurs cantons, d'une stupidité, d'une nonchalance et d'un abattement dont un étranger serait surpris. Qu'attendre de ces hommes avilis que l'habitude a rendus insensibles, contre la paresse et l'indolence desquels on n'a pas même la ressource de l'amour-propre ? C'est aux seigneurs, aux gros propriétaires à les encourager par leurs bienfaits, leurs exhortations, leurs caresses, à ranimer leur espoir, à récompenser leur zèle. »

La recommandation était bonne : or voici comment ceux à qui elle s'adressait la mettaient en pratique. La Bretagne était écrasée d'impôts payés exclusivement par les roturiers et par ces manants qui, dans les temps de disette, étaient obligés de se nourrir de racines. Quand les manants avaient donné au roi le meilleur de leurs sueurs, il leur restait encore à payer au seigneur, outre le loyer de leur ferme et des lieux qu'ils occupaient, le droit de moutte pour changer leur blé en farine, le droit de four pour cuire leur pain; le droit de pressoir pour faire leur cidre; le droit de guet pour n'avoir plus à monter la garde au château, obligation qui remontait au temps du moyen-âge; le droit de fumage: chaque vassal roturier qui faisait feu et fumée devait par an au seigneur un boisseau d'avoine et une poule. Quand le seigneur, ayant épuisé ses vieux parchemins, n'y trouvait plus de droits qu'il pût mettre en vigueur, il savait en créer de nouveaux. Il s'emparait des lavoirs, des abreuvoirs, des fontaines, des issues des villages, et le laboureur avait encore à payer pour avoir le droit de laver son linge, d'abreuver ses bestiaux, de se désaltérer lui et sa famille, de sortir de sa maison! L'entente infâme des officiers publics et des seigneurs rendait illusoire toute réclamation. En l'année 1762, les paysans des campagnes de Redon, dans l'égarement provoqué par une telle oppression, renversèrent quelques toises de fossés; on leur suscita un procès désastreux, dont les frais s'élevèrent à la somme exorbitante de vingt-cinq mille livres. L'obligation de se dessaisir de cette somme, dont le paiement fut exigé avec une rigueur inflexible, les mit dans l'impossibilité de poursuivre ultérieurement l'éclaircissement de leurs droits.

Des abus plus grands résultaient du système connu sous le nom de domaine congéable, et appliqué sur plusieurs points de la Bretagne. Dans le domaine congéable le seigneur était réputé propriétaire du fond, le vassal ou domanier possédait les édifices et les superficies à des conditions que le seigneur pouvait renouveler tous les six ans. Il était interdit au vassal d'augmenter le nombre des édifices ; de construire une grange pour loger ses grains, une écurie pour ses bestiaux ; de reparer un grenier, une toiture ; d'ouvrir une fenêtre, une lucarne pour donner de l'air à son habitation, sans une autorisation que le seigneur faisait dépendre de son caprice ou qu'il vendait fort cher. Le vassal, vivant au milieu de ses terres chargées de bois, n'avait pas le droit de toucher aux arbres émondables parmi lesquels était compris le châtaignier aux fruits si utiles ; tous ces arbres étaient la propriété du seigneur. Ceux des colons qui auraient voulu se faire en dehors de ce système une existence moins précaire n'avaient pas même la ressource de pouvoir s'en affranchir : le domaine n'était congéable que de la part du seigneur. Quand le colon, rivé à la métairie, était parvenu à force de travail à l'améliorer, qu'il commençait à espérer des jours plus heureux, le seigneur se présentait avec des conditions plus dures ; si le colon se montrait impuissant à les remplir, on lui signifiait son congé. L'infortuné alors était expulsé, dépouillé des édifices et des superficies qui devenaient l'objet d'un prisage dont la victime payait les frais énormes, et dont les conséquences étaient telles que l'on vit souvent de ces misérables, fous de désespoir, mettre de leurs propres mains le feu aux murs qui les avaient vus naitre, afin de ne laisser qu'un monceau de ruines à l'avidité du seigneur. Lorsque, par aventure, le cultivateur parvenait à vaincre les difficultés et à se maintenir dans ces biens dont on lui rendait la possession si pénible, son triste héritage n'était pas même toujours assuré à sa famille: en certains lieux, s'il mourait sans enfants mâles, ses filles étaient déshéritées; le seigneur, déjà propriétaire du fond, le devenait encore des surfaces et des superficies. Cet abominable système était, dans son ensemble, particulièrement appliqué dans toute l'étendue des domaines des Rohan, les plus vastes et les plus riches de Bretagne. Au fond de leur abime de misère les paysans bretons avaient pourtant des consolations: c'étaient la vue de la croix au sommet de leurs clochers gothiques, et, le dimanche, les paroles d'un vieux prêtre presque aussi misérable qu'eux. La bourgeoisie, placée entre les paysans et la noblesse, tendait à ceux-là une main secourable, et, en marchant à la conquête de toutes les réformes, entendait bien les en faire profiter.

On connait les demi-mesures, les faibles tentatives de réformes émanées de la royauté elle-même à l'approche de 1789. Louis XVI, animé de bonnes intention, venait de prendre de concert avec son ministre Brienne l'initiative d'une réforme judiciaire consistant dans la suppression des chambres et requêtes, l'abolition des tribunaux d'exception, la création de cours inférieures, l'institution d'une cour plénière pour l'enregistrement des lois. Mais il fallait faire examiner ces mesures par les parlements dont elles diminuaient les attributions, et qui allaient se trouver forcés, en les adoptant, d'accomplir leur propre suicide: ces grands corps se préparèrent à la résistance.

La nation de son côté voulait tenir tout d'elle-même par les États-généraux, et rien du caprice d'une royauté sujette à des retours : elle fit cause commune avec les parlements, et repoussa des réformes qui ne lui accordaient qu'une satisfaction fugitive et incomplète. L'agitation éclata à Paris et dans dix provinces. En Bretagne, elle prit un caractère de vivacité extrême et détermina des événements qui méritent d'être rapportés.

Le parlement était assemblé à Rennes, vieille capitale de la province, dans le lieu ordinaire de ses séances : le 5 mai 1788, en présence des magistrats et des représentants intermédiaires des trois ordres, le comte de Botherel, procureur syndic, après avoir présenté l'intervention royale dans la réforme judiciaire comme un attentat aux franchises de la province, prononça les paroles suivantes : « Spécialement chargés par les gens des trois états de veiller à la conservation des constitutions de la province consignées dans les anciens contrats, nous déclarons réclamer formellement exécution du contrat de mariage du roi Louis XII et de la duchesse Anne, qui porte expressément que nos droits, libertés, franchises, coutumes en fait d'église, de justice, de chancellerie, etc., du peuple comme de la noblesse, seront maintenus ainsi qu'au temps des anciens ducs de Bretagne. » Ce langage, par lequel on affirmait que la Bretagne seule avait le droit de toucher à sa constitution, fut couvert d'applaudissements. Cependant le comte de Thiard, gouverneur, se rend au parlement à la tête de ses troupes ; les portes demeurent fermées. Au signal donné, les troupes envahissent l'enceinte, et les édits sont enregistrés sous la pression de la force. A cette nouvelle, une violente indignation éclate dans toute la Bretagne. Le 10 mai, les commissaires royaux, en descendant les degrés du palais, sont assaillis par une grêle de pierres et de projectiles. Les soldats et les officiers ont peine à contenir la foule. L'agitation se prolonge. Le comte de Thiard, pensant y couper court, fait arrêter pendant la nuit plusieurs membres du parlement. La plupart parviennent à s'échapper demi-vêtus, et se réunissent à leurs collègues laissés libres, dans l'hôtel de l'un d'eux ; de là ils lancent une dernière et solennelle protestation. Les jeunes gens de l'école de droit, guidés par Moreau, de Morlaix, jurent « de lier leur sort à celui des magistrats opprimés, et de renoncer à leur profession si ces magistrats perdent leur pouvoir autrement que par *délibération nationale.* » Le peuple et les troupes vont en venir aux mains, lorsque le parlement, pour éviter de cruels malheurs, prend lui-même la résolution de se séparer.

Le comte de Botherel et deux commissions n'en demeurent pas moins pourvus d'une autorité légale, avisent les juridictions, chapitres, communautés de villes, corps constitués, d'adhérer aux protestations faites par le parlement et par les représentants intermédiaires des Etats. Toutes les villes répondent que les franchises nationales ont été violées. Nantes, Saint-Malo, Quimper, Lorient, Pontivy, Lannion,

Saint-Pol, Lesneven, Landerneau, expriment en outre l'avis d'envoyer au roi une députation. Douze délégués de la noblesse sont choisis, et reçoivent la mission de se rendre à Versailles. A leur arrivée ils sont arrêtés et jetés à la Bastille. Leurs femmes se mettent en route et vont près des ministres solliciter leur délivrance. La commission intermédiaire des Etats forme une nouvelle députation de dix-huit membres pour suppléer à ces douze *héros de la Bretagne*, et pour réclamer leur mise en liberté. Arrivée à Pontchartrain, cette députation reçoit de la cour défense expresse de passer outre. L'effervescence est à son comble ; Thiard porte à dix mille hommes le nombre des troupes engagées dans Rennes. Mais rien ne saurait comprimer l'élan de la province ; les Bretons ont pour eux le droit et la loi. Une grande assemblée de députés des trois ordres se réunit à Rennes et décide l'envoi au roi d'une troisième députation, composée de cinquante-trois membres choisis dans le clergé, le tiers et la noblesse. Toute la France, étonnée de cette persistance, a les yeux fixés sur la Bretagne. Les cinquante-trois députés arrivent à Paris avec « l'ordre de ne céder qu'à la force et de ne donner aucun reçu de toutes réquisitions ou défenses qui leur seraient faites. » Ils perdent d'abord du temps en vaines démarches, lorsque le ministère de Brienne venant à crouler sous la réprobation universelle, Necker est appelé au pouvoir. Le nouveau ministre facilite aux députés bretons leur entrée à Versailles. Admis en présence du roi, ils lui disent : « Sire, écouter avec bonté les doléances de ses peuples, les accueillir quand elles sont justes, c'est le devoir des rois. Présenter avec respect ces réclamations, en attendre l'effet avec une confiance inébranlable, voilà le nôtre. » Puis ils lui remettent un mémoire où sont demandés dans un langage respectueux, mais ferme, la mise en liberté des gentilshommes emprisonnés et le maintien des franchises nationales. Le roi les accueille avec bienveillance, prend connaissance du mémoire, et ordonne de relâcher les gentilhommes. Les députés bretons sont en outre salués des princes et fêtés de toute la cour. « Nous ne nous lasserons jamais de dire, répétaient-ils plus tard à leurs concitoyens, que nous étant trouvés plusieurs fois dans ce jour en face de leurs Majestés, tant à leur dîner auquel nous assistâmes, qu'au jeu de la reine où nous fûmes admis le soir, nous eûmes à chaque fois le bonheur de fixer d'une manière particulière leurs regards et spécialement ceux de la reine, et d'y découvrir tous les signes de la bienveillance et de l'intérêt. » (Rapport de Boullé, l'un des députés en cour de la ville de Pontivy, à l'assemblée communale de cette ville).

Un accueil plus éclatant encore les attendait à Paris. Ils s'y rendirent dans le moment où le rétablissement des parlements venait d'être décrété. Invitation leur fut faite d'assister à la rentrée solennelle du parlement de Paris. A leur arrivé au Palais, les officiers en robes courtes vinrent les recevoir au bas du grand escalier; les tambours battirent aux champs comme pour l'entrée du roi, et les magistrats se découvrant les saluèrent en ces termes : « Honneur aux Bretons! chapeaux bas pour les Bretons! » Tandis que le peuple criait : « Vivent les Bretons! bravo les Bretons! »

Cependant le peuple de Bretagne, quand il appuyait d'une manière si énergique le parlement dans sa querelle, n'entendait pas travailler à l'affermissement des pouvoirs de ce grand corps; il n'avait fait que saisir cette occasion d'affirmer le droit exclusivement réservé à la nation de toucher à ses constitutions. Déjà les députés du tiers avaient profité de leur séjour à Paris pour se mettre en relation avec la bourgeoisie de cette capitale, et avaient fortement contribué à soulever les questions du doublement du tiers et du vote par tête qui allaient tant agiter la nation et les États généraux. En Bretagne même, le parlement avait à peine eu le temps de jouir de son triomphe que la réaction commençait. Ce même comte de Botherel, qui avait joué un si grand rôle dans la résistance, fut peu de temps après salué à son passage à Quimper par les cris, issus d'une foule nombreuse, de: « A bas le parlement! vivent les États-généraux! » La nation française en effet n'avait d'autre moyen, pour sortir des difficultés accumulées depuis des siècles, que de s'assembler par représentants, et de régler elle-même ses destinées avec le concours de la royauté, si celle-ci voulait le lui prêter.

Mais avant de convoquer les États-généraux il fallut soumettre la question aux États particuliers. Les Etats de Bretagne reçurent du roi l'ordre de s'assembler à Rennes, capitale de leur province. Les députés du tiers accoururent les premiers; réunis à l'hôtel-de-ville, ils consacrèrent plusieurs jours, les 22, 24, 25, 26 et 27 décembre, à la rédaction d'un cahier commun de demandes dont voici les principales : communauté des droits, des charges et des taxes, liberté individuelle, liberté de la presse, création de codes uniformes de police, droit civil et criminel, réduction des pensions et des emplois publics, uniformité des poids et mesures, nouvelle organisation de l'ordre judiciaire, responsabilité ministérielle, publication des comptes de commune, impôts sur les chiens de chasse, les voitures, les laquais, les gens d'affaires et les financiers ; impôt progressif sur plusieurs points ; établissement d'un cours de sages-femmes par arrondissement ; aliénation des domaines de l'État ; suppression pour toute la France de l'impôt sur le sel ; suppression du droit de débit sur les boissons, sauf à le remplacer par un droit d'entrée et un droit de production dans le pays du crû ; concours libre pour tous les emplois civils, militaires, de judicature et de finance, etc., etc. Il fut ensuite spécifié : « que dès la prochaine tenue des États qui allaient avoir lieu, il serait voté sur toutes matières quelconques, et dans tous les cas, par tête et non par ordre ; que dorénavant tous les impôts, tant réels que personnels, seraient supportés d'une manière égale et proportionnelle par les trois ordres ; et que les députés du tiers s'abstiendraient de délibérations sur toutes demandes du roi, sur toutes affaires quelconconques, avant d'avoir obtenu justice sur les deux chefs précités. » Enfin les représentants du tiers demandaient que leur nombre fût égal à celui des deux autres ordres, conformément à l'usage établi aux États du Dauphiné.

Les membres de la noblesse et du clergé étant aussi arrivés, les États de Bretagne, les derniers qui aient été tenus, s'ouvrirent le 25 décembre. Les membres étaient au nombre de neuf cent soixante-cinq pour la noblesse ; de trente pour le haut clergé (le bas clergé n'était point représenté) ; de quarante-deux pour le tiers. On voit à cette écrasante disproportion si les réclamations du tiers étaient fondées ! Pendant dix jours, à chaque séance, il essaya de les faire entendre : tous ses efforts échouèrent contre le refus obstiné de la noblesse et du haut clergé ; conformément à ses résolutions, il s'abstint de prendre part à toutes les délibérations, frappant ainsi ses adversaires d'impuissance et donnant à tout le tiers français un exemple qui ne devait pas être perdu. En cette circonstance, le parlement, presque tout composé de nobles, se montra naturellement hostile à l'égalité de représentation.

Le roi mit un terme à cette situation en ordonnant, le 9 janvier 1789, la dissolution immédiate des États. Le tiers obéit. La noblesse, selon sa constante habitude de résister à l'autorité royale, même lorsqu'elle se produisait légalement, refusa de se dissoudre et se déclara en permanence. Des murmures éclatent. La noblesse invite les trois ordres à se réunir, le 26 janvier, au Champ-Montmorin, afin d'arriver à une entente ; mais cet appel n'est qu'un piége tendu à la bonne foi du tiers. Au jour fixé, les nobles en effet, évitent de se montrer : cinq à six cents de leurs valets paraissent au lieu d'eux. Les députés du tiers se sont prudemment abstenus. La valetaille, qui voit sa proie lui échapper, se rabat sur la foule des promeneurs et des curieux : les bourgeois, les étudiants deviennent les objets de leurs grossières injures, de leurs ignobles violences. Les habitants irrités engagent avec eux une lutte sanglante. Aussitôt les gentilshommes armés d'épées interviennent. En vain le parlement est sommé de rechercher les auteurs de ces troubles : il donne, en fermant les yeux, la preuve de sa coupable partialité. Alors Moreau, prévôt des étudiants en droit, fait enlever les armes de la milice, et, de concert avec les bourgeois, organise la résistance à l'école de droit. Un jeune homme, surnommé *Omnes omnibus (tous pour tous)*, d'une épigraphe inscrite sur une médaille de sauvetage qui lui avait été décernée par le roi quelques années auparavant, part pour Nantes où il soulève la jeunesse. Il leur peint la noblesse insolente et deux de leurs compagnons égorgés dans l'émeute. « Jurons tous, s'écrient les jeunes Nantais, au nom de l'humanité et de la liberté, d'élever un rempart contre nos ennemis ; d'opposer à leur rage sanguinaire le calme et la persévérance des sensibles vertus ; élevons un tombeau aux deux martyrs de la cause de la liberté, et pleurons sur leurs cendres jusqu'à ce qu'elles soient apaisées par le sang de leurs bourreaux. » Et armés de piques, de pistolets et de haches d'abordage, ils s'élancent sur la route de Rennes, portés sur des chariots, à la suite de *Omnes omnibus*.

Le 27, une lutte à main armée s'engage dans les rues de la ville. Moreau portant un drapeau sur lequel il a fait écrire ces mots : « Vaincre ou mourir! » dirige les étudiants. Des courriers partis de Vannes, de Lorient, de Saint-Malo, de Hédé, annoncent de prompts secours. Les nobles refoulés avec leurs domestiques se retranchent aux Cordeliers et, munis de vivres, se préparent à subir un siége. La ville en armes les entoure. L'affaire prenait des proportions de plus en plus graves, lorsque le comte de Thiard intervint et obtint enfin de la noblesse l'évacuation des Cordeliers et la clôture de ses séances. Le lendemain les jeunes gens de Nantes entraient dans la ville ; d'autres jeunes gens des villes voisines arrivaient également. La noblesse, si elle avait eu la velléité de recommencer, se fût trouvée promptement remise à l'ordre.

L'émotion de ces événements se fit sentir jusqu'à Angers, Caen, Poitiers, villes étrangères à la Bretagne ; mais déjà l'on comprenait que la cause d'une province était celle de toute la France, et l'on reconnaissait la nécessité de marcher unis en présence des obstacles que l'on allait avoir à renverser. Les jeunes citoyens de Caen, de Poitiers, d'Angers firent remettre à leurs camarades de Rennes une adresse énergique dans laquelle ils promettaient à la nation bretonne leur secours immédiat en cas de nouvelles tentatives de la part des nobles. Les femmes d'Angers leur en firent également parvenir une, conçue en ces termes : « Nous, mères, sœurs, épouses et amantes des jeunes citoyens de la ville d'Angers, assemblées extraordinairement, lecture faite des arrêtés de tous messieurs de la jeunesse, déclarons que, si les troubles recommencent, et, en cas de départ, tous les ordres des citoyens se réunissant pour la cause commune, nous nous joindrons à la nation dont les intérêts sont les nôtres ; nous réservant, la force n'étant pas notre partage, de prendre pour fonctions les préparatifs de départ, le soin des bagages, provisions de bouche, et tous les soins, consolations et services qui dépendront de nous. » Les députés du tiers rédigèrent une circulaire dont le but était de porter les événements qui venaient d'avoir lieu à la connaissance, non seulement des villes de Bretagne, mais aussi des villes de France. Les villes de Bretagne et quelques localités de l'Anjou se promirent dès lors un mutuel appui, et semèrent entre elles ces germes de fraternisation, de fédération, qui devaient prendre bientôt sous l'influence des faits un développement rapide et étendu.

Les esprits étaient à peine remis de leur émoi qu'un nouveau sujet d'irritation se produisit. Le parlement, déjà impliqué dans l'affaire des troubles, mit le comble à son impopularité par une usurpation de pouvoirs dans une question de taxe sur le pain. L'opinion publique était indignée de cette violation perpétuelle du droit. Les avocats de Rennes adressèrent au roi, sur l'usurpation du parlement, un mémoire qui fut condamné par les magistrats de Paris à être brûlé de la main du bourreau. Il était temps de voir intervenir enfin dans toutes ces querelles un pouvoir plus fort que celui du roi, plus juste que celui des parlements. L'heure, du reste, était sonnée. Le roi, toutes délibérations des États provinciaux étant terminées, lança les lettres de convocation pour les États-généraux. Il trancha lui-même la question de la représentation du tiers qui avait tant agité la France, en Bretagne, à Paris, en Provence, partout; il décida que le tiers serait représenté aux États-généraux par un nombre de députés égal à celui des deux autres ordres réunis. Quant au mode d'élection de ces députés, il fut à deux degrés: l'ordonnance royale portait que tous les Français âgés de vingt-cinq ans, après s'être assemblés à l'hôtel-de-ville de leur sénéchaussée pour rédiger les cahiers des charges, nommeraient des délégués, qui eux-mêmes choisiraient les députés aux États-généraux.

CHAPITRE II

LA BRETAGNE AUX ÉTATS-GÉNÉRAUX

ET A

L'ASSEMBLÉE NATIONALE

Élections pour les États-généraux. — Cahiers du clergé. — Refus de la noblesse et du haut clergé d'élire des députés. — La députation du tiers. — Ouverture des États-généraux. — La noblesse et le clergé ne veulent pas consentir à la délibération commune entre les trois ordres. — Motion de Chapelier à l'Assemblée des communes. — Combattue par Mirabeau comme prématurée, cette motion est reprise par Camus, puis par Siéyès. — Réunion du clergé aux communes. — Serment du Jeu de Paume. — Influence et initiative des députés bretons dans les premiers événements de la Révolution. — Popularité de Chapelier. — Il est nommé président de l'Assemblée nationale. — Nuit du quatre août. — Le Guen de Kerangal. — Le parlement de Rennes refuse d'enregistrer les décrets de l'Assemblée nationale. — Affaire de la chambre des vacations. — Discours de Chapelier et de Mirabeau. — Condamnation des magistrats de Rennes. — Hostilité des députés bretons à l'égard de Mirabeau qu'ils accusent de faire la part trop belle à la royauté.

Le tiers s'empressa de procéder aux élections dans le mode indiqué. Quarante-huit députés furent désignés, représentant les villes de Rennes, Nantes, Saint-

Malo, Vannes, Quimper, Saint-Brieuc, Dol, Saint-Pol-de-Léon, Tréguier, Fougères, Redon, Ploërmel, Lamballe, Dinan, Hennebont, Morlaix, Guingamp, Guérande, Josselin, Malestroit, Vitré, Montfort, Quimperlé, Pontivy, Rhuys, Auray, le Croisic, Ancenis, Châteaubriant, la Guerche, Hédée, la Roche-Bernard, Quintin, Moncontour, Lesneven, Landerneau, Lannion, Carhaix, Concarneau, Brest, Lorient et Port-Louis. On a vu que le bas clergé n'était point représenté aux États de Bretagne ; le roi voulut qu'il le fût aux États-généraux, et l'invita à procéder à ses élections dans des assemblées tenues en dehors du haut clergé. Les prêtres bretons profitèrent avec reconnaissance de cette autorisation, et après avoir élu vingt-quatre d'entre eux, les chargèrent de présenter en leur nom aux États-généraux les réclamations suivantes : maintien de la monarchie absolue et de droit divin ; conservation des priviléges du clergé avec le droit de s'imposer lui-même et de n'offrir au roi que des dons gratuits ; les places et offices réservés aux seuls catholiques ; interdiction aux membres des autres religions des charges et fonctions, et de l'exercice public de leur culte ; affranchissement de l'impôt pour les classes les plus souffrantes ; égalité d'impôts, mais dans la proportion convenable et jugée telle pour chacun des trois ordres ; dotations aux hôpitaux ; construction de prisons plus saines et moins affreuses que celles qui existent ; répression de la licence et de la liberté de la presse ; rappel des jésuites ; abolition de la distinction injurieuse de haut et bas clergé ; rédaction d'un seul catéchisme pour tout le royaume; établissement d'écoles dans les campagnes ; etc., etc. Si quelques unes de ces demandes étaient justes et honorables, il est facile de voir que la plupart étaient marquées au coin de l'égoïsme le moins dissimulé.

Les membres de la noblesse et du haut clergé s'assemblèrent à Saint-Brieuc, mais au lieu de procéder à l'élection de leurs mandataires, ils n'eurent, comme toujours, d'autre souci que de susciter de nouvelles difficultés, prétendirent que le mode employé dans les élections était en désaccord avec les lois de la Bretagne, que les députés de cette province aux États-généraux avaient toujours été choisis au sein même des États particuliers, les trois ordres étant en présence, que par conséquent tout député qui accepterait un mandat octroyé en dehors de ces vieilles conditions verrait ses pouvoirs frappés de nullité ; par suite ils adressèrent au roi des protestations qui ne furent pas accueillies. Alors ils se séparèrent, refusant de participer à des élections qui violaient, selon eux, les constitutions provinciales. Il en résulta que la noblesse et le haut clergé de Bretagne ne se trouvèrent pas représentés aux États-généraux. La province ne déplora nullement l'abstention de ces gens injustes et entêtés qui, peu de semaines auparavant, refusaient illégalement d'entendre les justes réclamations du tiers, délibéraient sans lui, en égorgeaient les membres dans les rues, et maintenant, par un mouvement de capricieux retour, réclamaient à grands cris, en invoquant des coutumes oubliées, la délibération en commun, dans l'espoir secret d'arriver à dominer les débats et à faire nommer des députés à leur dévotion. Ils demeurèrent donc dans leurs châteaux et dans leurs palais, couvant leurs rancunes et préparant de nouveaux obstacles à la révolution qui commençait.

Les députés du tiers, parmi lesquels on remarquait Blin, de Nantes ; Le Chapelier, Glézen, Lanjuinais, de Rennes ; Kervélégan, de Quimper ; Champeaux, Poulain de Corbion, de Saint-Brieuc ; Boullé, de Pontivy ; Le Guen de Kerangal, de Lesneven ; etc. etc., se rendirent, ainsi que les députés du clergé, à Versailles, à l'époque fixée pour l'ouverture des États-généraux. Après la cérémonie d'ouverture qui eut lieu, comme l'on sait, le 5 mai 1789, le roi invita les trois ordres à se réunir dans la salle des États, afin d'y vérifier leurs pouvoirs. Les députés du tiers ou Messieurs des communes, ainsi qu'on les appelait aussi, se rendirent tous ensemble au local indiqué ; mais ils n'y trouvèrent ni le clergé, ni la noblesse. Ils attendirent vainement pendant plusieurs heures. Bientôt ils apprirent que ces deux ordres vérifiaient leurs pouvoirs à part, dans des locaux séparés. Les députés du tiers furent saisis d'une vive inquiétude : le procédé du premier jour pouvait devenir la règle pour toute la durée des États ; on délibérerait donc à l'avenir séparément sur toutes les questions? et par une suite naturelle on en viendrait à voter par ordre et non par tête? La cause des réformes allait se trouver singulièrement compromise. D'ailleurs l'attitude de la noblesse et du clergé était illégale : pour que chaque ordre pût s'assurer de la légitimité des pouvoirs des deux autres, il était nécessaire que la vérification se fit en commun. La noblesse, par cent quatre-vingt-huit voix contre quarante-quatre ; le clergé, par cent trente-trois voix contre cent-quatorze, déclarèrent qu'ils se constituaient séparément. Les démarches du tiers en vue d'une conciliation furent toutefois accueillies avec faveur par le clergé, mais repoussées avec hauteur par la noblesse. Après sept jours d'attente, le tiers ayant évité soigneusement toute délibération, toute mesure pouvant donner lieu de croire qu'il était constitué, Rabaud Saint-Etienne propose d'autoriser cependant les membres du bureau des communes à conférer avec les commissaires du clergé et de la noblesse. L'adoption de cette proposition eût été un premier pas dans la voie funeste des faiblesses et des concessions. Les députés bretons, qui s'étaient constitués en une société connue d'abord sous le nom de club breton, plus tard sous celui de Jacobins, mirent au service de leurs collègues une expérience et une énergie qu'ils avaient acquises dans les luttes précédentes. Le Chapelier, l'un des membres du club, député de Rennes, proposa aux communes d'adopter et de faire notifier au clergé et à la noblesse la déclaration suivante :

« Les députés des communes de France, en vertu de la convocation du roi, de l'annonce faite par M. le garde-des-sceaux au nom de sa Majesté, et de la publication des hérauts d'armes, s'étant rendus, le

6 mai, dans la salle des États, où ils n'ont point trouvé les députés de l'église et de la noblesse, ont appris avec étonnement que les députés de ces deux classes de citoyens se sont retirés dans des appartements particuliers ; ils les ont vainement attendus pendant plusieurs heures et tous les jours suivants ; quelques uns des députés des communes s'étant fait instruire du lieu où étaient les députés de l'église et de la noblesse, ont été leur représenter que, par leur retardement à se rendre dans la salle générale, ils suspendaient toutes les opérations que le peuple français attend des dépositaires de sa confiance ; que les communes ont vu avec regret que les députés de l'église et de la noblesse n'ont pas encore déféré à cet avertissement ; que le clergé et la noblesse ont envoyé des députations au Corps national auquel ils devaient se réunir, et sans lequel ils ne peuvent rien faire de légal ; qu'ils ont nommé des commissaires pour aviser avec d'autres, et délibérer entre eux ; que les Représentants du Peuple ne devaient pas s'abandonner à des moyens conciliatoires, qui ne peuvent être discutés et délibérés qu'en commun dans l'Assemblée des États-généraux ; que la noblesse a ouvert un registre particulier, pris des délibérations, vérifié des pouvoirs, établi des systèmes ; que cette vérification partielle ne suffisait pas pour constater la régularité des procurations.

« Les députés des communes déclarent qu'ils ne reconnaîtront pour représentants légaux, que ceux dont les pouvoirs auront été examinés par des commissaires nommés dans l'Assemblée générale par tous ceux appelés à la composer, parce qu'il importe au Corps de la nation, comme aux Corps privilégiés, de connaître et de juger la validité des procurations des députés qui se présentent, chaque député appartenant à l'Assemblée générale, et ne pouvant recevoir que d'elle seule la sanction qui le constitue membre des États-généraux; que l'esprit public étant le premier besoin de l'Assemblée nationale, et la délibération commune pouvant seule l'établir, ils ne consentiront pas que, par des arrêtés particuliers des chambres séparées, on porte atteinte au grand principe qu'un député n'est plus, après l'ouverture des États-généraux, le député d'un ordre ou d'une province, mais le Représentant de la nation; principe qui doit être accueilli avec enthousiasme par les députés des classes privilégiées, puisqu'il agrandit leurs fonctions. Les députés des communes invitent donc et interpellent les députés de l'église et de la noblesse à se réunir dans la salle des États, où ils sont attendus depuis dix-huit jours (1), et à se former en États-généraux, pour vérifier les pouvoirs de tous les Représentants de la nation. Ils invitent ceux qui ont reçu l'ordre spécial de délibérer en commun, et ceux qui, libres de suivre cette patriotique opinion, l'ont déjà manifestée, à donner l'exemple à leurs collègues, et à

(1) L'ouverture des États-généraux avait été primitivement fixée au 21 avril, mais les élections n'étant pas achevées à cette date, elle avait été retardée jusqu'au 5 mai.

venir prendre la place qui leur est destinée : c'est dans cette réunion de tous les sentiments, de toutes les opinions que seront fixés, sur les principes de la raison et de l'équité, les droits de tous les citoyens. Il en coûte à tous les députés des communes de penser que depuis dix-huit jours, on n'a pas encore commencé les travaux qui assureront le bonheur public et la splendeur de l'État, qu'on n'a pu porter à un Roi bienfaisant le tribut d'hommages et de reconnaissance que lui méritent l'amour qu'il a témoigné pour ses sujets et la justice qu'il leur a rendue; que ceux qui pourraient retarder l'accomplissement de devoirs si importants, en sont comptables envers la nation. Les députés des communes arrêtent que la présente déclaration sera remise aux députés de l'église et de la noblesse, pour leur rappeler les obligations que leur impose leur qualité de Représentants nationaux. »

Cette déclaration vigoureuse contenait en principe toute la révolution ; elle conseillait des mesures peut-être prématurées, mais elle n'en traçait pas moins au tiers sa conduite à venir. C'était la première fois qu'on entendait appliquer aux membres des États-généraux ces dénominations de Représentants du peuple, d'Assemblée nationale, demeurées dans la langue et dans nos institutions. Les droits de la nation y occupaient une vaste étendue; l'espace consacré à la royauté y était bien minime : juste ce qu'il fallait pour glisser à son adresse des hommages et une reconnaissance qui avait alors sa raison d'être. Assurément cette déclaration était déjà, par l'esprit, toute républicaine. Elle causa une vive impression et fut discutée pendant plusieurs jours côte à côte avec la proposition de Rabaud Saint-Étienne qui se trouva aussi appuyée. Cependant on ne décidait rien, lorsque Mirabeau prit la parole :. « Les sentiments très-estimables, dit-il ; les principes en général très-purs qui caractérisent les deux motions dont nous nous sommes occupés, n'ont pas suffi pour me ranger entièrement aux propositions de MM. Rabaud Saint-Étienne et Chapelier. Je désirerais qu'un avis mitoyen tempérât, ou plutôt réunit ces deux opinions. M. Rabaud Saint-Étienne demande que nous autorisions MM. du bureau à conférer avec les commissaires du clergé et de la noblesse, pour obtenir la réunion des membres qui doivent former les États-généraux. M. Chapelier désire que dans une déclaration très-formelle, nous démontrions au clergé et à la noblesse l'irrégularité de leur conduite, et que nous les avisions des démarches qu'il deviendra nécessaire d'opposer à leurs prétentions. Ce dernier avis, plus dans les principes que le premier, il faut en convenir, plus animé de cette mâle énergie qui entraine les hommes à leur insu même, renferme selon moi, un grand inconvénient, dont les préopinants ne m'ont point paru tous assez frappés. » Alors il démontre que la proposition Le Chapelier tend à porter un décret solennel avant que le tiers ait une existence légale ; il trouve prématurée une démarche aussi mémorable, aussi nouvelle, aussi profondément décisive que celle de se déclarer l'Assemblée nationale et de prononcer défaut contre les deux autres ordres.

Il conseille de ne rien précipiter, de s'adresser surtout au clergé dont les membres subalternes sont favorables au tiers, pour gagner du temps, pour laisser à la noblesse les moyens de se donner de nouveaux torts, et pour attendre que l'esprit public ait achevé de se former en faveur du tiers. L'Assemblée arrête de nommer plusieurs membres chargés de conférer, avec ceux qui ont été ou qui seront choisis par MM. du clergé et de la noblesse, sur les moyens proposés pour réunir tous les députés afin de vérifier les pouvoirs en commun.

Des conférences sont entamées, mais elles n'aboutissent point. La proposition Le Chapelier est remise en avant par Camus. Le tiers veut tenter encore un effort. Il adjure les membres du clergé « au nom du Dieu dont ils sont les ministres et au nom de la nation, de se réunir aux communes dans la salle de l'Assemblée générale afin de chercher ensemble les moyens d'établir la paix et la concorde. » A ce moment le roi adresse aux députés des trois ordres une lettre, par laquelle il les invite à reprendre les conférences en présence des commissaires nommés par lui et sous la présidence du garde-des-sceaux. Les députés bretons, ceux de l'Artois, et plusieurs autres membres combattent l'intervention royale. Il peut arriver que le roi tranche la question, comme en 1589, par un arrêt du conseil; un arrêt de ce genre dans les circonstances actuelles, fût-il favorable au tiers, établirait un précédent périlleux : ce serait mettre le sort des communes à la merci des coups d'autorité.

Mirabeau cependant fait valoir que les communes ne sauraient, sans se donner des torts, manquer de condescendance envers le roi. Les conférences sont reprises dans les conditions proposées par la cour; mais elles échouent une seconde fois devant la détermination arrêtée de la noblesse de ne rien céder. Alors Siéyès reprend la proposition Le Chapelier en l'adoucissant considérablement; mais il lui laisse encore assez d'énergie pour être efficace. Sur sa proposition l'Assemblée arrête d'adresser une dernière invitation aux membres des deux autres ordres; elle confie à des députés la mission de leur en faire lecture, et de leur en laisser copie dans les termes suivants: « Messieurs, nous sommes chargés par les députés des communes de France de vous prévenir qu'ils ne peuvent différer davantage de satisfaire à l'obligation imposée à tous les Représentants de la nation. Il est temps assurément que ceux qui annoncent cette qualité se reconnaissent par une vérification commune de leurs pouvoirs, et commencent enfin à s'occuper de l'intérêt national, qui seul, et à l'exclusion de tous les intérêts particuliers, se présente comme le grand but auquel tous les députés doivent tendre d'un commun effort. En conséquence, et dans la nécessité où sont les représentants de la nation de se mettre en activité, les députés des communes vous prient de nouveau, Messieurs, et leur devoir leur prescrit de vous faire, tant individuellement que collectivement, une dernière invitation de venir dans la salle des États pour assister, concourir et vous soumettre comme eux à la vérification commune des pouvoirs. Nous sommes en même temps chargés de vous avertir que l'appel général de tous les bailliages convoqués se fera dans une heure, que de suite il sera procédé à la vérification, et donné défaut contre les non-comparants. »

Le jour même, 13 juin, trois curés du Poitou répondent à cet appel et viennent prendre place dans la salle des États-généraux aux applaudissements de toutes les communes. Le lendemain il s'en présente six autres, parmi lesquels deux Bretons, Guégan, curé de Pontivy, et Louisel, curé de Redon. L'Assemblée s'occupe immédiatement de se constituer. Une discussion s'engage sur la dénomination à prendre. Siéyès propose celle de *Représentants connus et vérifiés de la nation française;* Mounier, *Assemblée légitime des Représentants de la majeure partie de la nation, agissant en l'absence de la mineure partie;* Chapelier, *Représentants de la nation légalement vérifiés ;* Mirabeau remet en avant celle de *Représentants du peuple ;* le député Legrand celle de *Assemblée nationale.* Après de vifs débats cette dernière dénomination qui a l'avantage d'être plus courte et de contenir toutes les autres, est adoptée à une immense majorité. La séance s'était prolongée jusqu'au milieu de la nuit. Quand il fut question de se constituer, elle devint très-orageuse. « Je fis commencer l'appel nominal, raconte dans ses mémoires Bailly qui était président, mais au premier mot, je fus interrompu par des cris tels qu'il n'était pas possible de s'entendre. On était obligé de cesser, et aussitôt qu'on y revenait les mêmes cris recommençaient. Il faut se figurer le local : une grande table s'étendait dans la largeur de la salle ; j'avais en face de moi tous ceux qui demandaient les voix, au nombre de trois à quatre cents, parmi lesquels les braves Bretons, les plus courageux, les plus fermes, mais aussi les plus chauds des députés des communes ; j'avais derrière moi les opposants au nombre de cent, debout, près de s'en aller, et criant et faisant plus de bruit que les trois ou quatre cents autres. » Bailly par sa fermeté et par sa patience les lassa ; ils finirent par quitter la salle ; on remit au lendemain le soin de se constituer.

C'est Siéyès qui fut chargé de la rédaction. L'Assemblée, délibérant après la vérification des pouvoirs, reconnut, sur sa motion, qu'elle était déjà composée des quatre-vingt-seize centièmes de la nation ; que l'absence des députés de quelques bailliages ou de quelques classes de citoyens ne pouvait la condamner à l'inaction ; qu'il n'appartenait qu'aux représentants vérifiés de concourir au vœu national ; qu'il ne pouvait exister entre le trône et l'Assemblée aucun *veto* ; et que celle-ci devait commencer sans retard l'œuvre de la restauration nationale, et la suivre sans interruption comme sans obstacle. Enfin elle exprimait l'espoir de réunir un jour dans son sein tous les députés absents. Cette motion à peine adoptée, Target et Le Chapelier proposent à l'Assemblée de s'affirmer par des actes et de donner à la question de l'impôt un réglement provisoire. Sur leur proposition, rédigée en commun, l'Assemblée, après avoir établi le principe du consentement nécessaire aux impôts, « considérant que les contributions telles qu'elles se perçoivent actuellement dans le royaume, n'ayant point été consenties par la nation sont toutes illégales, et par conséquent nulles dans leur création, extension ou prorogation; déclare, à l'unanimité des suffrages, consentir provisoirement pour la nation, que les impôts et contributions, quoique illégalement établis et perçus, continuent d'être levés de la même manière qu'ils l'ont été précédemment, et ce, jusqu'au jour seulement de la première séparation de cette Assemblée de quelque part qu'elle puisse provenir. Passé lequel jour, l'Assemblée nationale entend et décrète que toute levée d'impôts et contributions de toute nature qui n'auraient pas été nommément, formellement et librement accordés par l'Assemblée, cessera entièrement dans toutes les provinces du royaume, quelle que soit la forme de leur administration. » Par cette mesure aussi sage que prévoyante l'Assemblée parait aux difficultés présentes, et dans le cas d'un coup porté d'en haut pour la dissoudre, plaçait la royauté en face du refus de l'impôt dans toute la France.

La noblesse, le haut clergé, la cour même furent terrifiés de ces mesures. La réunion du clergé aux communes, votée par cent quarante-neuf voix contre cent-quinze, acheva de consterner les privilégiés. Les idées de compression naissent aussitôt. Le 20 juin, un ordre du roi enjoint, sur des prétextes frivoles, la fermeture de la salle des États, puis la suspension des séances jusqu'au 22. Cette suspension peut devenir définitive. Les Représentants de la nation se rendent dans la salle du Jeu de Paume : tous se tiennent debout, un banc sert de bureau. Au milieu d'une agitation extrême on émet l'avis de se transporter à Paris. Bailly s'oppose à ce projet. Alors Mounier, appuyé par Target, Barnave et Chapelier, propose aux députés de s'engager par serment à ne point se séparer avant d'avoir fait la Constitution. Les députés jurent avec enthousiasme « de ne jamais se séparer et de se rassembler partout où les circonstances l'exigeront, jusqu'à ce que la Constitution du royaume soit établie et affermie sur des fondements solides. » Cet acte resté célèbre sous le nom de Serment du Jeu de Paume est consacré le 22 à l'église Saint-Louis par la réunion aux communes de la majorité du clergé. Le lendemain 23, le roi, poussé par l'aristocratie, se présente à la séance, y prononce un discours menaçant dans lequel il enjoint la séparation des trois ordres, casse les précédents arrêtés de l'Assemblée nationale, et sacrifie visiblement l'avenir du peuple à l'intérêt de la noblesse et du haut clergé. On connait les événements qui suivirent : l'Assemblée, après la sortie du roi, demeure en séance, maintient ses arrêtés et, après une apostrophe célèbre de Mirabeau, décrète l'inviolabilité de chacun des ses membres. Les nobles, vaincus par tant d'énergie se décident enfin à opérer la réunion, mais de mauvaise grâce et avec l'espoir secret de susciter des obstacles. Quoiqu'il en soit, la révolution est désormais accomplie : elle n'a plus qu'à suivre son cours, elle sera douce ou terrible selon la facilité ou la résistance qu'elle rencontrera.

Dans l'accomplissement de cette œuvre immortelle, la Bretagne, par l'intermédiaire de ses Représentants auxquels dans ses cahiers elle avait tracé leur conduite, avec lesquels elle était en rapports constants, qu'elle soutenait de ses adresses, qu'elle réchauffait par ses députations, donna une impulsion vigoureuse aux communes, et contribua fortement à leur ouvrir la route où elles marchèrent d'un pas prudent, mais sûr. Le membre le plus éminent de cette députation du tiers breton, Le Chapelier, jouissait dans l'Assemblée d'une si grande estime, que peu après la prise de la Bastille, lorsque Bailly eut été nommé maire de Paris, il fut désigné à une forte majorité pour lui succéder au fauteuil de la présidence. Il accepta cet hommage, non, dit-il, comme une récompense offerte à ses efforts, mais comme un hommage rendu, en sa personne de député de Rennes, aux glorieuses et récentes entreprises de la Bretagne en faveur de la liberté. L'Assemblée couvrit ses paroles d'applaudissements.

Chapelier n'était pas en moins grande estime auprès du peuple. Aux journées des 5 et 6 octobre, une foule de femmes et d'hommes, poussés par la disette, se rendaient à Versailles pour demander du pain. Au Cours-la-Reine, raconte Bailly, les femmes rencontrent une voiture qui conduisait à Versailles un particulier en habit noir. C'était, suivant elles, un espion du faubourg Saint-Germain qui allait rendre compte des mouvements de Paris. Le voyageur les conjurait avec instance de lui laisser continuer sa route ; on insistait pour le faire descendre. Un patriote lui demanda quelles affaires si pressantes l'appelaient à Versailles. Je suis député de la Bretagne répondit-il. — Député ; ah! c'est différent. — Oui, je m'appelle Chapelier. — Chapelier ! oh ! attendez. Aussitôt le patriote grimpe sur la voiture, et répète ce nom avec celui des membres les plus remarquables du côté gauche. Vive Chapelier ! s'écrie-t-on de toutes parts, et des hommes armés montent devant et derrière la voiture pour l'escorter. »

On sait quels désordres engendra sur plusieurs points de la France la lutte engagée entre les privilégiés et l'immense majorité de la nation. Les esprits, irrités des résistances qui se produisaient, se livrèrent à des excès déplorables. Au fond des campagnes les paysans mettaient le feu aux châteaux, détruisaient les archives, quelquefois même massacraient le seigneur. Dans les villes, plusieurs nobles avaient été l'objet d'outrages et de cruelles violences. A Paris, le 14 juillet, la Bastille est prise et rasée par le peuple. La nécessité d'un prompt remède s'impose avec une force irrésistible. La question fut abordée le jour même où l'Assemblée commençait à s'occuper de la déclaration des droits de l'homme. Dans la nuit mémorable du 4 août, le vicomte de Noailles venait de proposer l'établissement de l'impôt proportionné au revenu, le rachat des droits féodaux, l'abolition des corvées seigneuriales et des servitudes personnelles; le duc d'Aiguillon venait également de parler en faveur de l'abolition des privilèges, et de fixer un taux de rachat; un député, Dupont de Nemours, méconnaissant l'urgente nécessité des sacrifices que réclamait l'état des populations, s'était contenté d'appeler sur les auteurs de désordres, déplorables sans doute, mais malheureusement inévitables, la sévérité des magistrats et la rigueur des milices; l'Assemblée, indécise, gardait le silence. Un membre qui n'avait jamais pris la parole avant cette nuit-là, et qui ne la prit jamais ensuite, Le Guen de Kerangal, de Lesneven, se lève en costume de cultivateur breton, et avec l'accent d'un homme qui ne peut plus se contenir :

« Messieurs, dit-il, une grande question nous a agités aujourd'hui. La déclaration des droits de l'homme et du citoyen a été jugée nécessaire. L'abus que le peuple fait de ces mêmes droits vous presse de les expliquer, et de poser d'une main habile les bornes qu'il ne doit pas franchir; il se tiendra sûrement en arrière.

» Vous eussiez prévenu l'incendie des châteaux, si vous aviez été plus prompts à déclarer que les armes terribles qu'ils contenaient et qui tourmentent le peuple depuis des siècles, allaient être anéanties par le rachat forcé que vous en alliez ordonner. Le peuple, impatient d'obtenir justice, et las de l'oppression, s'empresse à détruire ces titres, monuments de la barbarie de nos pères.

» Soyons justes, Messieurs, qu'on nous apporte ici les titres qui outragent, non-seulement la pudeur, mais l'humanité même. Qu'on nous apporte ces titres qui humilient l'espèce humaine en exigeant que les hommes soient attelés à une charrette comme les animaux du labourage. Qu'on nous apporte ces titres qui obligent les hommes à passer les nuits à battre les étangs pour empêcher les grenouilles de troubler le sommeil de leurs voluptueux seigneurs.

» Qui de nous, Messieurs, dans ce siècle de lumière, ne ferait pas un bûcher expiatoire de ces infâmes parchemins, et ne porterait pas le flambeau pour en faire un sacrifice sur l'autel du bien public. Vous ne ramènerez, Messieurs, le calme dans la France agitée, que quand vous aurez promis au peuple que vous allez convertir en prestation en argent, rachetable à volonté, tous les droits féodaux quelconques ; que les lois que vous allez promulguer, anéantiront jusqu'aux moindres traces dont il se plaint justement.

» Dites-lui que vous reconnaissez l'injustice de ces droits acquis dans les temps d'ignorance et de ténèbres. Pour le bien de la paix, hâtez-vous de donner ces promesses à la France ; un cri général se fait entendre ; vous n'avez pas un moment à perdre, un jour de délai occasionne de nouveaux embrasements ; la chûte des empires est annoncée avec moins de fracas. Ne voulez-vous donner des lois qu'à la France dévastée ? »

L'assemblée frémit aux accents de cette voix qui semble sortir du peuple par la bouche d'un député obscur. L'orateur achève de lui peindre dans ses honteux détails le système avilissant de la féodalité sous lequel le peuple gémit encore. Des applaudissements éclatent de toutes parts. L'enthousiasme s'empare des âmes, un souffle de générosité se répand sur toute l'Assemblée; noblesse, clergé, tiers-état font assaut de sacrifices et d'abnégation ; les nobles abandonnent leurs innombrables privilèges, le clergé consent au rachat de la dîme, les bourgeois renoncent aux droits particuliers de leurs villes et de leurs provinces. Les députés bretons annoncent que la conservation des franchises de la Bretagne n'a plus de raison d'être, et, déclarant abolis les traités avec Louis XII et François Ier, proclament au nom de toutes les communes la réunion définitive et sans restrictions de leur pays à la France. La plupart des villes avaient chargé en effet leurs Représentants de ne réclamer le maintien des franchises que jusqu'au jour où la liberté serait fondée ; les autres villes s'empressèrent de ratifier les déclarations de leurs commettants.

Le roi sanctionna les décrets rendus dans cette nuit mémorable. Mais quand il fallut les faire enregistrer par les parlements, qui subsistaient encore, il s'éleva des difficultés dans quelques provinces. Les nobles de Bretagne, notamment, qui avaient refusé de se faire représenter aux États-généraux, commencèrent par adresser à l'Assemblée une protestation contre la légalité des mandats acceptés par les Représentants du tiers et du bas clergé. Lecture fut faite de cette protestation. Les députés bretons quittèrent immédiatement leurs siéges et sortirent de la salle en attendant que l'Assemblée eut statué sur leur situation. Deux heures après, avis leur fut donné que la protestation de la noblesse venait d'être déclarée nulle et non avenue. Aussitôt ils rentrèrent dans la salle et reprirent leurs places aux applaudissements de toute l'Assemblée.

Les nobles ne se tinrent pas pour battus : ils remplissaient par eux-mêmes et par leurs créatures presque toutes les charges du parlement. Les magistrats composant la chambre des vacations de Rennes refusèrent d'enregistrer les décrets de l'Assemblée et les édits du roi qui consacraient la révolution. Dénoncés avec indignation par toutes les villes de Bretagne, ils furent mandés à la barre, et comparurent le 8 janvier 1790. Leur président de la Houssaye, s'appuyant sur les traités conclus entre Louis XII et Anne de Bretagne, prétendit que les membres de la chambre des vacations ne pouvaient enregistrer aucun édit sans le consentement des États de la province, que s'ils avaient enregistré les décrets de l'Assemblée et les édits du roi en l'absence des États ils auraient manqué à leurs devoirs de magistrats et violé le dépôt, à eux confié, des droits, franchises et libertés de leurs concitoyens : « Notre conscience et notre honneur, ajouta-t-il, nous empêchaient d'obéir en cette circonstance. Le refus qu'on nous reproche sera pour nous dans l'avenir un titre de gloire ; il honorera nos noms ; la postérité nous en tiendra compte ; notre résistance sera l'objet de son respect et de son attendrissement. » La pomme était trop belle pour que les nobles de l'Assemblée la laissassent échapper : ils s'en emparèrent avec empressement, et virent dans la résistance des parlements un moyen d'enrayer la révolution. Le vicomte de Mirabeau, qu'il ne faut pas confondre avec son frère l'illustre orateur, se fit l'interprète des sentiments de la noblesse, et renchérissant encore sur les paroles du président de la Houssaye, il proposa de reconnaitre la pureté des motifs et la non-culpabilité des magistrats.

Le Chapelier répondit par un discours qu'il faut reproduire presque en entier, parce qu'il donne l'interprétation exacte de la question et que, présentant un tableau rigoureux de l'état des esprits dans la province à cette époque, il forme un document précieux pour le rétablissement de la vérité toujours altérée chez les nombreux auteurs royalistes qui ont écrit sur la Bretagne, et qui ont exalté, comme honorable et patriotique au point de vue breton, la résistance des nobles et des magistrats de Rennes.

Voici en quels termes s'exprima Le Chapelier : « La Bretagne avait des franchises ; nous les avons soutenues, chéries, défendues, tant que les Français ont été endormis sous les chaines du despotisme ; nous espérions qu'un jour ils secoueraient avec indignation un joug aussi odieux. Nos espérances sont remplies. Dans cette scène glorieuse que l'histoire consacrera comme un témoignage du patriotisme des Français, nous avons devancé le vœu de nos commettants, parce que nous voyions la liberté préparer à la France le bonheur que nous étions venus réclamer pour eux. Un grand nombre de villes, de bourgs, de paroisses, ont adhéré avec empressement à notre démarche. Si une ville a fait entendre des réclamations, c'est en se soumettant d'avance à la justice de cette Assemblée; le raisonnement sur la loi convient à des hommes libres, et n'est point désobéissance. Le peuple de Bretagne a donc renoncé à des franchises, qui, seulement utiles contre le ministère, étayaient le despotisme des nobles. Quand le peuple abandonne ses privilèges, est-ce aux parlements de les réclamer?

« C'est à la fois insulter à la raison, et fronder le vœu du peuple, que de demander une Assemblée des anciens États de Bretagne. A-t-on donc cru que nous ne dirions pas ce que c'est que ces États! Huit ou neuf cents nobles, des évêques, des députés de chapitres les composent. Voyez y quarante-deux hommes représentant deux millions d'individus sous le nom modeste, j'ai presque dit avili, de tiers-état. Chaque chambre a un veto. Voilà par qui l'on veut que la constitution soit jugée. Imaginez ce que les abus ont de plus odieux, l'aristocratie de plus absurde, la féodalité de plus barbare, le veto de plus tyrannique, et vous aurez une idée de l'Assemblée à laquelle on veut confier le droit de juger les institutions immuables qui doivent faire le bonheur de tous. Vous avez détruit les ordres, proscrit le veto, nous avons coopéré à une constitution, et nous n'en jouirions pas, et ces nobles diraient veto sur la félicité publique ! Une telle demande est scandaleuse et coupable.

» Le peuple breton ne souffrira pas que ces États se rassemblent au mois de septembre prochain, une assemblée de toutes les communes a exprimé ce vœu. Le parlement se croit donc toujours supérieur à la nation, et le représentant du peuple, dont il doit juger les procès ! Personne n'était trop représenté ; tout le monde se disait représentant : les nobles, de leurs vassaux ; le clergé, des curés ; un maire nommé par les ministres et le plus souvent par un intendant, des citoyens ; les députés des villes, des habitants de la campagne ; le parlement, de toute la province. Ce parlement, qui se prétend conservateur des franchises, a violé ces franchises ; il enregistrait sans le consentement des États, presque toutes les lois des ministres ; il enregistrait des impôts, malgré le refus des États ; nous connaissons dix millions d'impôts non consentis et cependant enregistrés et perçus. Il a refusé aux États la communication des lois. Il a dit qu'un impôt, pour être enregistré, devait être consenti par les États, et il a prouvé que l'enregistrement seul liait le peuple malgré lui. On l'a vu défendre, dans le siècle dernier, d'assembler les États, prétendre que les commissaires de ces États ne devaient être reçus devant lui qu'à la barre et debout. Ainsi il s'est toujours mis au-dessus de la nation. Au milieu de ce siècle, par des arrêts secrets, il a résolu de ne recevoir que des nobles parmi ses membres. Je dois dire que les mains de ces magistrats ont toujours été pures comme la justice. Mais ils ont désobéi ; après avoir oublié, abandonné nos chartes, ils réclament nos franchises, parce qu'ils regrettent leur ancien pouvoir ; ils ne reconnaissent pas le consentement du peuple, parce qu'ils ne voient le peuple breton que dans la noblesse.

« La chambre des vacations s'est rendue coupable d'une désobéissance, qui ne peut avoir pour but que de procurer de grands désordres, afin de conserver de grands abus. Elle a dit qu'elle voulait défendre nos franchises ; mais sont-elles attaquées ? Sont-elles perdues ? Elles sont augmentées. Nous n'avions stipulé ni avec la nation, ni contre elle, mais avec le roi et contre le despotisme. Les Bretons ont renouvelé leur union à la France, en nous envoyant vers vous. Ils ont adhéré à ce que vous avez fait, et par leurs adresses, et en montrant leur allégresse, et en déployant leurs forces pour soutenir vos opérations. Ces magistrats veulent composer nos chaines de ces priviléges mêmes dont ils regrettent la perte. Ils ont établi, ils ont soutenu la violence de ceux qui se disent les défenseurs de ces priviléges et qui en étaient les propriétaires exclusifs. Qui oserait conseiller à une province de s'isoler de la France, de préférer à la liberté, des chartes qui ne font que placer le peuple sous le joug de quelques privilégiés ? Les nobles et les ecclésiastiques, dit-on, n'ont pas consenti. Où est donc la nation bretonne ? Dans quinze cents gentilshommes et quelques ecclésiastiques ou dans deux millions d'hommes ? Si les magistrats n'avaient pas voulu que la robe sénatoriale ne couvrît qu'un noble, feraient-ils d'aussi aveugles réclamations ? Ce sont des magistrats nobles, qui défendent des nobles pour opprimer le peuple. Voilà ce qu'ils appellent nos franchises et leurs devoirs. » L'Assemblée vota immédiatement l'impression de ce discours.

Les débats furent passionnés et remplirent trois séances. Les députés de Frondeville, Barnave, d'Esprémênil, Regnaud, de Vigny, Cazalès, Barrère, l'abbé Maury, Defermont, Lanjuinais, prirent en sens divers une part ardente à la discussion. Mirabeau fit entendre aussi sa voix puissante : « Quels sont donc ces hommes qui parlent de l'impossibilité de consentir à l'exécution de vos décrets sanctionnés par le roi ? une poignée de magistrats sans caractère, sans titre, sans prétexte. Eh ! que sont tous ces efforts de Pygmées qui se raidissent pour faire avorter la plus belle, la plus grande des révolutions ; celle qui changera infailliblement la face du globe, le sort de l'espèce humaine ? Étrange préoccupation qui veut arrêter dans sa course le développement de la liberté et faire reculer les destinées d'une grande nation ! En vain les soixante-six représentants que les peuples de la Bretagne ont envoyés parmi vous, ces honorables témoins, ces dignes compagnons de vos travaux, vous assurent que la constitution nouvelle comble les vœux d'un peuple si longtemps opprimé qu'à peine avait-il conçu l'idée de briser ses fers; en vain la Bretagne, autant qu'aucune partie de la France, couronne vos travaux; en vain une multitude d'adresses que vous recevez chaque jour imprime le sceau le plus honorable et la plus invincible puissance à vos lois salutaires! Onze juges bretons ne peuvent pas *consentir* à ce que vous soyez les bienfaiteurs de leur patrie. On vient vous présenter en opposition au bonheur des peuples, et comme un garant sacré de leur éternelle servitude, le contrat de mariage de Charles VIII et de Louis XII. Ainsi donc, parce qu'Anne de Bretagne a épousé un de vos rois nommé le père du peuple; un autre de vos rois, plus véritablement père du peuple puisqu'il le délivre de ses tyrans, votre monarque, ne pourra jamais étendre jusqu'en Bretagne les conquêtes de la liberté? On vous parle sérieusement des deux nations, la nation française et la nation bretonne. On sait le parti qu'a pris la nation française; elle est restée, elle restera fidèle à son roi; et la nation bretonne, c'est-à-dire la chambre des vacations de Rennes, quel parti prendra-t-elle? Ah! tremblez que le peuple ne fasse un redoutable dénombrement. Êtes-vous justes? comptez les voix. N'êtes-vous que prudents? comptez les hommes, comptez les bras, et ne venez plus parler des deux tiers de la province devant une Assemblée qui a décrété une représentation nationale la plus équitable qui existe encore sur la terre; ne parlez plus de ces cahiers qui fixent immuablement nos pouvoirs; *immuablement!* oh!

comme ce mot dévoile le fond de leurs pensées! comme ils voudraient que les abus fussent immuables sur la terre, que le mal y fût éternel! Que manque-t-il en effet à leur félicité, si ce n'est la perpétuité du fléau féodal qui, par malheur, n'a duré que six siècles?» Le reste de son discours reproduisait avec une mâle éloquence les raisons déjà présentées par Chapelier. L'Assemblée en ordonna pareillement l'impression et sur la proposition de Defermont et de Lanjuinais rendit un décret qui improuvait la conduite des magistrats de Rennes et les suspendait de leurs fonctions.

Il serait fastidieux de suivre pas à pas les députés bretons pendant toute la durée d'une session qui se prolongea au-delà de trois années. Il n'est pas un acte, conforme aux principes d'indépendance pour lesquels ils avaient lutté dans leur pays, qu'ils n'aient ou provoqué ou vigoureusement appuyé dans l'Assemblée. C'est de chez eux, comme on l'a vu, c'est du sein de leur club, fréquenté par Barnave, Siéyès, Duport, les deux Lameth, etc., que partirent, dès l'ouverture des États-généraux, les motions les plus ardentes en faveur de la liberté; c'est aussi chez eux que les premières idées de République prirent naissance. Voici dans quels termes Bailly s'exprime à ce sujet : « Une association se forma entre les députés de la Bretagne. Elle fut connue à Versailles sous le nom de comité breton; elle prit plus tard celui de Société des Amis de la Constitution. Elle a été l'origine et la source des Jacobins. Tous ceux qui n'en étaient pas alors, la désapprouvaient. Les Bretons étaient d'excellents patriotes, mais ardents, excessifs : je ne doute pas que ce ne soit là que le désir de la liberté a enfanté les premiers projets de République. » En effet, dans tous les articles de la Constitution qui eurent pour objet la diminution du pouvoir royal et l'abaissement de l'aristocratie, on retrouve leur main ; ils ont plus que personne contribué à ne faire du roi que le premier des citoyens, et à reléguer les nobles au rang de simples particuliers.

Quand Mirabeau entreprit de faire tourner la révolution au profit d'une royauté constitutionnelle, ils se montrèrent ses adversaires les plus ardents. Glézen avait déjà mis l'Assemblée en garde contre le prestige du talent de cet orateur, et s'était attiré une de ces méprisantes répliques dont Mirabeau aimait à couvrir ceux de ses collègues qui lui semblaient hostiles. Ce puissant génie d'accord avec la cour voulait, s'il devenait ministre, pouvoir continuer à peser dans l'Assemblée de toute l'autorité de sa parole. Il proposa de décréter qu'à l'avenir les ministres pourraient assister aux séances et y avoir voix délibérative. Blin et Lanjuinais, par opposition à ce projet, proposèrent avec vivacité que les Représentants de la nation ne pourraient, pendant la législature dont ils seraient membres, ni pendant les trois années suivantes, obtenir du pouvoir exécutif, aucune place, pension, grâce, etc ; et qu'aucun membre ne pourrait dorénavant passer au ministère pendant la durée de la session annuelle. En vain Mirabeau fit voir avec une audacieuse franchise que ce projet visait uniquement sa personne, et déclara qu'il consentait à s'y rallier, si l'on bornait l'exclusion demandée à M. de Mirabeau, député de la sénéchaussée d'Aix : la proposition de Blin et Lanjuinais fut adoptée en substance à une forte majorité.

Dans la grande discussion sur le droit de paix et de guerre où Mirabeau et Barnave se prirent corps à corps, Chapelier lutta aussi contre la proposition de Mirabeau qui donnait une part trop belle au roi, et en faisant décider par l'Assemblée, avec le consentement de Mirabeau lui-même, que le roi serait tenu de proposer aux délibérations du Corps législatif le décret de paix ou de guerre, rétablit avec plus de justice la balance du côté de la nation.

Ce serait se tromper cependant que de compter, comme l'ont fait quelques écrivains, les députés bretons parmi les ennemis du grand orateur ; ces députés, toujours d'accord avec lui quand il fallut fonder les libertés, n'eurent une opinion différente de la sienne que lorsqu'il fut question de les régler, et s'ils se montrèrent hostiles à ses principes, ils partagèrent pour son génie l'admiration de toute la France. Ce fut Chapelier qui présenta à l'assemblée sous forme de décret la proposition faite par le directoire de Paris de transporter le corps de Mirabeau au Panthéon et de consacrer ce temple à la sépulture des grands hommes. Le glorieux chef de la députation bretonne fit ressortir que le comité de constitution dont il était l'organe avait mis d'autant plus d'empressement à cet égard qu'il avait vu « que l'on voulait plus encore honorer les restes de Mirabeau, que décerner à son occasion un monument public aux grands hommes. » Tellement les Bretons, sans passion pour ou contre les personnes, n'avaient en vue à l'Assemblée que l'affermissement et le développement de toutes les libertés.

CHAPITRE III

LES FÉDÉRÉS

Relations de Camille Desmoulins avec les députés de la Bretagne. — — Attitude de cette province pendant les premiers événements. — Soulèvement de Rennes à la nouvelle du renvoi de Necker. — Le haut-clergé commence ses excitations. — Trouble dans les esprits. Émeute et Assemblée fédérative de Lannion. — Conclusion, à Pontivy, d'un pacte fédératif entre les Jeunes Citoyens militaires de la Bretagne et de l'Anjou. — Les paysans de la Haute-Bretagne se soulèvent contre les seigneurs. Pillage et incendie des châteaux. — Assemblée, à Pontivy, des municipalités de la Bretagne et de l'Anjou : renouvellement du pacte fédératif. — Le pacte fédératif est présenté à l'Assemblée nationale qui en ordonne l'impression et l'envoi à tous les départements. — Lafayette, au nom de la ville de Paris, invite toute la France à venir y former une confédération. — Rencontre, sur la route de Versailles, des fédérés bretons et des Vainqueurs de la Bastille. — Les fédérés bretons aux Tuileries — Entrevue de leur chef avec Louis XVI. — Fédération du 14 juillet. — Retour des fédérés dans les départements.

Camille Desmoulins accouru à Paris pour l'ouverture des États-généraux s'était mis en rapport avec les députés de la Bretagne et du Dauphiné : il se montrait sensible, disait-il, à l'honneur d'être admis à leur table, et aux distinctions qu'il en recevait. Il écrivait à son père, le 3 juin 1789 : « D'ici à quinze jours les chisme éclatera, le tiers-état se déclarera la nation, ce qui consterne plusieurs députés, toutes les provinces n'étant pas aussi remplies de patriotes, que le Dauphiné, la Bretagne, la Provence et Paris.» Continuant la même lettre huit jours après, il disait : « Demain dimanche je retourne à Versailles. Je vais enflammer et m'enflammer moi-même. Nous allons entrer dans la grande semaine. Ce qui se passe en Bretagne doit donner un merveilleux courage à nos députés. Il y a trente mille jeunes gens conscrits et prêts à soutenir la cause que leurs Représentants défendent à Versailles.»

La Bretagne en effet était sur pied. On a vu en janvier les jeunes gens de plusieurs villes, ou accourir au secours de la bourgeoisie de Rennes, ou annoncer le départ de leurs cohortes. Les villes, on l'a vu aussi par les discours prononcés dans l'affaire du parlement de Rennes, portaient toute leur ardente attention sur ce qui se passait à Versailles : elles envoyaient à leurs Représentants adresses sur adresses, délégués sur délégués, et les Représentants, dans une correspondance active, leur rendaient périodiquement compte des événements, à mesure qu'ils se produisaient, et de la part importante qu'ils y prenaient.

Lorsque les communes se furent constituées en Assemblée nationale et eurent prononcé le serment du Jeu de Paume, les deux villes de Ploërmel et

Moncontour se trouvèrent avec Paris et Laon les premières à les féliciter de leur conduite, et cet exemple fut en peu de temps suivi par la foule des autres villes.

Bientôt on apprit la résistance de la cour aux nouveaux décrets et le renvoi de Necker, ministre partisan des réformes. Ce renvoi était une déclaration de guerre à la Révolution. Rennes n'attend pas les événements pour agir. Le 16 juillet, (on ne connut la prise de la Bastille que trois jours plus tard) la population se soulève; on arrête de suspendre le paiement des impôts pour le roi et pour les seigneurs; on enfonce les arsenaux et on en distribue les armes; des canons sont mandés en toute hâte de Saint-Malo; des députés partent dans toutes les directions afin d'appeler à l'activité toutes les forces armées de la Bretagne; les ordres de route sont donnés, les provisions de bouche sont prêtes. Il y avait alors en garnison à Rennes trois régiments, Dragons-Orléans, Ile-de-France, Artois-Infanterie; ces régiments refusent de tirer sur le peuple : huit cents soldats au contraire passent aux bourgeois, et enlèvent, pour les mettre en sûreté, plusieurs canons qui avaient été chargés à mitraille par leurs officiers. Mais la nouvelle de la prise de la Bastille et du rétablissement de l'accord entre le roi et l'Assemblée rendit cette ardeur sans objet, et un apaisement momentané se produisit dans les esprits. Après le 14 juillet on eut à Paris l'idée de former une milice nationale destinée à la défense permanente des nouvelles institutions ; on a vu que la Bretagne avait depuis plusieurs mois déjà la sienne. Ce fut du reste Chapelier qui proposa et fit décréter au sein de l'Assemblée l'armement de tous les citoyens français sous le nom de garde nationale. Dans l'organisation de ce corps dont l'esprit de despotisme a toujours depuis combattu l'utilité, la Bretagne avait encore devancé la France.

Il était peu de provinces où l'agitation des événements ne se fit sentir. La Bretagne, qui avait avec la Provence, Paris et le Dauphiné, pris la tête du mouvement, était destinée à des secousses aussi violentes au moins que celles dont la capitale fut le théâtre. A Brest, le meurtre par la populace d'un officier de marine, auteur de propos outrageants contre la nation, provoqua une grande effervescence. Ensuite un violent dissentiment éclata entre la milice bourgeoise et les officiers nobles de la flotte au sujet de la garde des poudres. Deux mille Volontaires partirent de Nantes et allèrent soutenir les Brestois.

Une double agitation travaille simultanément les campagnes et les classes ignorantes du peuple : les paysans, entendant parler de Révolution contre les nobles, de priviléges abolis, dressent la tête et commencent à sortir de leur long esclavage ; d'autre part le haut clergé les excite et les inonde d'avis trompeurs. L'évêque de Tréguier se distingue par un mandement d'une violence inouïe, condamné par l'Assemblée : après avoir montré tous les prêtres dépouillés de leurs biens, de ces biens qui en somme appartenaient à l'État et que celui-ci remplaçait bénévolement par des rentes, l'évêque, avec une perfidie peu évangélique, essayait de persuader aux paysans que la Révolution les atteindrait aussi et leur enlèverait le peu qu'ils possédaient. La disette, la crainte de voir tomber les blés entre les mains des accapareurs viennent augmenter encore les angoisses des populations. Les grandes villes, Rennes, Brest, Nantes surtout éprouvent mille difficultés à se faire approvisionner.

Un fait surpassa en gravité tous les autres. Des commissaires de Brest, porteurs d'un décret de l'Assemblée nationale et revêtus par conséquent d'un caractère sacré, s'étaient rendus à Lannion en octobre 1789 pour y prendre un convoi de blé destiné à la marine; ils furent saisis comme accapareurs par le peuple des faubourgs, et, malgré l'exhibition de leurs titres, demeurèrent pendant deux jours exposés aux coups, aux outrages et aux armes, vingt fois tournées contre leurs poitrines, d'une populace en fureur : ils n'échappèrent à une mort certaine que grâce à l'énergique et incessante intervention du maire Meshir et d'un gentilhomme ami de la Révolution, M. de Miniac.

Le peuple de Bretagne compris sur le champ que de pareils excès ne pouvaient être que nuisibles à la cause de la Révolution. De toutes les villes voisines les corps des Volontaires accoururent à Lannion pour y rétablir l'ordre. Des commissaires envoyés en même temps de Morlaix, Guingamp, Pontrieux, Quimper, Moncontour, Tréguier, Landerneau, Pontivy et Brest, se constituèrent en Assemblée avec ceux de Lannion, et prirent d'énergiques mesures pour empêcher le retour de faits semblables. Avant de se séparer ils signèrent une convention que terminait cet article : « Attendu qu'un même intérêt et un seul esprit doivent animer les patriotes, tous les membres de l'Assemblée s'empressent de resserrer les liens de la fraternité qui les unit et se promettent en même temps un attachement et une fidélité toujours inviolables. »

Mais ce n'était pas encore assez : on jugea nécessaire de s'affirmer par un acte imposant, et de déployer aux yeux des ennemis, tant inconscients que systématiques de la Révolution, toutes les forces qu'elle était capable de faire servir à sa cause. Un mois après les événements de Lannion, la municipalité de Quimper proposa de renouveler le pacte social formé à Lannion, et d'inviter toutes les municipalités du royaume, principalement celles de Bretagne, à former une fédération dans le but d'assurer l'exécution des décrets de l'Assemblée nationale. Le projet fut accueilli avec empressement par toutes les localités de Bretagne et par l'Anjou. La ville de Pontivy, située au centre de la première de ces deux provinces, fut désignée pour point de réunion.

Les jeunes gens des deux pays, organisés depuis longtemps, et s'intitulant Jeunes Citoyens militaires ou Jeunes Volontaires actifs, devancèrent dans leur ardeur l'époque fixée par les municipalités. Leurs délégués, au nombre de cent-cinquante, représentant quatre-vingts villes et bourgs de Bretagne et d'Anjou, se réunirent à Pontivy, le 15 janvier 1790. La municipalité avait fait pour eux les préparatifs les plus hospitaliers ; ils étaient recueillis et logés chez les habitants. On remarquait parmi eux : Moreau, qui si souvent avait marché à la tête des étudiants de Rennes ; Blad, de Brest ; Choudieu, d'Angers ; Lequinio, de Rhuys ; (ces trois derniers devaient faire un jour partie de la convention ;) Nantes avait négligé de se faire représenter. Guépin, Tahier, Violard, Carré-Kérisouët étaient députés pour la ville de Pontivy.

Les Jeunes Citoyens se rendirent d'abord en cortège à l'église paroissiale. Ils y assistèrent à une messe du Saint-Esprit, à l'issue de laquelle ils procédèrent dans l'église même à la formation de leur bureau. Moreau fut nommé président à l'unanimité. Les Pères du couvent des Récollets offrirent leur église pour servir de local aux séances qui devaient être publiques ; on s'y transporta, et l'Assemblée invita par députation le comité permanent ou municipalité de Pontivy à venir prendre place au milieu d'elle. Les membres de ce comité étaient : Levaillant de Laubé, Corniquel du Bodan, Jean Lagillardais, Ruinet Dutailly père, Ruinet Dutailly fils, Louvart de Pontivy, Dano, Faverot de Kerbrec, Bourdonnay du Clézio, André Herpe. Les Jeunes Citoyens occupèrent leurs séances à rédiger des adresses à l'Assemblée nationale, au roi, à Necker, à Lafayette, et aux gardes nationales du midi asssemblées au même moment sous les murs de Montélimart.

A la séance du 26 janvier, le président du comité de

Pontivy, Levaillant de Laubé, donne aux jeunes citoyens, lecture des lettres des députés de la ville à l'Assemblée nationale, accompagnées du décret qui frappe de condamnation les membres du parlement de Rennes. Au milieu de la satisfaction causée par cette nouvelle des cris éclatent, rappelant avec indignation toute la conduite du parlement, la journée du Champ-Montmorin, l'affaire des Cordeliers ; on voue la mémoire des magistrats à l'exécration publique. Moreau parvient cependant à dominer le tumulte, et profitant d'un moment de calme : « Puissent-ils ne jamais oublier, dit-il, que la volonté du peuple est imprescriptible ; qu'ils soient citoyens, et nous leur pardonnons ! » L'Assemblée ramenée par ces paroles à des sentiments plus pacifiques, exprime « le désir sincère de voir les anciens membres des parlements revenir à des principes qu'ils n'auraient jamais dû oublier. »

On s'occupa ensuite de rédiger le Pacte fédératif. Lorsque ce travail fut terminé, les Jeunes Volontaires se réunirent en dernière Assemblée, le 29 janvier au matin, dans l'église des Récollets, et sortirent par les rues au milieu d'un grand concours de peuple. Ils marchaient dans un profond silence, l'épée nue, vers l'église paroissiale, pour y assister à la messe de clôture. Des compagnies de grenadiers et de chasseurs de la garde nationale, le corps de la maréchaussée et les dragons nationaux précédaient et formaient cortège ; les trompettes de la cavalerie sonnaient, et des tambours ouvrant la marche battaient aux champs. Les Jeunes Volontaires prirent place dans l'église, le comité de Pontivy d'un côté du chœur, le président et le bureau de l'Assemblée de l'autre : des drapeaux encadraient l'autel. Au moment de l'*Ite missa est*, le président Moreau s'avança vers l'autel, et tourné vers le peuple donna lecture du Pacte fédératif ainsi conçu :

« **Pacte fédératif.**

» Jaloux de donner à la patrie de nouvelles preuves d'un zèle qui ne s'éteindra qu'avec nos jours ;

» Jaloux de déconcerter les projets odieux d'une cabale sans cesse renaissante ;

» Jaloux enfin de voir succéder aux troubles qui nous ont trop longtemps agités, une paix durable ;

» Nous, Jeunes Citoyens français, habitant les vastes pays de la Bretagne et de l'Anjou, extraordinairement assemblés par nos représentants à Pontivy, pour y resserrer les liens de l'amitié fraternelle que nous nous sommes mutuellement vouée, avons formé et exécuté au même instant, le projet d'une confédération sacrée, qui sera tout à la fois l'expression des sentiments qui nous animent et des motifs qui nous rapprochent malgré les distances.

» Nous avons unanimement arrêté et arrêtons :

» De former par une coalition indissoluble une force toujours active, dont l'aspect imposant frappe de terreur les ennemis de la génération présente.

» De vouer à la nouvelle constitution du royaume,

un respect et une soumission sans bornes, et de soutenir au péril de notre vie, les décrets émanés de la sagesse du Sénat auguste qui vient d'élever l'édifice de notre félicité.

» De renouveler au père tendre, au monarque citoyen, qui met sa gloire et son bonheur dans celui de ses peuples, l'hommage respectueux de notre amour.

» De ne reconnaître entre nous, malgré la nouvelle division des provinces, nécessaire à l'administration du royaume, qu'une immense famille de frères, qui toujours réunis sous l'étendard de la liberté, soit un rempart formidable où viennent se briser les efforts de l'aristocratie.

» De nous prêter enfin mutuellement tous les secours qui seront en notre puissance, sans y mettre d'autres conditions ni d'autres bornes que celles que nous inspireront l'honneur et le patriotisme qui jusqu'à ce jour ont dirigé nos démarches, persuadés qu'avec de pareils guides il est impossible de s'égarer.

» Et pour mettre le dernier sceau à nos engagements, nous avons arrêté qu'un serment solennel et public appellerait sur nous la protection du Dieu de paix, que des cœurs purs invoquent avec confiance. »

Aussitôt les voix des prêtres et une musique nombreuse réunie dans le lieu saint font retentir l'enceinte de leurs accents. Moreau toujours debout près de l'autel, tenant d'une main le Pacte fédératif, de l'autre son épée nue, posée sur l'autel, prononce d'une voix forte le serment qui suit :

« Serment

» Nous jurons par l'honneur, sur l'autel de la patrie, en présence du Dieu des armées, amour au père des Français ; nous jurons de rester à jamais unis par les liens de la plus étroite fraternité ; nous jurons de combattre les ennemis de la Révolution, de maintenir les droits de l'homme et du citoyen, de soutenir la nouvelle constitution du royaume, et de prendre au premier signal de danger, pour cri de ralliement de nos phalanges armées : Vivre libres ou mourir ! »

Tous les députés des villes vinrent à leur tour, l'épée nue, prononcer ce serment, et allèrent signer au registre ; signèrent aussi les membres composant le comité permanent de Pontivy, les commandants des corps armés, et les membres du clergé qui venaient de prendre part à la cérémonie. Les Jeunes Citoyens militaires se séparèrent ensuite aux cris de : « Vive la nation ! Vive l'Assemblée nationale ! Vive le Roi ! »

Cette ardeur héroïque, cette cérémonie imposante, ces nobles élans de jeunes cœurs prêts à se sacrifier pour la patrie, ce serment solennel de combattre pour la Révolution, et de choisir entre la liberté ou la mort, reproduits par tous les journaux de l'époque causèrent une grande impression. Déjà le mouvement parti de la Bretagne s'était étendu : déjà en même temps qu'à Pontivy on se fédérait en Normandie et sur les bords du Rhône. Les fédérés de Pontivy avaient à peine eu le temps d'envoyer un salut fraternel aux milices réunies à Montélimart, que les peuples du Dauphiné s'assemblaient à Valence. Enfin ceux de la Bretagne et de l'Anjou, non contents d'avoir vu leurs enfants les précéder à l'autel de la fraternité, s'apprêtaient, par l'intermédiaire de tout ce que les deux provinces avaient de plus vénérable, à ratifier plus solennellement encore le Pacte qu'ils avaient conclu.

Sur ces entrefaites, des événements déplorables vinrent démontrer une fois de plus la nécessité de l'entente entre les citoyens pour assurer la paix et l'ordre indispensables au succès de la Révolution. Que d'écrivains ont fait de la Bretagne une Arcadie où maîtres et serviteurs, seigneurs et vassaux, vivant dans un touchant accord, auraient volontiers mis en commun plaisirs et richesses, infortunes et misères! Cet idéal, à peine réalisé chez quelques familles vendéennes, n'a jamais existé, en ce qui concerne la Bretagne, que dans les livres à imagination d'historiens et de poëtes plus sensibles à la voix grossissante de la fausse renommée, qu'au langage inexorable des preuves et des faits. Tandis que les paysans de la Basse-Bretagne, tirés en sens contraire par les patriotes qui leur révélaient leurs droits nouveaux, et par le haut clergé qui leur faisait de la Révolution un épouvantail, se trouvaient, à cause de leur ignorance de la langue française, incapables de juger par eux-mêmes et vivaient dans les angoisses de l'indécision, les paysans de la Haute-Bretagne, plus avancés, plus français, plus à portée d'entendre la langue commune, attendaient avec impatience la suppression des servitudes et murmuraient de la lenteur apportée à la réalisation de leurs espérances. Les nobles dont ils étaient vassaux, bien loin d'aller au devant de leurs vœux et de soulager d'eux-mêmes leur triste situation, redoublaient au contraire de rigueur, et constants dans leur ligne de conduite qui était de s'opposer à toute innovation, continuaient à exiger impitoyablement, plusieurs mois après la nuit du 4 août, les paiements et redevances imposés en vertu des droits iniques abolis cependant au cours de cette séance. Aussi les paysans de la Haute-Bretagne cédant à l'exaspération, se portèrent à des violences pareilles à celles que l'on avait déjà eues à déplorer, mais longtemps auparavant, sur plusieurs points de la France.

Le soulèvement éclata en janvier 1790, dans la région comprise entre Rennes, Redon et Ploërmel. Une troupe de dix-huit cents paysans, partagés en trois bandes, et renforcés successivement des habitants des pays qu'ils parcourent, pillent et brûlent les châteaux qu'ils rencontrent. Les domaines de la Chapelle-Bouexic appartenant à M. de Pignieux, de Bois-Sauvage à M. de la Châtaigneraie, de Château-des-Champs à M. de Piré, sont des premiers incendiés dans le voisinage de Rennes. Cinquante autres gentilshommes, fuyant devant la dévastation de leurs propriétés, cherchent un refuge dans l'antique capitale de la Bretagne. Les habitants de la Chapelle, entre Ploërmel et Pont-du-Roi, abattent les fossés de Brilhac ; ceux d'Angan, de Guer, de Reminiac forcent, l'arme au poing, MM. de Cintré, de la Voltais,

Dubot de la Gré, de Langan, Mademoiselle de Guincy, à faire de leurs droits une renonciation conçue en ces termes : « Je déclare renoncer à mes fiefs, dimes, rôles, afféagements, lods et ventes, rachats et droits de recette, dont je fais remise pour le passé et l'avenir aux habitants de la paroisse de... sur la demande qu'ils m'en ont faite, et de plus je déclare que lesdits paroissiens sont de très-honnêtes gens, et se sont comportés avec toute la décence possible. Signé... »

Les habitants des paroisses de Maure, de Loutehel, Campel, Comblessac, Pleran, Marcent, armés de fusils, fourches, faucillons, pillent et saccagent entre autres châteaux celui de M. de Guer, et exigent de ce seigneur une pareille renonciation à ses rentes et droits féodaux. L'embrasement menace de s'étendre. Les nobles de Bretagne, en poussent une clameur qui, par la bouche du vicomte de Mirabeau, retentit jusqu'au sein de l'Assemblée nationale ; ils appellent *brigands* les paysans soulevés ; ils accusent les représentants du tiers breton d'avoir excité ces troubles. La bourgeoisie de Bretagne répond à ces accusations en prenant des mesures pour garantir les biens et les personnes des nobles : cinq cents gardes nationaux sortent de Rennes avec quatre pièces de canon et s'élancent dans les campagnes à la poursuite des dévastateurs. Les délégués du tiers, tous composés de notables et de membres des conseils municipaux récemment nommés, se hâtent de se réunir à Pontivy et de s'y constituer en une Assemblée plus nombreuse et plus imposante encore que la précédente.

Une des principales préoccupations de cette nouvelle Assemblée va être d'aviser aux moyens d'empêcher le renouvellement des faits insurrectionnels dans les campagnes.

Un mois donc après la réunion des Jeunes Citoyens militaires, jour pour jour, le 15 février 1790, cent soixante-huit délégués de la bourgeoisie, représentant cent-vingt villes et bourgs de Bretagne et d'Anjou, se rendaient solennellement à leur tour dans l'église paroissiale de Pontivy et y assistaient pareillement à une messe d'ouverture. A l'issue de la messe l'un des délégués de Pontivy, Ruinet père, membre du conseil municipal, monta dans la chaire et souhaita la bienvenue aux hommes accourus des quatre coins de la Bretagne et de l'Anjou : « Quel spectacle flatteur, dit-il, pour les habitants de Pontivy de voir encore une fois leur cité réunir dans son sein les généreux défenseurs et les plus fermes appuis de cette précieuse liberté, dont le nom fut à peine connu pendant des siècles entiers d'esclavage et de barbarie ! Le jour qui fit luire à nos yeux les premiers rayons de cet astre salutaire et bienfaisant, a sans doute été regardé par chacun de nous comme le plus beau de sa vie. Mais ce qui doit à jamais le rendre mémorable, c'est qu'un trait de sa vive lumière pénétrant tout-à-coup jusqu'au fond de nos cœurs, nous ait fait apercevoir à tous et pour ainsi dire au même instant, que pour conquérir et nous assurer la possession de cet inestimable avantage, il fallait ajouter aux armes de l'éloquence et de la conviction, des ressorts d'une trempe un peu plus forte : que le moment était enfin arrivé de montrer de la vigueur et de l'énergie.

» C'est en vue de prévenir des divisions toujours funestes, de déconcerter les projets odieux des ennemis de notre génération, et de soutenir, de tout notre pouvoir, la courageuse fermeté de nos Représentants à l'Assemblée nationale, qu'une correspondance vigilante et suivie, a rapproché, malgré les distances, nos vœux, nos sentiments et nos opérations.

» Avouons-le à la gloire des Jeunes Citoyens militaires, nos fils, nos frères et nos amis, ce sont eux qui aux séances mémorables des 26 et 27 janvier, nous ont frayé la route de cette sainte coalition qui doit être à jamais la terreur des méchants et le boulevard de la nouvelle constitution. S'il a été naturel à l'impétuosité de leur jeune âge de nous devancer dans cette honorable carrière, faisons voir qu'il n'est pas incompatible avec la maturité du nôtre, de suivre le plan de la jeunesse quand elle marche dans le chemin de l'honneur et de la vertu. Que nos ennemis apprennent que les pères ont le courage et l'ardeur de leurs enfants, comme les enfants ont la prudence et la sagesse de leurs pères, quand la voix de la liberté se fait entendre, et qu'un patriotisme éclairé embrase tous les cœurs.

» Vivre libre ou mourir ! c'est la devise de nos Jeunes Citoyens, qu'elle soit aussi la nôtre.

» Élevons nos âmes à la hauteur des grandes idées de bonheur et de prospérité qui naissent de la Révolution présente. Fiers de la dignité de notre origine, repoussons loin de nous les projets séditieux et sanguinaires, les actes de violence et d'horreur qui, faisant frémir l'humanité, ne sont propres qu'à la dégrader, et ne perdons jamais de vue qu'il ne peut exister de liberté où règnent le désordre et la licence.

» Soyons toujours prêts à sacrifier nos intérêts les plus chers à l'intérêt et au salut de la Patrie, notre mère commune.

» Gardons-nous bien surtout de laisser affaiblir ces sentiments par la considération des distances, par ces antiques dénominations de Pays, d'États, de Provinces conquises ou non conquises, de grandes ou petites villes, de ville ou de campagne, de canton ou de hameau, qui semblaient nous tenir divisés. Toutes ces distinctions disparaissent et doivent s'évanouir dans nos cœurs avec le régime oppresseur qui les avait fait naitre.

» Français et frères, aimons-nous ; n'ayons plus qu'un cœur et qu'une âme, et ne nous considérons désormais que comme des citoyens unis par les liens indissolubles de la concorde, de l'égalité et de la fraternité, qui doivent exister entre les sujets d'un même empire. »

L'Assemblée procède ensuite à la nomination de son bureau, composé ainsi qu'il suit : Lefebvre de la Chauvière, de Nantes, président ; Delaunay l'aîné, d'Angers, vice-président ; membres du bureau : Ruinet Dutailly père, de Pontivy ; Herviant, curé d'Hennebont ; Couraudin de la Noue, d'Angers ; Le

Guével, de Josselin ; Besné de la Houteville, de Saint-Brieuc ; Le Goarze de Kervélégan, de Quimper ; Frogerais de Saint-Maudé, d'Auray ; Georgelin, de Corlay ; Quémar de Penanvern, de Carhaix ; Le Gogal de Toulgoët, de Guémené ; Ollivier Le Tutour, cultivateur, de Pluméliau. On choisit encore parmi les laboureurs qui se trouvaient délégués à l'Assemblée au nombre d'environ cinquante, trois secrétaires-adjoints, Le Goff, de Neuillac ; Le Floch, de Lignol ; Le Roux, de Melrand.

L'Assemblée, comme celle des Jeunes Volontaires, tint ses séances dans l'église du couvent des Récollets. Véritable représentation locale, dernières grandes assises de la Bretagne, elle s'occupa de tous les intérêts qui étaient encore en suspens dans la province. Elle fixa une réglementation provisoire de la garde nationale, en ordonnant que tout homme jusqu'à cinquante ans serait tenu de monter la garde ; que les hommes, et non les municipalités, nommeraient les officiers ; que tous priviléges étant abolis, les ecclésiastiques ainsi que les veuves et filles tenant ménage, ne pouvant faire le service personnel, n'en seraient pas moins obligés de contribuer aux frais qu'il exige, suivant la fixation des municipalités ; que, les municipalités étant préposées au maintien du bon ordre, il appartiendrait à elles seules d'ordonner, en cas de besoin, les marches des gardes nationales. Elle exposa, dans une adresse à l'Assemblée nationale, l'atroce système des domaines congéables, avec la nécessité d'en décréter sa prompte abolition et de fixer, à des taux qu'elle indiquait elle-même, les conditions de rachat du fond par le paysan, la suppliant de rendre en attendant un décret interdictoire de tout congément, droit de déshérence, et de toutes coupes de bois de la part des seigneurs fonciers, car le cultivateur n'avait pas même la faculté de cueillir sur ses fossés, sans payer, une branche d'arbre pour réparer le manche de sa charrue. Les délégués des laboureurs présents à cette Assemblée étaient vivement touchés des mesures que l'on prenait en leur faveur ; ils exprimaient leur satisfaction avec un langage naïf et incorrect dans quelques lettres à leurs collègues dont le procès-verbal nous a conservé le texte :

« Il nous est impossible, disaient-ils, nous gens de campagne, d'exprimer la joie, le plaisir et l'amitié que nous avons, et les remerciments que nous devons à nos frères députés et venus ici des villes de cette Province et de celle de l'Anjou pour nous délivrer de l'esclavage dont nous avons gémi, ainsi que nos ancêtres, depuis plusieurs siècles, surtout ceux de l'usement de Rohan et Bérouérek ; après avoir usurpé presque tous nos droits, nous faisions de viles corvées comme les plus vils de tous les hommes, pas même le dernier laquais à peine daignait-il nous regarder, et à présent nous voyons avec beaucoup de plaisir et d'amitié que nous avons l'honneur de nous appeler tous frères ; ainsi nous resterons à jamais unis par le lien de fraternité, comme étant tous frères et tous enfants d'un même père. Ainsi, messieurs, nous vous remercions de la peine que vous vous donnez, surtout M. le président, M. le vice-président, et MM. de l'Assemblée. » Ces lettres étaient signées de tous les délégués laboureurs présents.

On étudia les causes de désordres auxquels venaient de se livrer les habitants des campagnes et les moyens d'en arrêter le cours. Il fut reconnu que l'excessive dureté du régime féodal était la cause de ces excès, que les laboureurs bretons gémissaient sous le joug d'un servage inconnu aux autres citoyens du royaume, que l'extrême oppression avait produit l'extrême désespoir, et que le sentiment profond de leur misère les avait armés. Que ces victimes infortunées du despotisme féodal, étaient infiniment répréhensibles de dévaster avec le fer et le feu les propriétés des ci-devant seigneurs, mais qu'avant d'opposer la force à la force, il était nécessaire d'employer toutes les voies de la douceur et de la persuasion. En conséquence on invita par une lettre circulaire, toutes les municipalités, tous les pasteurs, et tous les vrais amis de la paix, à employer leur influence pour faire sentir aux habitants des campagnes que la liberté n'était pas la licence, et que l'Assemblée nationale s'occupait de la suppression des droits féodaux; mais qu'une sage lenteur pouvait seule donner à ses décisions toute la maturité qu'exigeaient et l'importance de l'objet, et les intérêts d'une grande nation. Que si cependant des frères égarés, ou séduits par les ennemis de la Révolution, continuaient à troubler la tranquillité publique, ils seraient ramenés aux devoirs sacrés qui constituent l'ordre social, par les forces combinées des deux peuples de Bretagne et d'Anjou. Pour mieux assurer la pacification on ordonna aux municipalités de s'opposer à toute usurpation de la part des seigneurs sur les terrains vagues et communs, puis on adressa à l'Assemblée nationale une pétition pour obtenir non-seulement la restitution aux habitants des campagnes de l'usage des lavoirs, abreuvoirs et fontaines situés à leur proximité, mais encore l'ouverture et la viabilité des chemins interceptés par les afféagements, de manière à assigner à chaque village une issue convenable pour y faire prendre l'eau aux bestiaux pendant l'hiver, sauf à régler une indemnité aux afféagistes dans le cas où ils se trouveraient fondés en droit. Ces mesures produisirent un excellent effet ; un commencement sérieux de satisfaction étant donné aux paysans, les troubles cessèrent dans les campagnes, et le danger d'une insurrection qui pouvait en peu de temps embraser toute la Bretagne, se trouva momentanément conjuré par la sagesse et la fermeté des délégués de la bourgeoisie réunis à Pontivy. (1)

Sur la proposition de Delaunay, d'Angers, on vota encore une adresse à l'Assemblée nationale pour obtenir la suppression de la gabelle dont le rétablissement occasionnait des troubles dans l'Anjou. On rédigea aussi une protestation contre une décision de cette Assemblée qui ne reconnaissait comme éligibles aux futurs corps représentatifs que les citoyens payant l'impôt du marc d'argent ; car c'était, disait-on, à un genre de féodalité en substituer un autre, et remplacer

(1) Une nouvelle jacquerie éclata un an après, au commencement de 1791, dans la région comprise entre Lamballe et Saint-Malo ; attaque et incendie de plusieurs châteaux, combat sanglant à Yffiniac entre les campagnards et les milices de Saint-Malo

l'aristocratie de la naissance par l'aristocratie de la richesse. Enfin, tous ces importants travaux étant terminés, on approuva et ratifia les résolutions prises dans l'Assemblée des Jeunes Citoyens militaires, on déclara y adhérer formellement, et l'on se rendit, comme l'avaient fait les jeunes gens, à une messe de clôture. Le même cérémonial fut employé : l'autel encadré de drapeaux, la municipalité de Pontivy d'un côté, le bureau de l'Assemblée de l'autre. Le président Lefebvre de la Chauvière, y donna lecture du pacte d'union suivant qui fut juré et signé en présence du peuple par tous les délégués, et par les représentants de l'autorité.

Pacte d'Union.

» Nous, Français, citoyens de la Bretagne et de l'Anjou, assemblés en congrès patriotique à Pontivy, par nos députés, pour pacifier les troubles qui désolent nos contrées, et pour nous assurer à jamais la liberté que nos augustes Représentants et un Roi citoyen viennent de nous conquérir.

» Nous avons arrêté et arrêtons d'être unis par les liens indissolubles d'une sainte fraternité, de nous porter des secours mutuels en tout temps et en tous lieux ; de défendre jusqu'à notre dernier soupir la constitution de l'État, les décrets de l'Assemblée nationale et l'autorité légitime de nos rois.

» Nous déclarons solennellement que n'étant ni Bretons, ni Angevins, mais Français et citoyens du même empire, nous renonçons à tous nos priviléges locaux et particuliers et que nous les adjurons comme inconstitutionnels.

» Nous déclarons qu'heureux et fiers d'être libres, nous ne souffrirons jamais que l'on attente à nos droits d'hommes et de citoyens, et que nous opposerons aux ennemis de la chose publique toute l'énergie qu'inspire le sentiment d'une longue oppression et la confiance d'une grande force.

» Nous invitons et nous conjurons tous les Français, nos frères, d'adhérer à la présente coalition, qui deviendra le rempart de notre liberté et le plus ferme appui du trône.

Serment.

» C'est aux yeux de l'univers, c'est sur l'autel du Dieu des parjures, que nous promettons et que nous jurons d'être fidèles à la Nation, à la Loi, et au Roi, et de maintenir la Constitution Française.

» Périsse l'infracteur de ce pacte sacré.

» Prospère à jamais son religieux observateur! »

L'Assemblée nomma séance tenante une députation composée de quatre membres dont deux laboureurs, chargée d'aller à l'Assemblée nationale présenter les adresses et les pétitions que l'on avait votées, ainsi que le pacte d'union qui venait d'être juré, puis on se sépara aux cris de : Vive la Nation, vive la Loi, vive le Roi!

La députation de Pontivy se rendit à Paris où depuis les journées des cinq et six octobre l'Assemblée nationale s'était transportée avec le roi. Elle fut admise à la barre ; l'un des quatre délégués prit la parole : « Députés par trois millions d'hommes malheureux, mais prêts à sacrifier leur vie pour la patrie, nous venons exprimer leurs sentiments et leurs vœux. La Bretagne gémit sous un genre de féodalité aussi terrible que celui dont vous l'avez délivrée : vous ne laisserez pas subsister les usements de la Province. Nous ne balançons pas à venir déposer dans votre sein nos sollicitudes. Jamais nous n'avons manqué à nos engagements et jamais nous n'y manquerons. Le Pacte fédératif entre la Bretagne et l'Anjou vous en est un sûr garant. » Rabaud Saint-Étienne qui présidait ce jour-là répondit : « Vos mesures pour soutenir la constitution ne sont pas inconnues à l'Assemblée nationale. Servir la patrie fut toujours un besoin pour les Français, et surtout pour une province belliqueuse, voisine d'un État étranger. L'Assemblée ne voit dans vos milices qu'un appui pour la liberté et un gage de prospérité pour la nation. Elle pèsera vos demandes dans sa sagesse ; vous pouvez compter sur sa parfaite équité. » Le délégué qui avait déjà porté la parole demanda alors à donner lecture du Pacte fédératif. Un membre de la noblesse s'écria que ce mot de Pacte fédératif lui en imposait et qu'il voyait des inconvénients à autoriser la lecture. L'Assemblée passa outre et décida à la pluralité des voix que le pacte serait lu. La lecture en fut écoutée attentivement et interrompue plusieurs fois par les plus vifs applaudissements. L'Assemblée ordonna que le Pacte fédératif serait inséré dans le procès-verbal et imprimé pour être envoyé dans toutes les provinces.

L'impression fut irrésistible : de toutes parts on se fédéra, à Épinal dans l'Est, à Grenoble au Midi, puis à Strasbourg, à Toulouse, dans tous les grands centres provinciaux ; la devise des Jeunes Citoyens militaires : « Vivre libre ou mourir ! » fit le tour de la France. Dans une fédération locale conclue à Rennes, le 22 mai, entre la garnison et la garde nationale, un sous-officier émit au nom de la garnison le vœu de former à Paris, au 14 juillet, une confédération générale de toutes les fédérations locales de France. Ce vœu fut entendu et appuyé dans d'autres parties de la France. Lafayette et Bailly, au nom des citoyens de la capitale, invitèrent tous les Français à venir à Paris à cet effet, à la date indiquée, pour y fêter en même temps la prise de la Bastille dont ce jour était l'anniversaire. « Nous sommes frères, disait Lafayette, nous sommes libres, nous avons une patrie. Trop longtemps courbés sous le joug nous reprenons enfin l'attitude fière d'un peuple qui reconnaît sa dignité. *Nous ne sommes plus ni Bretons, ni Angevins*, ont dit nos frères de la Bretagne et de l'Anjou ; comme eux nous nous disons : Nous ne sommes plus Parisiens, nous sommes Français. Vos exemples nous ont inspiré une grande pensée ; vous l'adopterez, elle est digne de vous. Vous avez juré d'être unis par les liens indissolubles d'une sainte fraternité, de défendre jusqu'au dernier soupir la constitution de l'État, les décrets de l'Assemblée nationale, et l'autorité légitime de nos rois : comme vous nous avons prêté ce serment auguste ; faisons, il en est temps, faisons de toutes ces fédérations particulières une confédération générale. »

Toute la France répondit à cet appel. Le 3 juillet on signala le départ des Bretons de leur pays. Ils s'étaient réunis à Rennes d'où ils se mirent en route le 1er juillet, en corps, avec armes et bagages, et à pied : « On craignait, disait la *Chronique de Paris*, que les députés à la confédération du 14 n'arrivassent à Paris, comme nos officiers petits-maîtres se rendaient à leurs régiments, en voitures. Les Bretons qui ont toujours donné de si grands exemples, bravent en ce moment la fatigue comme ils affrontaient autrefois le despotisme. Une route de cent lieues ne les a point effrayés ; ce sont des Spartiates qui accourent au pacte de famille. Ils brûlent de se précipiter dans les bras de leurs frères les Parisiens, de fouler aux pieds les ruines de la Bastille. Ne serait-ce pas à ceux qui l'ont conquise de leur faire les honneurs de la capitale ? Les laissera-t-on s'égarer en y entrant ? Quoi ! ils ne trouveraient ni embrassements, ni escorte, ni tambours, ni instruments militaires ! Toute la Grèce se leva devant Thémistocle lorsqu'il parut aux jeux olympiques : verrons-nous froidement entrer dans nos murs ceux qui, les premiers en France, ont élevé le bonnet de la liberté ? »

On s'empressa de désigner nominativement, pour aller au-devant des Bretons, un certain nombre de ces braves Parisiens qui avaient jeté bas la vieille citadelle du despotisme et auxquels l'Assemblée nationale avait accordé individuellement le droit de porter un sabre d'honneur et d'occuper, en corps, une place honorifique à la fête de la fédération. Ayant été avisés de l'approche des Bretons, les Vainqueurs de la Bastille se rendirent à Versailles où ils couchèrent. Le lendemain ils se mirent en marche sur la route de Rambouillet, et rencontrèrent, vers midi, à quelque distance de Saint-Cyr, quatre cents fédérés de Rennes qui arrivaient avec armes et bagages. Parrein, chef de la députation parisienne leur adressa le discours suivant : « Frères et camarades, vous voyez devant vous une députation des Vainqueurs de la Bastille, légalement reconnus ; il y a longtemps que nos cœurs brûlent du désir de vous voir, pour mêler nos embrassements aux vôtres, et vous féliciter sur votre patriotisme ; oui, votre patriotisme ; car nous ne l'oublierons jamais, si les Vainqueurs de la Bastille ont conquis la liberté, nous devons dire que vous en avez été les premiers défenseurs. Jouissez maintenant du fruit de vos nobles travaux. Le jour de la fédération approche : croyez que votre présence à cette fête solennelle attirera tous les regards sur vos têtes. Nous espérions partager avec vous le sublime honneur de vous y accompagner, mais l'envie acharnée à nous poursuivre, nous a mis dans la nécessité, pour avoir la paix, de faire le sacrifice de toutes les distinctions qui nous avaient été accordées par le décret du 19 juin, en récompense de notre victoire. » Les Bretons, laissant éclater les transports de leur joie, sautent au cou des Vainqueurs de la Bastille en les pressant vivement dans leurs bras et en versant des larmes. Ils engagent les Parisiens à marcher à leur tête, mais ceux-ci insistent pour demeurer confondus avec eux ; ils marchent ainsi au son des tambours jusqu'à Versailles. A peine arrivés, on annonce l'approche des Nantais. Les Vainqueurs de la Bastille retournent sur leurs pas, et bientôt ils rencontrent les nouveaux arrivants ; Parrein leur répète le discours qu'il avait déjà tenu aux Rennais. Les Nantais, enthousiasmés, s'écrient : « Vivent les Vainqueurs de la Bastille ! » Ils les embrassent à plusieurs reprises et les couvrent d'applaudissements. Pradel, chef des Bretons, jure et fait jurer à ses compagnons d'armes, sur la pointe de leurs épées, de protéger jusqu'à la mort les Vainqueurs de la Bastille. Ces derniers jurent à leur tour de ne jamais abandonner les Bretons. Une foule nombreuse de citoyens assistaient et applaudissaient à cette scène.

Le samedi soir, toutes les députations de Bretagne arrivèrent en corps d'armée : parvenues à la barrière de la Conférence, un détachement de la garde parisienne alla au devant d'elles ; de là elles se rendirent aux Tuileries et y entrèrent tambours battant. Elles défilèrent le long de la terrasse, et s'y mirent en bataille. Le son des tambours et les cris de « Vive le Roi ! » attirèrent Louis XVI aux fenêtres. Les cris redoublent : on porte au bout des épées et des baïonnettes les chapeaux et les bonnets. Le roi fait signe au commandant de la troupe de venir le trouver ; celui-ci monte avec empressement, pénètre dans les appartements du roi et lui présente son épée en disant : « Sire, j'ai l'honneur de remettre à votre Majesté, au nom des braves Bretons, une épée qui ne se teindra jamais que du sang impur de vos ennemis. » A ces mots, le roi plein d'émotions, lui présente la main : « Je suis bien satisfait, je suis bien satisfait ; je n'ai jamais douté de la fidélité et de la tendresse de MM. les Bretons ; » et se reprenant aussitôt : « De mes chers Bretons. » Le commandant lui répliqua : « Sire, vous pouvez compter sur eux de tous les temps ; ils vous aiment, ils vous chérissent, parce que vous êtes un roi-citoyen. » Le chef des Bretons, voyant tomber des larmes des yeux du prince, ajouta : « Leur sang coulera toujours avec empressement pour vous, et vos ennemis sont les leurs. » — « Tant mieux ! tant mieux ! » s'écria le roi ; puis il ajouta : « Je suis si ému que je ne puis parler. » Le commandant reprit : « Sire, nous sommes enchantés d'avoir eu le bonheur de vous voir ; mais nous voudrions aussi avoir l'honneur de voir la reine. » Le prince répondit : « Ce serait avec plaisir ; elle serait ici, si elle n'avait pris médecine. » Sur cette réponse, qui terminait prosaïquement un touchant entretien, le chef des Bretons alla rejoindre ses compagnons d'armes.

On avait activé les travaux au Champ-de-Mars pour que la vaste plaine fût prête, au 14 juillet, à recevoir soixante mille fédérés et une foule immense. Les ouvriers manquant, les citoyens de tous les rangs s'étaient fait un honneur d'y travailler. On vit même un grand nombre de femmes de toutes les conditions manier la pioche de leurs mains délicates. Les députés de la Bretagne à l'Assemblée nationale, Chapelier, Lanjuinais, Defermont, le père Gérard, etc., y allèrent aussi remuer la terre et pousser la brouette. Le détail de la grande fête qui suivit appartient à l'histoire de France. Ce fut, dans de magnifiques proportions, la reproduction de ce qui s'était passé à Pontivy : un autel encadré de drapeaux ; autour, l'Assemblée nationale, le roi, Lafayette, commandant de toutes les gardes nationales, les corps constitués, les fédérés, la France entière, fraternisant solennellement, et jurant fidélité à la nation et à la constitution. Une nouvelle division du territoire avait été faite quelque temps auparavant : la ville de Paris distribua quatre-vingt-trois bannières aux quatre-vingt-trois départements. Chaque bannière portait le nom du département auquel elle était destinée, avec ces mots : « Confédération nationale. Paris, 14 juillet 1790. » Les Bretons en rentrant dans leur pays bannières déployées reçurent de leurs concitoyens un accueil triomphal.

Cette fête laissa du reste en Bretagne de longs et impérissables souvenirs. C'était réellement à l'impulsion de cette province qu'était due l'œuvre qui venait de s'accomplir, une des plus belles, une des plus pures de la Révolution : Paris lui en avait dignement reconnu la maternité. Pendant trois années consécutives, à chaque anniversaire de la prise de la Bastille, toutes les villes de Bretagne célébrèrent la fête de la fédération ; ce jour-là, la bannière fédérale, déposée au chef-lieu de chaque département, était portée en grande pompe à l'autel de la patrie, et les fédérés, debout, renouvelaient devant elle le serment qu'ils avaient fait, à Pontivy d'abord, puis à Paris, de défendre la nation, la constitution, le roi; mais lorsque le roi eut le premier rompu la foi jurée, chacun ne songea plus qu'à tenir parole à la patrie.

CHAPITRE IV

LES PRÊTRES

Constitution civile du clergé. — Résistance du clergé breton. — Ses excitations dans les campagnes — Les prêtres constitutionnels sont insultés. — Les prêtres insermentés sont poursuivis au nom de la loi. — Suspension de l'exercice du culte dans la plupart des églises. — Attaque de Vannes par les paysans de Sarzeau — La messe se dit au fond des bois. — Projets de Mirabeau. — Fuite du roi. — Dumouriez à Nantes. — Conspirations royalistes. — Affaire de Fouesnant. — Les sociétés populaires. — Mission à Londres de Français et Bougon, de la société de Nantes. — La patrie en danger. — Les fédérés de 1792. — Le 10 août : les fédérés de Brest et de Marseille enlèvent les Tuileries. — Massacres de septembre : meurtre, à Lorient, du négociant Gérard. — Proclamation de la République.

La fonction toute terrestre de l'État est, à l'intérieur, de garantir à tous la paix et la sécurité dans les rapports sociaux ; il n'a pas mission de s'introduire au fond des cœurs pour y régler les croyances ; il n'a non plus compétence pour déterminer la forme et les conditions du culte ; mais il est de son droit et de son devoir d'agir contre les effets extérieurs de ces croyances, lorsqu'ils deviennent contraires à la tranquillité publique. Tel est le principe qui tend à prévaloir aujourd'hui parmi les nations, principe juste, appliqué déjà avec succès chez quelques-unes : séparation de l'Église d'avec l'État. Au moment où éclata la Révolution, ces deux corps étaient, depuis dix siècles, intimement liés : l'Assemblée nationale ne pouvait avoir la pensée de les séparer. Sur la proposition des plus religieux de ses membres et particulièrement de Lanjuinais, elle tenta seulement de les accorder ; mais où empereurs et rois n'avaient pas réussi, la nation devait échouer également. Il fut décrété que le nombre des évêques serait réduit à un seul par département, celui des curés à un seul par commune ; le casuel, c'est-à-dire, les droits perçus pour les baptêmes, mariages, enterrements, furent supprimés ; on prescrivit l'élection des pasteurs par les fidèles, comme dans les premiers temps du christianisme ; les biens mis autrefois à la disposition du clergé par la nation, ayant été repris par elle sous la pression de l'inexorable nécessité, l'État fut chargé de pourvoir à l'existence des prêtres au moyen d'un salaire ; enfin, chaque prêtre dut, à son entrée en fonctions, prêter serment de fidélité, sous peine de déchéance, à la nation, à la loi et au roi.

Cette réglementation, devenue si célèbre sous le

nom de Constitution civile du clergé, excita la plus vive répulsion parmi l'immense majorité des prêtres bretons ; ils se sentirent atteints dans leurs intérêts matériels, dans leur orgueil et dans leurs consciences. L'aliénation des biens de l'Église frappait les prélats ; la suppression du casuel diminuait les ressources du bas-clergé ; les uns et les autres, en recevant leur salaire des mains de l'État, tombaient davantage sous sa dépendance, pénible humiliation, augmentée par la nécessité de ne plus devoir leurs siéges qu'aux suffrages de leurs ouailles : que devenait dans ces conditions la hiérarchie ecclésiastique, charpente inviolable et sacrée du catholicisme romain ? Et c'était à de pareilles lois qu'il fallait, pour comble d'abaissement, jurer d'être fidèles ? Qu'eût fait Jésus-Christ en pareille occurrence ? Cette figure céleste, si les traditions de l'évangile nous en ont transmis un portrait exact, eût assurément répondu avec un sourire : « Rendez à César ce qui appartient à César, et à Dieu ce qui appartient à Dieu ! » Car, à la vérité, les décrets de l'Assemblée n'attaquaient nullement les croyances ; et c'est ce que firent ressortir en chaire, dans les villes, un certain nombre de prêtres dont l'esprit était avant tout chrétien. Ils rapportèrent les paroles évangéliques citées plus haut et prouvèrent facilement que la morale du Christ n'était point visée dans les décrets. Mais tous leurs efforts devaient se briser contre les passions des hommes et l'ignorance du peuple des campagnes.

On se rappelle les demandes, pour la plupart, égoïstes et anti-libérales des prêtres bretons dans leurs cahiers. Favorables à la Révolution en ce qu'ils en obtinrent l'abaissement du haut-clergé, ces prêtres lui devinrent hostiles lorsqu'il fut évident qu'elle ne répondrait pas à toutes leurs espérances. Les obligations qu'on leur imposait leur fournirent un heureux prétexte de résistance. Plus instruits que leur entourage, forts du caractère religieux dont ils étaient revêtus, ils jouissaient d'une influence très-explicable sur l'intelligence inculte et sur le cœur de ces infortunés habitants des campagnes, tant opprimés avant la Révolution, tant méprisés par la noblesse et par certains bourgeois orgueilleux. Il ne fut pas difficile aux prêtres d'entraîner dans leur parti la masse de ces paysans, d'abord en les trompant sur les conséquences des changements apportés par la Révolution au sort des campagnes, puis en agitant à leurs yeux le flambeau de la religion, non pour les éclairer, mais pour achever de les aveugler.

Le haut-clergé inonda la Bretagne de libelles incendiaires qui furent traduits et commentés en breton, du haut de la chaire, par les curés et les desservants. Chaque temple devint un lieu sinistre où, en face du Christ cloué sur la croix en pardonnant à la terre, se démena, écumant, le démon de la haine et du mensonge. Les prêtres persuadèrent aux paysans que la Révolution n'avait supprimé les droits féodaux que pour les remplacer par des impôts plus écrasants ; que du temps de la noblesse ils pouvaient jouir encore au moins d'une partie de leurs biens, tandis que le nouvel ordre de choses allait leur enlever la jouissance même du reste, et qu'ils seraient avant peu réduits à une misère plus horrible que celle à laquelle ils avaient été en proie jusqu'à ce jour ; que déjà l'on commençait par les pasteurs en attendant qu'on s'en prît aux brebis : on vendait les biens des évêques, des paroisses, des communautés ; le roi, entouré de bandits, ne pouvait rien empêcher ; et pour comble d'iniquité, on voulait forcer les prêtres dépouillés à jurer sur la croix et sur l'évangile que tout cela était bien. On avait donc entrepris de détruire la religion, et les prêtres bientôt ne pourraient plus dire la messe. L'un d'eux ayant célébré cet office à trois heures de l'après-midi, congédia ses paroissiens en disant que les vêpres étaient abolies. « Mes chers frères, s'écriait un autre, il vaut mieux obéir à un roi tyran qu'à douze cents brigands qui composent l'Assemblée nationale. » Un autre, donnant le crucifix à baiser aux paysans, disait : « Allez venger le ciel ! allez tuer les impies qui veulent profaner notre sainte religion ! » et le clergé continuait à percevoir la dîme, ainsi que les droits sur les sépultures, mariages, etc. Les paysans, ou ignoraient les dispositions bienfaisantes qui les affranchissaient de ces impôts, ou s'ils les connaissaient, n'osaient en exiger l'abolition dans la crainte de commettre un acte d'impiété. Ainsi l'angoisse et toutes les horreurs de l'incertitude s'aggravaient dans les campagnes.

Pour combattre les effets de ces excitations, les administrateurs des départements récemment créés, exigent l'observation rigoureuse des nouvelles lois : les prêtres qui refusent le serment sont exclus des églises où ils accomplissaient auparavant les exercices du culte. Une foule d'entre eux prennent le chemin de l'exil : on en compte bientôt neuf mille dans les seules îles de Jersey et de Guernesey. Plutôt que de se soumettre, les évêques renoncent à leurs fonctions. Ils sont remplacés : à Rennes, par l'abbé Le Coz, ancien principal du collége de Quimper ; à Nantes, par Minée, curé de Saint-Thomas d'Aquin ; à Vannes, par Le Masle, curé de Pontivy : à Quimper, par Expilly, curé de Morlaix et membre de l'Assemblée nationale ; à Saint-Brieuc, par Jacob, curé de la paroisse même. A peine deux à trois cents citoyens par département ont-ils pris part à l'élection de chacun de ces prélats. D'autres prêtres assermentés, c'est-à-dire, ayant juré d'être fidèles à la nation, à la loi et au roi, sont semblablement élus pour curés dans les principales paroisses de Bretagne. Mais le grand nombre des paroisses de la campagne reste sans ministres reconnus par l'État. La plupart des prêtres assermentés deviennent, dans les petites localités, les objets du mépris public ; on les désigne sous le nom de *Jureurs ;* ils célèbrent les offices devant les piliers et les bancs entièrement vides des églises. En certains endroits ils sont insultés. Aux processions qu'ils font à l'occasion de la Fête-Dieu, des hommes, le chapeau sur la tête, crachent et fument sur le passage du Saint-Sacrement, disant que leur Dieu n'est pas le Dieu véritable. Il faut, pour maintenir l'ordre à Saint-Pol-de-Léon, la présence de quatre cents fédérés venus de Brest et de Morlaix. Dans la commune de Rhuys (Sarzeau), où, par exception, domine un conseil municipal composé de prêtres et de hobereaux, on met des armes aux mains des paysans. Trois mille de ces malheureux sont rassemblés sous les ordres d'un gentillâtre des environs, M. de Francheville, qui, le 5 février 1791, les conduit à l'attaque de Vannes, chef-lieu du Morbihan. Les fédérés de Lorient avertis accourent en toute hâte; leur troupe, la garde nationale de Vannes, et cent cinquante soldats Irlandais du régiment de Walsh, sortent pour défendre la ville. Les paysans, au moment où ils paraissent, sont reçus par un feu roulant de mousqueterie; une cinquantaine d'entre eux roule à terre, le reste fuit en jetant les armes, trente-et-un demeurent prisonniers.

Ce sang fut le premier versé dans ces tristes discordes civiles et religieuses de l'Ouest : le combat de Bressuire, le premier qui eut lieu en Vendée, ne se livra que plus tard. Les ministres de celui qui fit rentrer au fourreau l'épée de Saint-Pierre, et qui accepta de mourir pour enseigner la paix aux hommes, furent-ils saisis de regrets déchirants à l'aspect de ces cadavres? L'histoire n'a pas enregistré leurs larmes : elle ne se souvient que des cris de haine et de vengeance qui recommencèrent à éclater par les cent bouches du clergé, aux quatre coins de la Bretagne. On dut mettre en état d'arrestation Amelot, ex-évêque de Vannes, et lancer un mandat d'amener contre Lamarche, naguère évêque de Saint-Pol-de-Léon, qui, atteint par les gardes nationaux, les trompa en disparaissant derrière une porte-bibliothèque, et eut le temps de gagner la mer, à travers laquelle il chercha un refuge jusqu'à Londres : de là il continua à inonder la Bretagne de ses écrits subversifs. Dans un certain nombre de communes, les conseillers municipaux fermèrent les églises des prêtres infidèles à la loi. Dans beaucoup d'autres ils n'eurent ni l'énergie, ni la possibilité de le faire.

Les prêtres insermentés célébrèrent les offices au fond des bois ; dans la solitude des landes au pied d'une croix renversée ; sur la mer même, dans des barques balancées par le vent. La foule les suivait avec un sombre recueillement. Ailleurs, les offices étaient complètement interrompus. Le paysan, courbé pendant toute la semaine sur un labeur ingrat, ne trouvait plus, le huitième jour, ces fêtes de la religion auxquelles il était accoutumé depuis son enfance et qui étaient pour lui à la fois une consolation et un spectacle. Il n'entendait plus sur sa tête, le dimanche, la joyeuse sonnerie des cloches ; il se rendait tristement au bourg à travers les sentiers et les bois escarpés : l'église ne s'ouvrait plus pour le recevoir ; plus de prêtres vêtus d'étoles et de surplis blancs ; plus de chants, plus de cierges allumés, plus d'encens s'élevant au milieu des ornements dorés du chœur et baignant les statues immobiles des saints. On comprend quel désastre dut se produire dans les cœurs sensibles de ces populations primitives, privées ainsi, pour un temps dont on ne prévoyait pas la durée, de l'unique réjouissance qu'elles étaient capables de sentir. Les habitants des villes ne pourraient s'en faire qu'une imparfaite idée si on leur interdisait tout à coup la musique de leurs concerts et la pompe de leurs théâtres.

Tandis que la Bretagne était en proie à ces excitations, le roi, poussé par la noblesse et par le haut-clergé, méditait la ruine des libertés acquises et le retour à l'ancien régime. Après avoir en effet joui, comme Louis XIV, d'un empire absolu sur les personnes et sur les choses, il ne pouvait consentir de bon cœur à descendre au rang d'un simple *roi citoyen*, ainsi que l'avait salué, dans son palais, le chef des fédérés bretons. La cour avait réussi à s'attacher Mirabeau, qui, partisan énergique de la Révolution, redoutait toutefois les excès des masses populaires et se croyait capable de les contenir d'une main, tandis que de l'autre il affermirait la royauté sur des bases libérales. Il considérait la constitution du royaume, œuvre due surtout à l'initiative des Chapelier, des Siéyès, des Lameth, des Duport, des Barnave, des Camus, etc., comme trop démocratique pour une monarchie, et comme trop monarchique pour une République où un roi serait toujours de trop. Dans le confectionnement de cette constitution il avait toujours joué le rôle de modérateur : il entreprit de continuer à tenir l'équilibre entre la nation et le roi, décidé à se retourner contre celui-ci, dans le cas où la nation en serait trahie. Il fut convenu que Louis XVI quitterait

Paris et qu'il se retirerait à Lyon : de cette ville on dénoncerait à la France la constitution comme impraticable, on inviterait le pays à choisir de nouveaux Représentants, et ceux-ci auraient pour mission de rédiger sous les auspices du roi conseillé par Mirabeau une constitution qui remplacerait avantageusement la précédente. La mort vint empêcher Mirabeau de donner suite à ce projet, heureusement pour sa gloire, car il est douteux qu'il eût réussi : s'il n'existait pas dans toute la France une éloquence comparable à la sienne, l'Assemblée était pleine de membres qui ne lui cédaient en rien sous le rapport des lumières et de l'énergie, qui lui avaient déjà fait échec, et dont la résistance eût vraisemblablement enrayé le succès de son entreprise.

La mort de Mirabeau modifia les projets du roi, mais non sa résolution de ressaisir le pouvoir absolu et de violer cette constitution à laquelle il avait le premier, dans le champ de la fédération, juré d'être fidèle. Depuis bientôt une année, un nombre considérable de nobles quittaient le sol de la France : ils s'établissaient principalement à Coblentz, d'où ils excitaient les puissances étrangères, sollicitant les rois à intervenir en faveur de Louis XVI, et cela dans l'intérêt même de ces rois, car que deviendraient-ils si leurs peuples, à l'exemple du peuple français, se mettaient dans la fantaisie de diminuer leur pouvoir pour arriver aussi à se gouverner eux-mêmes ! Les émigrés affichaient donc hautement le dessein de rentrer en France les armes à la main, en compagnie des soldats de la

Prusse et de l'Autriche, et à l'aide de ces étrangers, de rétablir le roi dans son ancien pouvoir, les nobles dans leurs priviléges, les prélats dans les richesses dont ils avaient joui, la bourgeoisie au dernier rang, et les paysans dans la servitude. Le roi, instruit de leur funeste entreprise, consentit à se rendre à la frontière pour les y recevoir et revenir en France à leur tête, servant de guide aux armées étrangères. Le 20 juin, on apprit à Paris, et bientôt dans toute la France, que Louis XVI accompagné de la famille royale avait quitté les Tuileries et fuyait, à la faveur d'un déguisement, dans une direction inconnue.

Les administrateurs des départements de la Bretagne, les conseils municipaux des grandes communes, les citoyens des villes accueillirent la nouvelle de la fuite du roi avec la plus mâle fermeté : la province était trop habituée à tirer d'elle-même son impulsion pour se trouver déconcertée. A Nantes, l'administration départementale, le district et la commune réunis siégeaient en permanence. Dumouriez, alors maréchal-de-camp, entre dans la salle des séances, dépose entre les mains du président sa croix de Saint-Louis et déclare qu'il ne la reprendra qu'après avoir signé l'engagement de rester « inaltérablement attaché à la nation et à la loi. » Les nombreux officiers qui l'accompagnent jurent pareillement d'être fidèles à la nation, à la loi, et de défendre l'Assemblée nationale. Une proclamation aux habitants de la Loire-Inférieure les rassure en ces termes : « Le roi est parti ; mais le véritable souverain, la nation reste, et les Français, dignes de la liberté, sont plus que jamais les maîtres de leur sort. La constitution est faite, le destin de l'empire est fixé ; et sa durée, assise sur les bases éternelles de la raison et de la justice, n'a jamais pu dépendre de la volonté et de la présence d'un homme. Le pouvoir qu'il exerce et qu'il a cru anéantir par sa fuite, n'était-il pas le nôtre ? N'est-ce pas la nation qui le lui avait délégué ? Il reste donc encore tout entier à sa source. »

En même temps les rigueurs redoublent contre les prêtres réfractaires et contre les royalistes suspects. Un ancien officier des gardes françaises, Tuffin de la Rouërie, avait organisé en Bretagne une vaste conspiration contre-révolutionnaire qui avait aussi des racines à Paris et à l'étranger. Il avait établi des comités royalistes où entraient des membres de familles nobles, des prêtres, des religieuses : on préparait des ressources pécuniaires, on recueillait des adhérents, on recrutait des soldats pour le jour où une lutte ouverte serait jugée opportune. Des relations étaient établies avec Londres et Coblentz : on se tenait prêt à agir au premier ordre. Les administrateurs connaissaient l'existence de cette conspiration et ne laissaient point endormir leur vigilance. La présence de six cents royalistes en armes ayant été signalée au château de la Proutière sur la Loire, Dumouriez sortit de Nantes avec six cents gardes nationaux et cinquante dragons; les royalistes évacuèrent le château à son approche, les patriotes y mirent le feu. D'autre part la garde nationale de Malestroit, dans le Morbihan, surprit au château du Pré-Clos un conciliabule de vingt-sept royalistes ; ils furent tous arrêtés, conduits à Lorient et enfermés dans la citadelle de Port-Louis. On arrête aussi les prêtres insermentés par quarantaines, par centaines, et on s'occupe de les expatrier sur les côtes de l'Espagne et du Portugal. Leurs excitations continuent du reste à produire de funestes effets dans les campagnes : le recouvrement des impôts, l'installation de certains fonctionnaires ruraux suscitent mille difficultés et provoquent de nouvelles résistances à main armée. Le 10 juillet, cent cinquante gardes nationaux de Quimper qui se sont rendus à Fouesnant pour assurer l'exécution des lois sont reçus à coups de fusil par trois cents paysans cantonnés dans le bourg : deux gardes tombent ; leurs camarades s'élancent sur les paysans, les chassent du bourg, et ramènent à Quimper trois charrettes de ces misérables pris ou blessés.

Dans cette lutte de chaque jour les citoyens des villes prêtent, comme on voit, aux administrateurs le plus énergique concours. Ils se sont du reste depuis longtemps constitués dans chaque cité en Sociétés des Amis de la Constitution, en relation les unes avec les autres et reliées presque toutes à la Société centrale de Paris, cette fille du club breton, sise aux Jacobins. Brest, Fougères, Carhaix, Montfort, Lorient, Morlaix, Pontivy, Quimper, Saint-Brieuc, Saint-Malo, Vannes, ont leurs sociétés et correspondent avec

Paris. A Brest une députation des femmes de la ville pénètre dans le lieu des séances : elles jurent en leur nom et au nom de leurs compagnes, « de chasser d'auprès d'elles les petits maîtres orgueilleux, ennemis des lois nouvelles, êtres nuls, sans talents, et de ne reconnaître désormais pour parents, amis, amants ou époux que les vrais amis de la liberté. » La société de Rennes s'est constituée à l'écart ; elle a Lanjuinais pour président, et compte parmi ses membres Le Chapelier, Defermont. Mais Chapelier, hostile aux Jacobins dont il prévoit les exagérations, s'est montré favorable à la création du club constitutionnel des Feuillants. Après avoir tant contribué à saper le pouvoir royal, il est de ceux qui veulent encore le retarder dans sa chûte. Aussi un grand nombre de Sociétés de France protestent contre sa présence à la Société de Rennes et demandent son expulsion. La Société de Nantes est loin de mériter comme celle de Rennes le reproche de modérantisme ; non contente d'être en relation avec les Jacobins de Paris, elle envoie un jour deux de ses membres, Bougon et Français, à Londres, en mission près de la Société de la Révolution, car le peuple anglais a salué avec enthousiasme le rétablissement de la liberté en France ; il n'a pas encore conçu pour nous cette haine sauvage qui sera la cause primordiale de tant de désastres dans l'Europe entière ; et plusieurs de ses citoyens ont fondé à Londres une Société destinée à soutenir les idées de la Révolution. Bougon et Français, de retour à Nantes, apprennent à leurs concitoyens qu'ils ont été acclamés, fêtés, couverts d'applaudissements par le peuple anglais : les Bretons en conçoivent l'augure, si cruellement démenti par la suite, d'une heureuse période de paix et d'amitié entre les deux nations.

Le roi, après avoir fui de Paris, n'avait pas réussi à gagner la frontière. Reconnu et arrêté à Varennes, il fut ramené sous escorte dans sa capitale, au milieu du silence du peuple. L'Assemblée le suspendit de ses fonctions, le confia dans son palais à la surveillance d'une garde, et chargea les ministres de l'exécution des lois. Les puissances étrangères, particulièrement la Prusse et l'Autriche, firent entendre de menaçantes remontrances. A l'Assemblée nationale avait succédé l'Assemblée législative. Le ministre autrichien osa exiger de cette Assemblée le rétablissement du roi dans son ancien pouvoir et plusieurs modifications à la constitution que les Français s'étaient donnée. L'Assemblée répondit en déclarant les biens des émigrés propriété nationale et en sommant les puissances étrangères de ne pas tolérer sur leur territoire à Coblentz, à Bruxelles, à Trèves, les rassemblements des nobles qui s'apprêtaient à fondre en armes sur leur patrie. Cette sommation étant restée sans effets, la guerre fut déclarée par la France à la Prusse et à l'Autriche le 20 avril 1792. Les premiers faits d'armes furent pour nous des revers. L'ennemi a mis le pied sur le sol français, la patrie est en danger. L'Assemblée vote la formation d'un camp de vingt mille hommes et la déportation des prêtres insermentés. Le roi refuse de sanctionner ces décrets ; mais le 20 juin le peuple envahit son palais, le coiffe du bonnet de la liberté, et le force à donner sa sanction.

En Bretagne les enrôlements de volontaires se font avec enthousiasme dans toutes les villes. Anne-Pierre Coustard, député de Nantes à la Législative, arrive dans cette ville : il annonce qu'il a quitté son poste pour venir faire appel à ses concitoyens : « J'ai cru, dit-il, qu'il suffirait de montrer aux Nantais le danger de la Patrie, pour qu'ils volassent à son secours et que les braves habitants de cette cité qui les premiers, tirèrent l'épée contre la ci-devant noblesse, ne seront pas les derniers à s'armer contre les ennemis du dehors. » L'entraînement est tel dans la ville que les pères de famille demandent à voler à la frontière. Dans le Finisterre les administrateurs décident la levée de 3372 gardes nationaux ; des volontaires accourent des villes et même des campagnes pour remplir les cadres. Un bataillon de fédérés de Brest, Morlaix, et Quimper, sous la conduite du commandant Desbouillons reçoit en même temps l'ordre de partir pour Paris afin de se mettre aux ordres de l'Assemblée. Le conseil général du département notifie sa décision au roi, à l'Assemblée et aux quatre-vingt-trois départements : « Les citoyens du département du Finisterre, est-il dit dans cette notification, ont juré de vivre libres ou de mourir, et ils veulent tenir leur serment. »

D'autres fédérés accouraient de la province à Paris pour se rendre de là au camp de Soissons. La plupart furent retenus à leur passage par Pétion, Danton, Robespierre, et les représentants de la Commune de Paris. Ils y célébrèrent, le 14 juillet, la troisième fête de la fédération. On remarquait surtout parmi eux les Marseillais chantant partout l'hymme terrible qui a gardé leur nom ; à côté d'eux, les Bretons avec leurs uniformes à revers rouges, et les fédérés de Bordeaux. Que les temps étaient changés! La bourgeoisie de Paris montrait autant de mollesse à attaquer qu'à défendre le roi ; mais les provinciaux étaient décidés à en finir avec la tyrannie dont, malgré ses vertus privées, Louis XVI était, par la place qu'il occupait, la personnification. Aussi au lieu des cris d'amour de 1790, on n'entendit que des cris de haine ; voici du reste un aperçu du langage qui fut tenu au roi par les fédérés de 1792 :

« Assez et trop longtemps, monarque perfide, tu nous as trompés. Nous ne voulons point comme nos frères, les Parisiens, te donner des conseils. Nous sommes venus dans la capitale pour te dire la vérité. Tu as voulu, tu veux encore nous abuser. O Louis XVI, quelle est, quelle sera ta destinée! Nos amis, nos frères parisiens veillent sur toi, ils te gardent jour et nuit ; nous, fidèles confédérés, nous sommes ici pour les éclairer et les fortifier de nos bras, pour nous venger tous de tes injures, de tes perfidies. Songe que tu n'es qu'un faible roseau que le moindre zéphir peut renverser. Tes amis, tes frères émigrés veulent nous dissiper comme de la poussière ; mais ils ne savent pas que nous, hommes français, libres, nous pouvons braver tous les despotes. Nous blâmons nos fédérés parisiens de s'inquiéter de tes démarches : pars ou reste, ces deux partis ne nous alarment point. Si tu t'évades, prends garde d'être arrêté, reconnu, et, cette fois, châtié. Si tu restes dans ton palais, change de sentiments ; réfléchis que tu n'es que le représentant de la nation, et que jamais un homme ne peut commander tous les habitants d'un vaste empire, sans leur confiance et leur volonté. » — (Déclaration à Louis XVI par les confédérés des départements, arrivés à Paris, pour renouveler au Champ-de-Mars, sur l'autel de la Patrie, le serment de maintenir la Constitution française et d'écraser les tyrans.)

Les fédérés présents à Paris avaient délégué quarante-trois d'entre eux qui formèrent un directoire secret, bientôt réduit à cinq membres, dont ils recevaient l'impulsion et exécutaient les ordres ; les chefs de la garde nationale et des canonniers du faubourg Saint-Marceau furent ensuite adjoints à ce directoire. Le 28 juillet parut le manifeste du duc de Brunswick, général des armées allemandes ; il déclarait entrer en France au nom du roi de Prusse et de l'empereur d'Allemagne pour y rétablir l'ordre et la police, pour y faire rendre à Louis XVI son ancien pouvoir ; il ajoutait que les villes, bourgs et villages qui oseraient se défendre seraient démolis et brûlés ; exigeait que la ville de Paris et ses habitants se soumissent sur le champ au roi, et annonçait que si le château des Tuileries était forcé ou insulté, il livrerait la ville à une subversion totale. On se figure aisément l'exaspération qui s'empara des esprits à la lecture de ce document. Les fédérés résolurent d'agir. Manuel, Danton, Camille Desmoulins les appuyèrent de leur ardeur; Pétion, maire de Paris, les favorisa de son inaction. Dans la nuit du 9 au 10 août le tocsin ne cesse de se faire entendre; les fédérés, accompagnés du peuple des faubourgs Saint-Antoine et Saint-Marceau, descendent sur les Tuileries; les Marseillais et les Bretons ouvrent la marche; Westermann les conduit. L'attaque du château commença dès le matin. Repoussés une première fois par les Suisses, les assaillants reviennent à la charge avec rage; les Marseillais et les Bretons, au premier rang, combattent côte à côte; après des pertes sanglantes ils forcent enfin l'entrée du vieux palais et en massacrent les défenseurs. Anne-Pierre Coustard, député de Nantes, s'honora en arrachant au carnage plusieurs officiers, et fit rendre par l'Assemblée un décret qui plaçait les Suisses sous la sauvegarde des lois et de l'honneur français. Dès le commencement de la journée, le roi et sa famille avaient trouvé un refuge au sein de l'Assemblée. Ils y restèrent deux jours et n'en sortirent que pour être conduits à la prison du Temple.

Ainsi la fédération, qui s'était formée dans le but d'assurer, sous les auspices du roi, le succès de la Révolution, trouvant ce roi hostile et traître, le renversait et brisait son trône; et la Bretagne avait encore sa part dans cette victoire où l'action des provinces s'était particulièrement fait sentir. Les fédérés de Brest reçurent les félicitations de leurs compatriotes ; l'Assemblée législative les retint à Paris pour s'en faire une garde ; et la section Saint-Marceau changeant de dénomination, prit en leur honneur le nom de section du Finisterre. Sûrs maintenant que le despotisme n'entreprendrait plus rien contre la patrie, les autres fédérés rejoignirent avec plus de confiance leurs campagnons d'armes au camp de Soissons ; ils contribuèrent à former cette armée de Dumouriez et de Kellermann devant laquelle recula l'invasion prussienne, et qui vainquit ensuite à Jemmapes les ennemis de la République. L'exagération de quelques historiens, entraînés par amour propre national à enfler nos victoires de cette époque, a fait de ces soldats des jeunes gens sachant à peine tenir leur arme ; il vaut mieux le reconnaître, ces fédérés, ces gardes nationaux, qui depuis trois ans avaient sans cesse l'arme au bras, qui venaient chaque année du fond des provinces se ranger en bataille dans le Champ-de-Mars, et qui, tant à Paris que dans le reste de la France, eurent journellement à livrer mainte escarmouche, maint combat sanglant contre l'ennemi intérieur, n'étaient pas précisément des conscrits.

Avant la reprise de l'offensive par la France, d'horribles massacres ensanglantèrent la capitale. La nouvelle que Longwy, Verdun étaient pris, que toutes les routes étaient ouvertes aux Prussiens, tomba comme la foudre parmi le peuple : il semblait que la dernière heure eût sonné pour la France et pour la liberté. Des bandes, transportées de rage se rendent aux prisons, et du 2 au 7 septembre, égorgent par centaines les prêtres et les suspects, les hommes et les femmes, enfermés sous les verrous. Danton, la Commune de Paris, laissent faire. Ces événements remplissent de tristesse les patriotes clairvoyants : le peuple, si atrocement opprimé par les classes privilégiées, a pu au nom du droit de légitime défense abattre la tyrannie ; mais si des troupes d'hommes sans aveu, peuvent ainsi frapper impunément, en dehors de toute loi écrite ou naturelle, de simples suspects, même coupables, que deviendra un jour la liberté ? La France a eu dans le passé des dangers aussi terribles à traverser ; ce n'est point le sang illégalement répandu à l'intérieur qui l'a sauvée.

Un crime analogue fournit à la Bretagne l'occasion d'exprimer ses sentiments. Un négociant nommé Gérard, soupçonné de connivence avec les Anglais dont le gouvernement commençait à se prononcer contre nous, fut arrêté par le peuple dans les rues de Lorient : une bande de forcenés l'arrachèrent de sa prison, le mirent en pièces, décapitèrent son cadavre, et après avoir lancé le corps à la mer, promenèrent dans les rues sa tête au bout d'une pique en affectant de la présenter aux fenêtres des premiers étages dont les habitants reculaient saisis d'horreur. Il fut reconnu quelques heures après que Gérard était innocent. La ville, le département réclamèrent avec la plus noble et la plus persévérante énergie la punition des coupables. Mais la Convention venait de remplacer la Législative, la Convention, où déjà dominait la Commune de Paris : les meurtriers de Gérard furent absous avec les massacreurs de septembre.

Le trône renversé, le roi captif, la royauté fut déclarée déchue. Les institutions républicaines avaient véritablement commencé à exister à partir du jour où les Communes s'étaient constituées en Assemblée nationale ; la Convention n'eut qu'à reconnaître le fait accompli, et dès sa seconde séance, le 22 septembre 1792, proclama la République. Cette proclamation fut acclamée en Bretagne avec une sombre décision : on planta pour arbres de la liberté des chênes, signe de force et de durée, et l'on jura autour d'eux de défendre la République. Les villes, petites et grandes, perdues au sein de leurs vastes campagnes, attendaient le moment où les paysans trompés par les prêtres se soulèveraient comme les flots et se jetteraient sur elles ; mais leur vigilance et leur fermeté ne les abandonnaient pas. Leurs citoyens incapables de cruauté, animés du seul désir de protéger contre tous les périls la liberté fondée, frappaient d'une main égale et les contre-révolutionnaires et les despotes d'un autre genre envoyés dans les provinces par la Commune de Paris. La circulation des journaux et des brochures des Marat, des Hébert fut d'abord interdite. Un de ces exaltés, Royou-Guermeur, originaire de la Bretagne, s'étant présenté dans le Finisterre au nom de Marat et de Danton, Kergariou, président des administrateurs, averti par les députés du département, le fit arrêter avec Jullien qui l'accompagnait, et les enferma tous deux au château du Taureau, près de Morlaix. Marat écrivit à Royou une lettre de consolation qui se terminait pas ces mots : « J'ai traîné dans la boue vos coquins de députés de Quimper. Les scélérats tremblent sous le fouet de ma censure. Comptez que je vous vengerai de vos scélérats d'oppresseurs. Signé Marat, l'ami du peuple et le vôtre. » Mais les Bretons devaient se montrer aussi peu intimidés par les menaces des Marat et consorts, qu'ils l'avaient été par celles des prêtres et des nobles royalistes. Leur ligne de conduite à cette époque de crise fut invariable : respecter la loi fondée sur la souveraineté du peuple.

CHAPITRE V

L'INSURRECTION DE 1793

Kergariou. — Adresse du conseil général du Finistère aux quarante-huit sections de Paris. — Mort de Louis XVI. — La levée des 300,000 hommes. — Soulèvement général des paysans. — Deuxième attaque de Vannes. — Capitulation de La Roche-Bernard. — Meurtre de Sauveur. — Affaire de Pluméliau. — Défaite des insurgés à Pontivy. — Défection et châtiment de Rochefort-en-Terre. — Soulèvements dans l'Ille-et-Vilaine. — La garde nationale de Rennes. — Défaites des insurgés à Montauban, à Bain, à Fougères, à Montfort. — Meurtre de Juguet. — Expédition de Redon. — Troubles dans les Côtes-du-Nord. — Combats dans le Finistère, à Saint-Pol-de-Léon et au pont de Keriduff. — Répression de l'insurrection sur la rive droite de la Loire, à Ancenis, à Oudon, à Savenay. — Les Vendéens. -Causes de leurs succès. — La garde nationale de Nantes les tient en échec depuis Ancenis jusqu'à Paimbœuf.

La liberté à peine conquise, on voyait donc poindre un nouveau despotisme, celui d'une poignée d'hommes énergiques, chefs de la populace, les uns membres de la Commune de Paris, usurpateurs d'un pouvoir qui ne leur appartenait pas, les autres députés à la Convention et siégeant à gauche sur les bancs les plus élevés, circonstance qui fit donner à leur parti le nom de *la Montagne.* Ce parti profita de la victoire du 10 août pour établir sa prépondérance : il avait entrepris d'achever par les moyens les plus violents la destruction des ci-devant privilégiés, déterminé, quand les voies de la persuasion seraient insuffisantes, à violer sans scrupule la justice et les lois pour arriver à ses fins. Depuis les massacres de septembre chaque matin les murs de Paris se couvraient d'affiches pleines d'excitation à de nouveaux assassinats ; des pétitions arrivaient à l'Assemblée exigeant l'établissement des mesures les plus sanguinaires, et la menaçant si elle n'obéissait, d'emporter les avis par une insurrection populaire. Déjà aux Jacobins l'on attaquait la fédération qui avait fait le salut et la grandeur de la France pendant les quatre premières années de la Révolution, et on la maudissait comme un obstacle à l'établissement d'un pouvoir central, autrement dit, d'une dictature. Les provinces voyaient avec douleur ces violences de la Commune de Paris, violences d'autant moins justifiées que la République victorieuse venait de franchir ses frontières, et que les rois reculaient. La Bretagne en particulier, qui avait tant fait pour la liberté, se croyait à bon droit fondée à réprouver des tentatives dont la conséquence visible serait l'annulation de la représentation nationale au profit d'une poignée d'hommes, par suite l'anarchie et bientôt l'ébranlement, peut-être la perte des résultats si laborieusement acquis par la Révolution.

Sous l'empire de ces impressions, le conseil général du Finisterre inspiré par Kergariou, un de ces Bretons intrépides qui ne cèdent que quand la mort les frappe, envoya l'adresse suivante aux quarante-huit sections de la capitale :

Quimper, le 16 octobre 1792, l'an Ier de la République française.

« Citoyens, la République prend l'attitude imposante qui lui convient. Nos armées triomphantes nous présagent une paix prochaine. Le fanatisme et l'aristocratie ne sont plus. Les seuls ennemis que nous ayons à combattre sont dans nos murs : chassez tous ces agitateurs du peuple, qui ne le mettent en insurrection que pour l'asservir ; et vous ne tarderez pas à jouir, ainsi que toute la République, de cette tranquillité si nécessaire pour consolider la plus étonnante et la plus avantageuse des Révolutions.

» Ces hommes de sang ont osé en votre nom provoquer la violation de toutes les lois et jusqu'à l'assassinat ; ils ont, au nom de votre Commune dont ils faisaient partie, poussé l'audace jusqu'à menacer les départements, comme si la quatre-vingt-troisième portion de la République pouvait inspirer un sentiment de terreur à une nation entière qui veut la liberté, mais abhorre l'anarchie.

» Citoyens, nous vous le déclarons avec toute la

fermeté républicaine ; nous sommes lassés de voir que des hommes généreux qui ont tant fait de sacrifices pour la liberté, deviennent sans cesse le jouet d'une poignée d'ambitieux qui n'ont que le masque du patriotisme. Nous voulons que nos Représentants jouissent d'une pleine liberté. Nous sommes tous prêts à marcher pour la leur assurer.

» Citoyens, le sang ne doit plus couler que sous le glaive de la loi ; les listes de proscription doivent disparaître pour jamais de la terre de la liberté. Songez qu'une seule ville ne fait pas loi à toute la République ; songez à qui appartient la gloire de la journée du *dix août.* Croyez-vous que nous n'ayons brisé les fers du despotisme et de la royauté que pour reprendre ceux de ces infâmes intrigants qui veulent la dictature ou le triumvirat ? Non ! nous voulons la République ; nous la voulons tout entière. Défiez-vous donc des agitateurs qui vous trompent. Que la *Convention nationale* puisse travailler dans le calme à la *Constitution* qu'elle nous prépare. Si elle ne le trouve point au milieu de vous, il est d'autres villes qui s'auront le lui procurer.

» Le danger de la Patrie, notre intérêt, le vôtre, tout nous fait un devoir de rappeler la paix dans le sein de la République. Cette paix tant désirée doit couronner nos pénibles travaux.

» Réunissons nos forces contre nos ennemis, et non pour servir des factions qui ont déjà tant de fois ensanglanté la France.

» Qu'animés désormais d'un même sentiment et réunis par des liens indestructibles, tous les Français *républicains* jurent sur l'autel de la liberté de ne reconnaître d'autre autorité que celle de la *Convention nationale*, et de mourir pour la défendre.

» Signé : KERGARIOU président ; MORVAN, VELLER, EXPILLY, DANIEL, BOISSIER, GRIVART, LE NORMAND, F.-M. DERRIEN, DANIÉLOU, TAILLEN, L. DERRIEN, LE SÉVELLEC, ARNOULT, CREC'QUÉRAULT, DOUCIN fils aîné, CADIOU, GUILLER aîné, administrateurs ; BELVAL, procureur général syndic ; AYMEZ, secrétaire général provisoire. »

Ce mâle langage ne pouvait pas être compris de ceux auxquels il s'adressait : il ne fit que redoubler leur rage. Mais entendu dans toute la France il contribua fortement à entretenir la résolution unanime de résister à toute oppression de quelque part qu'elle vînt.

Dans la Convention, le parti de la Révolution légale était représenté par une très-forte majorité où se distinguaient un certain nombre de députés bretons, normands, marseillais et girondins ; ces derniers donnèrent leur nom au parti et en devinrent les chefs. Si leur énergie avait été égale à leurs talents, ils eussent dès lors assis la France sur la base indestructible de la souveraineté nationale librement exprimée ; mais ils ne surent jamais, pour assurer le respect de la loi sans laquelle on ne marche qu'à l'anarchie et à la ruine, se servir des forces considérables que la France, debout tout entière derrière eux, mettait à leur disposition. Leur faiblesse se révéla dans le procès de Louis XVI.

Ils étaient tous républicains; mais pour le paraître encore davantage et ne point donner prise au reproche de royalisme que leur lançaient déjà les Montagnards, ils consentirent à ce que la Convention se constituât en tribunal. En vain Lanjuinais, député de Rennes, sans nier aucunement la culpabilité du roi, mais poussant jusqu'au bout le courage de son opinion qui était avant tout le respect de la loi et du droit, déclara au milieu d'un tumulte indescriptible qu'il ne fallait pas déshonorer l'Assemblée en lui faisant juger Louis XVI; que si elle voulait agir comme corps politique, elle ne pouvait prendre contre lui que des mesures de sûreté; qu'en agissant comme tribunal elle était hors de tous les principes, car c'était faire juger le vaincu par le vainqueur lui-même, et que quant à lui il aimerait mieux périr mille fois que de condamner, dans de telles conditions, en dehors de toutes les lois, le tyran même le plus abominable : les révolutionnaires n'avaient pas encore fait l'épreuve terrible du danger qu'il y a à jouer avec les lois et les principes. La Convention jugea Louis XVI. Elle fut à peu près unanime à le déclarer coupable, comme il l'était en effet, de conspiration contre la liberté de la nation et d'attentat contre la sûreté générale de l'État, et elle repoussa à une forte majorité la proposition de soumettre le jugement à la sanction du peuple. Au jour du vote sur la peine à infliger, les tribunes pleines à crouler retentissaient des clameurs féroces du peuple; les Montagnards redoublaient d'audace et de violence. « Nous votons, s'écria Lanjuinais en soulevant un nouveau tumulte, sous le poignard et le canon des factieux ! » Plusieurs Girondins qui étaient venus à la séance avec l'intention de voter pour la détention et le bannissement à la paix, péniblement impressionnés, laissent tomber de leur bouche et de leur plume une sentence de mort. Ils ont modifié leur vote, par crainte, disent-ils, de la guerre civile ! Mille exemples dans le passé auraient dû leur rappeler que le sang appelle le sang, et que des actes pareils à celui dont Louis XVI fut l'objet ont toujours été au contraire le signal des guerres les plus atroces. Ces hommes, capables d'une pareille faiblesse et de raisons aussi spécieuses pour la voiler, n'étaient évidemment pas faits pour diriger la France, où les foules dans les moments de crise suivent, comme il arrive partout, la voix la plus forte, la volonté la plus déterminée. Louis XVI fut condamné par 433 voix à monter sur l'échafaud ; 286 votèrent pour la détention et le bannissement, deux pour les fers. Sur quarante-trois députés bretons qui assistaient au jugement, vingt-huit, parmi lesquels Champeaux, Kervélégan, Gomaire, Lanjuinais, Defermon, Mellinet, Coustard, Corbel, Gillet, etc., votèrent pour la détention ; treize, parmi lesquels Loncle, Guezno, Guermeur, Blad, Fouché, Méaulle, Villiers, Audrein, futur évêque constitutionnel de Quimper, pour la mort avec sursis ; un, Lequinio, député de Vannes, pour la mort sans condition. L'exécution du jugement eut lieu le 21 janvier 1793.

A l'extérieur, le résultat le plus immédiat fut de nous mettre sur les bras l'Angleterre, l'Espagne, la Hollande, qui s'allièrent à la Prusse, à l'Autriche et au Piémont. A l'intérieur l'ordre et la liberté n'en furent pas mieux assurés. Le bataillon des fédérés de Brest, en garnison à Paris depuis le 10 août, empêcha le pillage des boutiques. Le 10 mars, les Montagnards et les Jacobins, voulant imposer à la convention la création du tribunal révolutionnaire, faisaient déjà marcher sur elle le peuple des faubourgs; la présence des Brestois, mis sous les armes par Kervélégan, arrêta l'insurrection. Mais que pouvaient quelques énergies isolées contre une population montée au paroxysme de la rage en entendant le pas de charge des hordes étrangères sur la patrie et en sentant remuer les royalistes à l'intérieur? Paris ne voyait d'autre moyen de sauver la France que celui d'une dictature impitoyable et sanglante : la France se croyait capable de vaincre les rois sans égorger auparavant la liberté et surtout les lois. Il s'ensuivit une lutte intestine où la nation fut trahie par l'incapacité et la faiblesse des Girondins : Paris l'emporta, et l'affreuse guillotine se mit à dévorer en peu de mois Royalistes, Girondins, Jacobins, Montagnards, qui, obéissant à une destinée fatale, se poussaient tour à tour sous le couperet vengeur, victimes inconscientes de la justice et de la loi outragées. La France ne fut bientôt plus qu'une plaie.

Mais détournons nos regards de ce spectacle, et examinons comment une de nos plus glorieuses provinces, reléguée à l'extrémité de la France, s'y prit pour défendre encore chez elle et autour d'elle, contre les royalistes et les Jacobins à la fois, ces lois sacrées dont l'observance est la sauvegarde des nations, cette précieuse liberté dont ses fils devaient être les derniers défenseurs comme ils en avaient été les premiers fondateurs.

Le clergé breton ne manqua pas d'exploiter la mort de Louis XVI et d'en agiter le cadavre jusque sur le foyer des plus humbles chaumières. Les prêtres avaient depuis longtemps identifié leur cause avec celle du roi : ils persuadèrent au peuple des campagnes que le roi mort, le culte interdit, nul ne devait plus obéissance aux lois. Qu'avait d'ailleurs apporté aux paysans la Révolution ? A la place des redevances qu'ils payaient aux nobles, des impôts beaucoup plus écrasants ; au lieu de la monnaie loyale d'autrefois, des assignats sans valeur, vil papier avec lequel les bourgeois des villes payaient les denrées et volaient les laboureurs ; puis la défense d'adorer Dieu, de suivre et d'écouter dans les églises les prêtres dont l'amitié les accompagna constamment dans la bonne comme dans la mauvaise fortune. Un roi restait qui aurait pu ramener le règne de la justice sur la terre : les Républicains l'ont emprisonné, puis l'ont tûé sur la *croix de la bascule*, comme autrefois les Juifs firent à

Jésus-Christ. Ces excitations violentes, tout en agitant les paysans bretons, ne leur donnaient cependant pas l'envie de s'armer, sauf dans les cas exceptionnels déjà cités, pour la cause des prêtres et du roi. C'est que leur bien-être matériel n'était véritablement pas atteint; malgré les dires de leurs prêtres, les impôts leur paraissaient supportables, et les républicains n'avaient nullement fait vendre, ainsi qu'on les en avait menacés, le tiers de leurs biens et de leurs troupeaux; au contraire ils voyaient chaque jour, à l'aide de ces mêmes assignats tant décriés, tomber en leur possession par lots et par portions, ces terres mêmes où le seigneur les tenait auparavant dans une si dure oppression. Ils ne songeaient donc pas encore à se remuer sérieusement, lorsque tomba parmi eux comme la foudre, la nouvelle que la Convention demandait 300,000 hommes pour se rendre à la frontière et que les hommes des villes allaient prendre tous les jeûnes gens des campagnes, les arracher à leurs familles, à leurs chaumières, à leurs pays et les envoyer à trois cents lieues de là se faire tuer pour la République. Cette fois la somme des sacrifices exigés par la Révolution l'emporta à leurs yeux sur celle des bienfaits, et ce que n'avaient pu faire ni la persécution des prêtres, ni la mort du roi, l'intérêt personnel le produisit. De même que trois ans auparavant on avait vu les paysans de la Haute-Bretagne s'armer pour obtenir l'abolition des droits féodaux, et se ruer sur les propriétés des seigneurs pour y mettre le feu, de même on vit cette fois les paysans de la Bretagne entière s'insurger contre les charges de la Révolution, et se précipiter sur les cités bourgeoises. Seulement en 1790 les bourgeois s'étaient interposés entre les nobles et les paysans pour arrêter ceux-ci ; en 1793, prêtres et nobles poussèrent un cri de joie et de vengeance.

Le soulèvement éclata sur tous les points à la fois, la veille, ou le jour même du tirage au sort. Le chef-lieu du Morbihan fut des premiers attaqués : déjà en 1792 il avait eu à se défendre contre deux à trois mille paysans. Le 14 mars, huit cents insurgés armés de fusils, de faulx, de bâtons, débouchent sur Vannes par la route d'Auray. Quatre cents fédérés de Maine-et-Loire, cinquante hommes du 109e régiment de ligne, quelques gendarmes, la garde nationale de la localité prennent position aux portes de la ville et les empêchent d'avancer. Une autre masse d'insurgés qui ont pénétré dans la rue Saint-Yves en sont chassés à coups de feu ; deux cents autres arrivent par la rue de la Boucherie ; cinq à six cents s'avancent jusqu'à l'église de Saint-Patern : une charge à la baïonnette les met en déroute ; cent cinquante rebelles demeurent aux mains des républicains. Vannes est dégagé, mais de peur d'une nouvelle attaque on se hâte de demander du secours à Lorient, à Nantes, à Quimper, à Pontivy. Lorient répond que les paysans sont à ses portes ; Nantes en détresse invoque elle-même de l'aide, Quimper fait connaître que le Finistère est en proie à l'insurrection, mais annonce toutefois le départ immédiat de neuf cents fédérés pour le Morbihan. Lorient, que les paysans n'ont pas osé attaquer, annonce par un deuxième avis qu'il va pouvoir aussi envoyer du renfort. Mais le bruit court que Pontivy est enveloppé par six mille paysans.

En ces circonstances critiques les Vannetais mettent au service du comité de défense qu'ils viennent d'instituer le dévouement le plus noble et le plus désintéressé. Un citoyen adresse à ce comité la lettre suivante que nous a conservée M. Duchâtellier et qu'il faut reproduire comme un immortel exemple à imiter :

Vannes, 19 mars 1793.

« Citoyens, je viens d'apprendre qu'on cherchait hier des maisons pour loger les braves frères qui nous arrivent. J'ai la communauté du Père Eternel en propriété, celle de la Visitation en ferme; je mets le tout à votre disposition, vous pouvez en user comme d'un bien appartenant à la République. Je ne demande aucun dédommagement, je serai trop heureux d'avoir trouvé le moyen d'être utile à la société.

» Six paires de souliers neufs existent chez moi, je les offre.

» On fait craindre de n'avoir pas assez de fagots pour boulanger : 200 sont en ma possession, et conséquemment à la vôtre.

» On dit que la caisse de district s'affaiblit considérablement, j'ai 800 francs, c'est bien peu de chose, j'en garde 200 pour les besoins de ma maison, j'en prêterai six en attendant la paix.

» Enfin pour vous dire plus brièvement ce que je pense, tout ce que je possède est au service de la nation, corps et biens, rien ne sera épargné, je me croirai trop heureux, si je le suis assez pour me rendre utile d'une manière ou de l'autre.

» Je suis tout à vous et à la République, disposez donc, je vous en conjure, de tout ce qui est à mon pouvoir. Si j'étais utile soit pour écritures, soit pour courses, j'y emploierai les jours et les nuits, tant que les forces me le permettront. Je n'ai d'autre ambition que de prouver à ma patrie, que je suis un de ses enfants, et que je veux vivre avec elle, ou mourir pour sa défense. »

Signé : Le Beschu.

Le juge de paix Le Clerc dépose quinze cents francs sur le bureau du comité ; les habitants viennent à l'envi offrir vivres, souliers, vêtements.

Le 15, une multitude armée de fusils, de pistolets, de sabres, de faulx, de bâtons, se présente devant la Roche-Bernard : ils sont plusieurs milliers. Les gendarmes de Muzillac, les douaniers des environs, un détachement du 109e de ligne sont venus au secours de la ville qui renferme deux cents gardes nationaux : c'est assez pour faire une vigoureuse défense. Malheureusement le conseil municipal effrayé de la multitude des assaillants et voulant épargner à la ville les horreurs du pillage, a la malencontreuse idée de proposer une capitulation à la condition que la vie et les biens des habitants seront respectés. Les paysans entrent librement dans la ville sans avoir auparavant déposé les armes; le coup de feu, signal traditionnel des collisions, parti on ne sait d'où, est tiré. Les paysans font feu sur les habitants et en couchent à terre vingt-deux, tués ou assommés à la suite de leurs blessures. Tout le conseil municipal est emprisonné; les vainqueurs passent la nuit dans l'orgie et le pillage. Le lendemain ils arrachent de sa prison Le Floch, procureur syndic: ce magistrat, atteint, en sortant, d'un coup de feu, tombe, puis se relève; un second coup lui est tiré à bout portant, il est achevé à coups de piques. On se saisit ensuite du maire, Sauveur; il est conduit par les rues, mutilé, frappé à la vue des habitants muets de terreur. Une légende dit qu'en expiation des prétendus outrages des bourgeois à la religion les paysans lui firent porter, comme Jésus-Christ, une croix de bois sur les épaules; mais nous n'avons trouvé aucune preuve historique de ce fait. Voici des détails plus exacts: un coup de pistolet à poudre lui est tiré dans la bouche; en un instant son corps est couvert de meurtrissures. On veut qu'il crie: « Vive le Roi! » il répond: « Vive la République française! » En passant devant le calvaire on veut qu'il fasse amende honorable au Christ, il lève les yeux, s'incline devant la croix, et crie: « Vive la nation! » Aussitôt un coup de pistolet lui enlève l'œil gauche. On lui crie avec d'horribles imprécations de recommander son âme à Dieu, et en même temps on lui tire un second coup de feu ; il tombe et se relève en pressant de ses lèvres la médaille qu'il porte au cou comme insigne de ses fonctions administratives. Il se traîne près d'un fossé, et s'écrie : « Mes amis, achevez moi, ne me faites pas tant languir ; vive la nation ! » Il est percé et assommé de mille coups. Quelle noble et terrible expiation de la faute commise la veille !

Le district de Pontivy ayant reçu l'avis qu'une résistance à la conscription se préparait dans les campagnes de Pluméliau, l'administrateur Le Barre, chargé de présider à l'opération du recrutement s'était rendu dans ce bourg, le 14, en se faisant accompagner d'un détachement de cent hommes de garde nationale, d'une brigade de gendarmerie et d'une petite pièce de canon, le tout sous les ordres de l'officier de gendarmerie Picard. L'opération du tirage s'accomplissait paisiblement lorsqu'une nuée de paysans des environs s'élancèrent tout-à-coup sur la place du bourg ; ils s'emparent, en poussant des cris féroces, des armes que les gardes nationaux ont mises en faisceaux, et massacrent sur place dix-neuf de ces infortunés dont ils coupent ensuite les cadavres avec des faux. L'officier Picard est tombé des premiers. Le reste du détachement s'enfuit avec terreur vers Pontivy, distant de trois lieues. Les survivants arrivent à la nuit. La ville comptant bien être attaquée le lendemain se prépare à la plus vigoureuse défense. Violard, commandant de la garde nationale, fait fermer les deux ou trois portes de ville qui restaient, débris des vieilles fortifications du moyen-âge, et barricader toutes les autres entrées ainsi que les ouvertures des maisons qui donnent sur la campagne. On met en réquisition chez les marchands toute la poudre et les munitions qui s'y trouvent; des jeunes gens partent à cheval dans diverses directions, et vont implorer le secours des villes voisines: « on vit même, rapporte le procès-verbal, des jeunes personnes, oubliant la faiblesse de leur sexe, courir aux armes. » La ville se tint illuminée durant toute la nuit.

Le lendemain les jeunes gens revinrent annonçant que des bandes innombrables de paysans s'avançaient de tous les côtés. Plusieurs milliers de « brigands » approchaient en effet, et bientôt ils enveloppèrent la ville par trois côtés. Ils avaient massacré en route un prêtre constitutionnel pour achever de se mettre en disposition. Il était onze heures du matin. Ils envoyèrent deux voyageurs de Saint-Malo, qu'ils venaient d'arrêter, en parlementaires auprès des habitants pour les sommer de se rendre, leur promettant la vie sauve et le respect des propriétés. La ville n'avait pour tous défenseurs que sa garde nationale et les fédérés de Guémené-sur-Scorff qui avaient eu le temps d'accourir: en tout cent-quatre-vingts fusils. Les habitants répondirent qu'ils se défendraient jusqu'à la dernière extrémité et qu'ils s'enseveliraient sous les ruines de la ville plutôt que de se rendre. Pendant qu'on parlementait les paysans remplissaient la campagne de hurlements lugubres; d'autres se mettaient à genoux devant des croix en chantant le *Vexilla* et le *Salve regina*. Ils étaient armés de fusils, de faulx et de bâtons. Des prêtres parcouraient leurs rangs en leur faisant baiser des crucifix. Ils avaient échelonné des corps derrière eux pour assurer leur retraite en cas de besoin, ce qui prouve qu'ils étaient bien dirigés quoique les chefs soient pour la plupart restés inconnus. A une heure, un détachement de trente-neuf hommes du 109e de ligne et une brigade de gendarmerie arrivèrent de Josselin et se jetèrent intrépidement sur la masse des paysans qu'ils percèrent pour entrer dans la ville. Six soldats manquaient à l'appel; le lendemain on retrouva dans les champs leurs cadavres mutilés. Ces auxiliaires inespérés n'en combinèrent pas moins avec une partie de la garde nationale une sortie qui eut pour effet de dégager la ville d'un côté; une deuxième sortie fut tentée avec un égal succès sur la route de Lorient. A cinq heures on fit une troisième tentative, contre le faubourg de Tréleau dont les « brigands » étaient maîtres! Malgré l'appui d'une petite pièce de canon servie par des marins de passage, on gagnait peu de terrain, lorsque l'arrivée de la garde nationale de Loudéac vint déterminer la déroute complète et irremédiable des assaillants. A sept heures ils fuyaient sur toutes les routes. Les vainqueurs les menèrent tambour battant jusqu'à distance d'une lieue. On jetait les morts dans le Blavet, et on envoyait les prisonniers à la maison de ville. Entre autres pertes on eut à déplorer celle de Ruinet, commissaire national, fils de Ruinet-Dutailly. La ville de Pontivy avait honorablement tenu le serment de « Vivre libre ou mourir » qui avait été juré dans ses murs en 1790, et s'était montrée digne de l'honneur que la Bretagne lui avait fait en la choisissant pour être le berceau de la fédération. La Convention déclara, qu'elle avait bien mérité de la patrie, et, considérant les pertes qu'elle avait subies, l'exempta de la conscription pour un an.

Ploërmel, Locminé, Rochefort-en-terre, furent les théâtres de troubles semblables. A Rochefort la connivence et la mollesse d'une partie des habitants facilitent à plusieurs bandes d'insurgés l'entrée dans la ville : une poignée de citoyens seulement se sont retirés au château sur la défensive. Les paysans pillent les maisons et font périr dans les tortures trois habitants désignés comme hostiles. Les quelques défenseurs retirés au château sont contraints de traiter : les paysans les retiennent prisonniers ; parmi eux se trouvent plusieurs membres du conseil municipal. Mais quelques jours après, une colonne expéditionnaire, composée de neuf cents hommes de troupes et de fédérés, sous les ordres du général du Petit-Bois, attaquait les insurgés retranchés dans Rochefort, leur mettait cent cinquante hommes hors de combat, leur enlevait des bannières, des guidons, un grand nombre d'armes, et délivrait cinquante prisonniers dont quarante soldats et un officier du 109e de ligne. Les vainqueurs se livrèrent à leur tour à de cruels excès contre les habitants favorables à l'insurrection ; ils enfoncèrent les portes de leurs demeures, saccagèrent leurs meubles, et continuèrent leur marche sur Josselin et Ploërmel, chargés de dépouilles. Dans les affaires de Rochefort on trouva la main et la direction d'un chevalier de Silz qui portait le titre de général de Rochefort, et qui avait dressé un état des paroisses avec le nombre d'insurgés qu'elles étaient prêtes à fournir.

Dans l'Ille-et-Vilaine, le péril fut non moins grand, la défense non moins intrépide. La ville de Rennes n'avait pas un instant de repos ; sans cesse le tambour battait la générale; ce n'étaient que départs et arrivées de gardes nationaux. Le 19, trois cents hommes se rendent à Bain, y livrent un combat furieux et ramènent quatre-vingts prisonniers. Des troubles éclatent à Pacé ; on ne peut y envoyer que quarante hommes; ils reviennent presque tous blessés et ayant laissé trois morts sur le terrain. On fait partir un nouveau détachement avec du canon ; les paysans se dispersent à la hâte, on leur tue un homme et on parvient à peine à recueillir quelques prisonniers. On avait besoin de poudres et de boulets ; on en fait venir de Saint-Malo sous l'escorte de la garde nationale de cette ville; le convoi se trouve attaqué en route par une masse de rebelles tous armés de fusils : un détachement envoyé de Rennes pour le recevoir, arrive à propos, cerne les rebelles et leur tue dix-huit hommes dont un chef. D'autre part cinq cents « brigands » marchent sur Rennes ; les gardes nationaux disponibles se rangent en bataille, les rebelles n'osent approcher. On exécute des pointes sur Mordelles, Montauban, Saint-Aubin d'Aubigny. A Mordelles, les paysans culbutés laissent aux mains des gardes nationaux cinq morts et quarante prisonniers ; à Montauban on leur tue huit hommes et on en blesse un grand nombre. Quelques jours plus tard, dans cette même localité, les paysans reviennent à la charge ; vingt jeunes gens armés et retranchés luttent contre cinq cents assaillants, en tuent une vingtaine, s'élancent sur le reste avec une intrépidité irrésistible et leur imposent tellement par cet acte de courage qu'ils ont la satisfaction de les voir fuir et de hâter leur déroute en les poursuivant. La garde nationale de Rennes devient insuffisante pour un service aussi écrasant ; celles de Fougères et Vitré lui viennent en aide ; mais à peine arrivées à Rennes elles sont obligées de retourner à la défense de leurs propres foyers menacés à leur tour. Fougères en effet est attaqué par quatre mille paysans ; sa garde nationale et un détachement de troupes soutiennent le choc ; les assaillants sont mis en déroute. Vitré assailli de même parvient à se dégager aussi heureusement. Montfort n'a que soixante gardes nationaux à opposer à une masse de rebelles, la plupart heureusement sans armes. Juguet, chef des gardes, profite de cette circonstance pour prononcer des paroles de paix ; il s'avance seul et désarmé au milieu de la bande, fait appel à leur raison et à leur cœur. Tout-à-coup un de ces misérables lui décharge son arme à bout portant ; il tombe et les conjure encore d'écouter la voix de la conciliation, défend qu'on recherche celui qui vient de le frapper ; un second coup de feu l'atteint et l'achève. Ses campagnons transportés de rage s'élancent sur les paysans, tuent sans pitié tous ceux qu'ils rencontrent et forcent le reste à une fuite précipitée. L'insurrection était domptée dans l'Ille-et-Vilaine. Le général Beysser à la tête d'une colonne de gardes nationaux et de troupes républicaines achève la pacification en délogeant les insurgés des bois qu'ils occupent près de Redon et, pénétrant dans le Morbihan, pousse jusqu'à la Roche-Bernard où il rétablit les lois et fait trancher la tête sur la culasse d'un canon à l'un des meurtriers de Sauveur tombé entre ses mains.

L'insurrection a pris dans les Côtes-du-Nord beaucoup moins d'extension; quelques mesures préventives ont contribué à l'arrêter. D'abord on a découvert le cadavre de la Rouërie mort au château de la Hunaudaye, près de Lamballe, et dans sa fosse on a trouvé les papiers révélateurs de sa conspiration. Plusieurs royalistes compromis ont été arrêtés. Le tribunal de Saint-Brieuc en condamne à mort dix qui sont exécutés. Il en reste encore six dans les prisons de Broons ; pour frapper de terreur les habitants des campagnes parmi lesquels des mouvement insurrectionnels sont sur le point d'éclater, les administrateurs ordonnent qu'ils seront exécutés un à un dans des chefs-lieux de canton différents. Des attroupements de rebelles qui se formaient autour de Lamballe, Rostrenen, Dinan, sont énergiquement dispersés ; grâce à l'ensemble de ces mesures, la paix est maintenue dans le département.

Mais l'insurrection éclate avec toute son intensité

dans le nord du Finisterre, à Plabennec, à Lannilis, surtout à Saint-Pol-de-Léon. Toutes les communes des environs de cette ville étaient soulevées. Le général Canclaux qui commandait dans le Finisterre y envoya quelques troupes de ligne, du canon et un bataillon de fédérés du Calvados, en garnison à Morlaix : ces forces se trouvèrent réunies le 19, pour le tirage au sort, sur la principale place de Saint-Pol. Une foire, qui tombait ce jour-là, attirait en outre une foule considérable. La ville était pleine de charrettes, de bestiaux ; les femmes, les vieillards, se livraient à des scènes lamentables autour des jeunes gens tombés au sort. Les maisons se remplissaient de paysans armés de fusils ; on voyait des femmes du meilleur ton leur distribuer des vivres et des boissons. Les patrouilles républicaines, à cause de l'encombrement, ne pouvaient plus circuler. Pour comble d'inquiétude elles manquaient de munitions. On se rend à l'hôtel-de-ville pour prendre possession de celles qui s'y trouvent en dépôt. Le bruit se répand que le maire, Prud'homme-Langon, refuse de les livrer ; il est percé de coups de baïonnettes et les munitions sont enlevées de vive force. Cependant le canon gronde sur la place de la Cathédrale : un feu meurtrier part des fenêtres et des maisons ; les canonniers, les fédérés du Calvados perdent leur commandant et plusieurs hommes. Canclaux, présent au combat, ordonne aux troupes rangées sur le front de la cathédrale de se porter en avant : elles s'élancent à la baïonnette, chassent les paysans des maisons, les culbutent et les poussent hors de la ville. Ceux-ci se reforment à la faveur des fossés chargés d'arbres et de buissons : malgré leur feu meurtrier les républicains les poursuivent, les délogent et les contraignent à une retraite précipitée.

Quatre jours après, les troupes sorties sous les ordres de Canclaux pour assurer la tranquillité dans les campagnes, se trouvèrent attaquées au pont de Keriduff, à deux lieues de Saint-Pol, dans le moment où elles revenaient vers la ville. Le nombre des paysans grossissait de minute en minute, et, malgré les décharges répétées du canon, c'en était fait de la colonne républicaine, lorsque les insurgés virent arriver sur leurs flancs, par la route de Lesneven, une nouvelle colonne dont les balles commencèrent à siffler sur leurs têtes : c'était la garde nationale de Lesneven qui accourait. M. Duchâtellier a conservé sur ce fait d'armes la lettre suivante, du commissaire Prat, administrateur du district de Lesneven, sous la direction duquel marchait le secours arrivé si à propos :

« Comme nous entendions de fréquents coups de canon, écrivait cet administrateur à ses collègues, j'ai exposé au citoyen adjudant général, qui était avec moi à Berven, qu'il était prudent que nous eussions rejoint le corps d'armée qui se portait vers ce point ; nous y sommes, en effet, arrivés dans la chaleur de l'affaire, et, si notre corps n'avait paru en cet instant, nos frères d'armes de Saint-Pol étaient sacrifiés. Après bien des décharges de part et d'autres, surtout du canon, nous avons pu faire fuir les brigands, qui ont blessé sept à huit de nos camarades.

» Je ne puis vous rendre compte de la perte de nos ennemis, mais je puis vous assurer que j'ai vu plusieurs de ces grandes culottes dégringoler les fossés. Nous avons fait cinq à six prisonniers parmi lesquels une femme qui a été blessée, et sur laquelle on a trouvé deux pistolets. Nos ennemis fanatisés se trouvaient en grand nombre ; on a jugé qu'il eût été imprudent de diviser l'armée ; en conséquence, nous avons dirigé notre route vers Saint-Pol ; et, en nous y rendant, nous avons encore été obligés de faire jouer le canon. Nous sommes enfin arrivés en bonne santé, et je puis vous assurer que je viens de faire un souper qui m'était bien nécessaire.

» Le général (Canclaux) s'est comporté dans cette affaire comme un Dieu, et avec toute la fermeté qui le caractérise. Je me rendais auprès de lui au moment où un officier du Calvados a été légèrement blessé à ses pieds. J'ai mis pied à terre et ai mis en mains les pistolets de l'aristocrate Kerven ; et, comme ils ne portent pas très-loin, j'ai attendu que l'ennemi se fût présenté d'assez près pour pouvoir les essayer, mais on m'en a dispensé ; car personne ne s'est offert à portée.

» J'ai trouvé le citoyen Guillier, commissaire du département, au pont de Keriduff, et je lui ai témoigné ma surprise de voir des administrateurs forcés de se trouver quelquefois au feu ; il en a ri avec moi, et nous avons été assez contents de nous-mêmes ; car, quoique nous nous soyons trouvés dans le poste où le feu était le plus fort, nous ne nous sommes pas déconcertés et avons pensé que nous pourrions nous faire à cette sorte de farandole.

» Adieu, mes chers concitoyens et amis.

» PRAT. »

« *P. S.* Cette lettre doit vous arriver par Morlaix et Landerneau, car la communication directe de Saint-Pol à Lesneven est impossible. On raccommode le pont de Keriduff qui a été coupé. »

Les jours suivants plusieurs communes firent leur soumission à des conditions dont l'ensemble formait un véritable traité de paix : elles s'engagèrent à livrer des otages, à remettre toutes les armes des insurgés et à payer, outre cent mille livres, les frais généraux de l'expédition. Les communes de Plouguerneau, Plounéventer, Ploudaniel, Guisseny, Kerlouan, payèrent pour leur quote-part 40,600 livres ; et les communes à l'ouest de Lannilis payèrent à raison de 150 livres par soldat ayant tenu garnison.

Dans la Loire-Inférieure des mouvements insurrectionnels aussi violents et plus nombreux éclatèrent sur la rive droite de la Loire. Savenay, Guérande, Pont-Château, Blain, Nozay, Châteaubriand, Moisdon, Saint-Mars-la-Jaille, Varades, Ancenis, Carquefou, furent menacés, attaqués ou pris. La garde nationale de Nantes se porta sur tous les points. Elle culbute les insurgés à Couëron, dégage Savenay où une compagnie de grenadiers de Paimbœuf ayant traversé la Loire s'est également portée. Elle essuie à Mauves un échec bientôt réparé et vole au secours d'Ancenis enveloppé par une multitude d'ennemis. Le détachement de Nantes et la garde nationale de la ville attaquée joignent leurs forces, font le 22 une sortie sur trois colonnes, balaient les insurgés, leur tuent soixante hommes et les poussent jusqu'à Oudon où ils achèvent de les culbuter. Dans le même temps un autre corps de Nantais dégage Guérande. Avant la fin de mars l'insurrection était complètement domptée sur la rive droite. Les Nantais occupaient des postes le long de la Loire sur une étendue de trente-sept lieues depuis Ancenis jusqu'à Paimbœuf; ces postes étaient Ancenis, Oudon, Mauves, Nort, Savenay, Château d'Aux, Saint-Jean-de-Boizeau, Château d'Indret, Paimbœuf.

L'insurrection, si formidable et cependant si promptement, si admirablement écrasée dans toute l'étendue de la Bretagne, avait pleinement réussi sur la rive gauche, dans la Vendée. Les paysans vendéens, beaucoup moins nombreux, pas plus braves, ni mieux armés que les paysans bretons, avaient cependant partout vaincu les forces républicaines.

.La cause de ce contraste singulier doit être attribuée sans aucun doute à l'insuffisance déplorable de la défense dans la Vendée. Un simple récit des débuts de l'insurrection vendéenne va en donner la preuve. A Saint-Florent, les gardes nationaux se laissent désarmer en un clin d'œil par des jeunes gens munis de bâtons, et leur abandonnent l'unique canon qu'ils possédaient. A Jallais la défense dure une demi-heure, les gendarmes tournent bride, les gardes nationaux rendent canons, fusils, poudres, cartouches. Les jeunes gens de Saint-Florent et de Jallais sont réunis par ce Cathelineau qui ne dut ses victoires et sa célébrité qu'à la faiblesse de ses adversaires, et dont le prestige et la vie devaient cesser le jour où il se trouverait face à face avec les balles bretonnes. Ce chef les conduit à Chemillé, défendu par trois cents hommes de ligne, de la garde nationale et trois canons; les paysans vendéens sont comme les paysans bretons, armés de fusils, de fourches, de faulx: au bout de trois quarts d'heure d'escarmouche, les défenseurs de Chemillé fuient en désordre, abandonnant canons et gardes nationaux, qui tombent aux mains de l'ennemi.

Cathelineau enhardi réunit aussitôt trois mille des siens et se présente devant Chollet, chef-lieu de district. Il envoie, ainsi qu'avaient fait les rebelles à Pontivy, deux prisonniers sommer les habitants de se rendre. Il est répondu de même par des paroles de résistance. La garde nationale, cent-dix dragons détachés d'un régiment en formation à Angers, quatre canons sont les forces défensives de Chollet. Mais au lieu de se barricader à l'entrée des rues et des maisons, ces forces sortent toutes de la ville. Les dragons commencent une charge sur les Vendéens; arrivés à quelques pas ils font volte face avant d'avoir usé de leurs armes et fuient dans toutes les directions. Les paysans, dont l'audace et la confiance ne connaissent plus de bornes, s'élancent en poussant des cris : le reste des défenseurs de Chollet se retire en désordre dans la ville. Retranchés au château ils prolongent quelque temps la résistance : Enfin ils capitulent et rendent fusils, poudres, munitions, canons. Les paysans s'emparent en outre des sommes contenues dans les caisses publiques. A Chalans, à Machecoul, à Chantonnay, la défense n'est pas plus heureuse. L'insurrection est bientôt en état de mettre sur pied une armée de soixante à quatre-vingt mille hommes.

Il faut avouer que la résistance fut autrement sérieuse en Bretagne. Si la Vendée, telle qu'elle s'est révélée parvint à mettre la République au bord de l'abîme, que fût-il advenu si les paysans bretons avaient, avec une égale facilité, vaincu à Vannes, à Pontivy, à Bain, à Montauban, à Montfort, autour de Rennes, à Broons, à Fougères, à Saint-Pol-de-Léon, à Ancenis, à Rochefort, à Redon, dans une multitude d'escarmouches ? Que fût-il abvenu si, tandis que cent mille paysans vendéens se levaient victorieux dans le Poitou, deux cent mille paysans bretons avaient pu de même s'assembler sur la rive droite de la Loire, vainqueurs des villes et des forces qui leur furent opposées ? Il est évident que sans l'intrépide et indomptable résistance des gardes nationales fédérées de la Bretagne, appuyées d'une insignifiante poignée de troupes réglées, les dangers de la République eussent été triplés, et que la France, au lieu d'avoir dans l'Ouest, à la fin de mars 1793, cent mille insurgés à combattre, en aurait eu trois cent mille. Les Bretons des villes rendirent donc encore en cette circonstance un immense service à la grande patrie : la résultante des combats multipliés qu'ils livrèrent dans toute l'étendue de la province équivaut à une grande bataille, à une éclatante victoire, à la suite de laquelle les maisons de détention de Rennes, de Vannes, de Quimper, de Saint-Brieuc, de Nantes, regorgèrent de prisonniers. Qui parmi les grands historiens français de la Révolution, a signalé cette victoire ? personne. Le succès même des républicains bretons a nui à la célébrité de leur cause : on ne s'est pas occupé d'une insurrection qui grâce à leur courage n'a pas réussi, et l'injuste oubli s'est étendu sur leur héroïsme. En vain M. Duchâtellier, historien local, l'a signalé, il y a bientôt quarante ans, sans en faire toutefois ressortir tous les détails et toutes les vastes conséquences, dans un ouvrage où nous avons souvent puisé de précieux renseignements : cet ouvrage, peu lu, n'est jamais arrivé à la connaissance du grand public. Les récits des écrivains royalistes ont tenu le dessus, et les champions de la mauvaise cause sont restés les seuls héros ; rendons enfin à ceux qui ont vaincu la place qui leur appartient : bien que quatre-vingts ans se soient écoulés depuis, il n'est pas encore trop tard. Que si quelqu'un élevait des doutes sur la gravité et la portée de l'insurrection qu'ils domptèrent, les documents renfermés dans les archives des principales villes de Bretagne, les nombreux rapports des administrations départementales imprimés au *Moniteur* dans les comptes-rendus des séances de la Convention, et les récits de plusieurs vieux témoins que la mort n'a pas encore fauchés, dissiperaient promptement tous les doutes.

CHAPITRE VI

LA GUERRE CONTRE LA MONTAGNE

Le comité de défense de Nantes. — Affaires de Paimbœuf et de Pornic. — Reliquet. — Girondins et Montagnards. — Adresses de Quimper et de Nantes à la Convention. — La Plaine. — Journées des 31 mai et du 2 juin. — Lanjuinais. — Prise d'armes des départements bretons. — Le comité de Rennes. — L'Assemblée centrale de résistance à l'oppression. — Projets des Vendéens sur la ville de Nantes. — Les Nantais se préparent à une vigoureuse défense. — Les représentants Merlin et Gillet déterminent Canclaux à abandonner la ville. — Intervention énergique de Guillermé et des gardes-nationaux. — Canclaux prend la direction de la défense. — Résistance héroïque des gardes nationaux à Nort. — Attaque de Nantes. — Échec des Vendéens. — Réflexions générales sur l'attitude de la Bretagne dans la Révolution.

La Bretagne républicaine restait maîtresse chez elle; mais il était à craindre que la Vendée réactionnaire ne franchît la Loire et, ranimant le courage abattu des paysans bretons, ne provoquât une nouvelle insurrection qui, renforcée d'auxiliaires victorieux, pourrait cette fois tout engloutir. Heureusement, Nantes, le boulevard de la Bretagne, veillait. Les Nantais, qui s'intitulaient fièrement « les fils aînés de la liberté, » organisèrent sur le champ un comité de défense composé du maire Baco, qui fut chargé de la présidence de ce comité, et des membres Douillard, Audebert, Beaufranchet, président du département, et Andubon. On créa un tribunal extraordinaire pour juger sans appel ; la guillotine fut dressée et demeura en permanence sur la place Bouffay ; des cours martiales furent désignées pour accompagner les détachements expéditionnaires et pour juger sur les lieux les rebelles pris les armes à la main. Les généraux, chefs de bataillon, commandants, capitaines et officiers de la garde nationale eurent pour tâche de faire l'appel des citoyens, de constater les absents, les hommes de mauvaise volonté, de désarmer et d'arrêter les suspects.

Tandis que Nantes déployait tant d'activité pour réprimer l'insurrection sur la rive droite, elle essayait aussi d'agir sur la rive gauche, mais faiblement, ayant trop à faire chez elle. Elle n'en avait pas moins secouru Clisson dont les soixante hommes de garde nationale, après une résistance héroïque avaient dû se replier sur les Nantais, abandonnant leur ville à la multitude des Vendéens. Elle avait aussi envoyé quatre cents hommes à Saint-Philbert, à portée de secourir Mâchecoul, mais elle avait dû les rappeler pour les faire marcher à la défense de Savenay. Les Vendéens, qui sur les autres points où ils furent victorieux s'étaient généralement montrés humains, dépassèrent à Mâchecoul toutes les atrocités commises par les paysans bretons : ils y fusillèrent chaque nuit au bord de fosses fraîchement creusées, par groupes de vingt et de trente, trois à quatre cents républicains qu'ils avaient faits prisonniers et justifièrent ainsi les cruelles représailles dont plus tard ils furent l'objet.

Le 19 mars, désireux de s'assurer l'embouchure de la Loire, les rebelles de la Vendée poussèrent leurs efforts jusqu'à Paimbœuf : les cinq cents gardes nationaux de la ville résistèrent avec intrépidité pendant plusieurs heures et firent enfin plier les assaillants. L'arrivée sur le terrain des grenadiers de Paimbœuf qui revenaient de Savenay hâta la déroute ; on les poursuivit avec acharnement jusqu'à l'endroit nommé depuis Bras-vengeur, où après un dernier effort ils furent contraints de disparaître, laissant derrière eux plusieurs morts et plusieurs prisonniers, parmi lesquels leur chef, Danguy, seigneur de Vue, qui fut conduit à Nantes et exécuté sur la place Bouffay.

Un autre corps d'insurgés, commandé par le marquis de la Roche-Saint-André, se jeta sur Pornic : les habitants, accablés par le nombre, abandonnèrent la ville ; mais ils revinrent la nuit suivante, surprirent leurs ennemis livrés à l'orgie et au pillage et en firent un affreux carnage : le marquis de la Roche-Saint-André fut massacré un des premiers. Aussitôt Charette et la Cathelinière jurent de venger leurs compagnons égorgés, ils reviennent attaquer Pornic avec des forces considérables. Les habitants électrisés résistent avec courage, mais la lutte est trop inégale ; ils sont obligés d'abandonner une seconde fois leurs foyers. L'un d'eux, Reliquet, reste le dernier : couché sur son canon, il brûle de temps en temps des amorces sans s'inquiéter des coups qui pleuvent autour de lui, et empêche trois quarts d'heure encore les Vendéens d'avancer ; enfin, voyant la ville en feu et s'apercevant qu'elle n'a plus de défenseurs, il encloue sa pièce à la vue des insurgés et va rejoindre ses compagnons. La résistance que les Vendéens trouvaient ainsi toutes les fois qu'ils touchaient aux frontières de la Bretagne pouvait déjà faire présager quel accueil ils recevraient si jamais ils tentaient d'y pénétrer.

Les Bretons avaient à peine écrasé chez eux la contre-révolution, que les plus terribles coups furent portés à la liberté là même où l'on aurait dû le moins s'y attendre. Déjà, comme on l'a vu, le Finisterre, par son adresse aux quarante-huit sections de Paris, avait donné l'éveil. Cette adresse avait été envoyée aux quatre-vingt-trois départements ; les cinq départements de la Bretagne s'étaient préparés dès lors à l'idée de se porter en armes au secours de la Convention, si la liberté de ses délibérations venait à être menacée. L'immense majorité des départements français avaient pris une résolution semblable. La commune de Paris, les Jacobins, la Montagne, dominés par la peur de l'étranger et de la contre-révolution, n'en avaient pas moins continué leurs tentatives d'imposer à la Convention et à la France l'adoption des mesures les plus sanglantes et les plus illégales pour arriver à écraser plus sûrement les royalistes et les ennemis extérieurs. Les Bretons, qui, vainqueurs ou vaincus, n'avaient jamais tremblé devant un ennemi, ne comprenaient pas cette manière d'assurer la liberté en l'égorgeant d'abord, et pensaient qu'on pouvait vaincre les rois au dehors, les royalistes au-dedans, sans renverser préalablement les lois. Affligés des violentes querelles suscitées journellement dans la Convention par les Marat, les Robespierre, les Chabot, les Bazire, etc., ils exprimèrent leur douleur et leur mécontentement. Le Finisterre fit partir trois cents fédérés pour Paris en les chargeant de veiller à la sûreté de la représentation nationale. Interprète de l'administration départementale et des administrés, Kergariou adressait en même temps à la Convention les lignes suivantes :

« Nous voulons la République, une et indivisible ; nous voulons la liberté, l'égalité, le bonheur du peuple ; nous voulons l'ordre et la paix ; nous voulons une représentation nationale permanente ; mais nous la voulons pure, nous la voulons libre, puissante, respectée, grande comme la nation dont elle est l'interprète, capable surtout de s'élever au-dessus de tous les despotismes, et de faire taire les clameurs insolentes et séditieuses de ce ramas de factieux, stipendié par un parti secret, et peut-être par les despotes étrangers pour troubler l'ordre de vos séances. » Car dans ces déplorables querelles, Girondins et Montagnards s'accusaient réciproquement de travailler pour le compte des royalistes et d'être payés par l'Angleterre.

Nantes avait aussi exprimé son mécontentement. Voici le langage que, le 1er janvier 1793, elle tenait à la Convention : « Nous venons vous dire la vérité, toute la vérité, mais faites mieux que l'entendre, sachez en profiter. Vos débats, vos divisions, ont retenti dans tous les points de la France. Nous ne vous le dissimulons pas, ils nous ont affligés, et le peuple quelquefois a méconnu son choix. Il vous avait envoyés, pourquoi ? Pour lui donner des lois : vous ne savez pas vous en imposer à vous mêmes ; pour faire respecter son nom et sa puissance : vous n'avez pas encore appris à vous respecter ; enfin, pour fonder et assurer sa liberté ; et vous n'avez pas su maintenir la vôtre ! »

Le chef-lieu de la Loire-Inférieure s'étoit adressé en même temps en ces termes aux quarante-huit sections de la capitale: « Habitants de Paris, dites-nous si vous êtes encore dignes de la liberté que, tous ensemble, nous avons conquise, ou si vous n'êtes que de perpétuels révolutionnaires ? Dites-nous si vous ne nous avez aidés à briser le sceptre de la royauté que pour vous asseoir sur le trône ? Dites nous si vous êtes las de poursuivre les despotes, ou si vous êtes trop faibles pour les combattre encore ? Dites-nous pourquoi vous nous laissez outrager tous les jours dans la personne de nos Représentants ? Dites-nous enfin si la France, libre partout ailleurs, doit être esclave à Paris? Si des séditieux habitent parmi vous, il faut les étonner par votre contenance; si leur nombre vous effraie, appelez-nous, et nous les punirons; car nous savons, nous, contenir les séditieux et réprimer leur audace. » A l'exemple du Finisterre, la Loire-Inférieure fit partir pour Paris une centaine de fédérés. On prononça dans la ville « anathème aux rois et aux tyrans, aux dictateurs et aux triumvirs, aux faux défenseurs, aux faux protecteurs du peuple. »

Ces reproches et ces mesures, bien loin de ramener le parti jacobin au respect des lois, ne faisait que l'irriter davantage. Il fut même assez puissant pour obtenir le renvoi des fédérés dans leurs départements. La Convention, en consentant à cette funeste mesure, s'enleva tout moyen de défense pour l'avenir. L'Assemblée nationale avait d'ailleurs commis une faute en morcelant la France en quatre-vingt-trois départements : la quatre-vingt-troisième partie du territoire, comme disait Kergariou, contenant Paris devenu capitale, acquit tout-à-coup, après la suppression des provinces, un relief et une situation prédominante qu'elle possédait moins auparavant. Les constituants avait donc travaillé sans en avoir conscience, à l'abaissement politique du pays au profit d'une seule ville. Désormais toutes les motions et mesures, émanant de villes ou de départements isolés, ne pourront plus avoir la même autorité que lorsqu'elles partaient de grandes provinces, comme la Bretagne, la Normandie, la Provence, le Languedoc.

Depuis les guerres civiles, les fautes mêmes de Paris ont rétabli la balance un peu plus égale ; mais il n'est pas déraisonnable de supposer que bien des secousses, bien des antagonismes sanglants auraient pu être dès lors évités ou au moins atténués par une plus prudente division du territoire !

La Bretagne, en présence de l'agitation formidable excitée par le clergé dans ses campagnes et de l'insurrection terrible de ses paysans, avait prouvé qu'il était possible de faire face avec succès aux plus grands dangers sans pour cela violer les lois. Comme il était naturel de s'y attendre, elle se montra plus que jamais opposée à l'établissement de la dictature. A Paris les choses continuaient à suivre leur cours. La Convention était, en grande majorité, favorable au maintien de la Révolution dans les voies modérées et légales, comme étant les plus sûres ; mais il était à craindre que cette majorité ne finît par crouler sous les coups incessants de la Commune et des Jacobins. Une forte partie de l'Assemblée qui siégeait sur les degrés les plus bas, nommée par suite la Plaine, flétrie aussi du nom de Ventre à cause de sa pusillanimité, se sentait attirée par la sagesse et la raison vers la Gironde, mais n'osait résister à la violence et aux emportements de la Montagne qui avait derrière elle tous les faubourgs de Paris. Les échecs subis en Vendée et de nouveaux revers essuyés à l'extérieur par les armées de la République occasionnèrent dans la population un surcroît d'alarmes et une nouvelle explosion de passions. La Convention eut cependant assez d'énergie pour nommer une commission de douze membres, chargée de vérifier les actes accomplis par la Commune depuis un mois, de rechercher les complots formés contre la représentation nationale et de prendre tous les moyens nécessaires pour arrêter les conspirateurs. Les Jacobins de la Commune répondirent à cette mesure par les préparatifs d'une insurrection. On apprend que Marino et Michel, deux administrateurs de police qui avaient proposé d'égorger les Girondins, Hébert, rédacteur de l'ignoble *Père Duchêne*, viennent d'être emprisonnés par la commission récemment instituée. Une foule de pétitionnaires envahissent la Convention : la révocation de la commission des douze, l'élargissement des prisonniers se trouvent décrétés on ne sait par qui ni comment. Le lendemain Lanjuinais monte à la tribune, demande au milieu des plus violents murmures que le décret de la veille soit rapporté. « Hier, dit-il, vous n'étiez pas libres, vous étiez maîtrisés par les prédicateurs du meurtre. » — « Si Lanjuinais continue à mentir, s'écrie Legendre, je le jette à bas de la tribune. » Une explosion d'indignation accueille les paroles de Legendre. « Quand vous êtes libres, continue Lanjuinais, vous ne votez pas l'impunité du crime. » Le décret remis en question est rapporté à la majorité de cinquante et une voix. Mais la Convention qui entend déjà l'émeute gronder autour d'elle, se hâte d'ordonner la mise en liberté provisoire des trois détenus.

Ce n'est pas assez pour les Jacobins, il leur faut la suppression de la commission des douze et même l'arrestation des principaux Girondins. Le 31 mai, la Convention est entourée par les sections en armes : Danton invite l'Assemblée à casser la commission. Le peuple des tribunes, une foule de pétitionnaires envahissent la salle des séances; en vain Vergniaud et les Girondins, sollicitent leurs collègues de chercher avec eux un refuge auprès des sections fidèles, la Plaine n'ose les suivre. A dix heures du soir, la suppression de la commission des douze est enfin décrétée. Le dimanche, 2 juin, les meneurs arment de nouveau les sections : il s'agit cette fois d'imposer à la Convention l'arrestation des Girondins. La séance commence. Lanjuinais paraît à la tribune. Sa seule présence soulève dans les tribunes et sur les bancs de la Montagne le plus violent tumulte. — « Je viens, dit-il, vous occuper d'arrêter les nouveaux mouvements qui vous menacent. » Un orage de cris l'interrompent. — « Descends de la tribune, Lanjuinais, lui crie le boucher Legendre, ou je vais t'assommer! — Fais décréter que je suis bœuf, répond Lanjuinais, et tu m'assommeras. » Il continue : « Tant qu'il sera permis de faire entendre ici sa voix, je ne laisserai pas avilir dans ma personne le caractère de représentant du peuple! Jusqu'ici vous n'avez rien fait, vous avez tout souffert; vous avez sanctionné tout ce qu'on a exigé de vous. Une assemblée insurrectionnelle se réunit, elle nomme un comité chargé de préparer la révolte, un commandant provisoire chargé de commander les révoltés; et cette assemblée, ce comité, ce commandant, vous souffrez tout cela!» Les cris qui n'ont cessé d'interrompre l'orateur deviennent épouvantables. Legendre, Julien, Drouet, Robespierre jeune se précipitent à la tribune et veulent en arracher Lanjuinais; celui-ci résiste et s'y cramponne de toutes ses forces. Le président se couvre. Lanjuinais resté maître de la tribune reprend: « J'userai encore de la faculté de me faire entendre pour vous donner un conseil digne de vous, qui peut vous couvrir de gloire et sauver la liberté. Osez manier avec vigueur le sceptre des lois déposé en vos mains; cassez en ce moment toutes les lois que les autorités ne connaissent pas, défendez à toutes personnes de leur obéir, énoncez la volonté nationale: les factieux seront abandonnés des bons citoyens qu'ils abusent. Si vous n'avez pas ce courage c'en est fait de la liberté. Je vois la guerre civile, qui est déjà allumée dans ma patrie, étendre partout ses ravages et déchirer la France; je vois l'horrible monstre de la dictature ou de la tyrannie, sous quelque nom que ce soit, s'avancer sur des monceaux de ruines et de cadavres, vous engloutir successivement les uns les autres, et repousser la République!» Paroles terriblement prophétiques, dont la Montagne n'était pas en état de sentir la vérité, et dont la Plaine était incapable de profiter pour prendre des résolutions viriles. Les pétitionnaires de la Commune arrivent et demandent à leur tour que vingt-deux députés soient mis en état d'arrestation. Barrère, au nom du comité de salut public : « Vu la situation politique et morale de la Convention, croit que la suspension volontaire des députés désignés produirait le plus heureux effet et sauverait la République d'une crise funeste.» Isnard, Lanthenas, Fauchet acceptent le compromis et se démettent séance tenante de leurs fonctions. Lanjuinais paraît à son tour: « Je crois, dit-il, que jusqu'à ce moment j'ai montré assez d'énergie pour que vous n'attendiez de moi, ni suspension, ni démission...» Une explosion d'injures et de cris lui coupent la parole. Il reprend sans se laisser intimider: « Le sacrificateur qui traînait jadis une victime à l'autel, la couvrait de fleurs, de bandelettes et ne l'insultait pas. On veut le sacrifice de pouvoirs; mais les sacrifices doivent être libres, et nous ne le sommes pas! On ne peut ni sortir d'ici ni se mettre aux fenêtres; les canons sont braqués, on ne peut émettre aucun vœu, et je me tais. » Toute la Convention sort en effet quelques instants après afin de s'assurer si elle est libre; elle ne rencontre de tous côtés que des hommes en armes, des canonniers qui lui refusent le passage. L'Assemblée, vaincue, se décide à mettre aux voix l'arrestation des Girondins. L'un d'eux réclame l'appel nominal; la Plaine intimidée déclare qu'elle s'abstiendra parce que le vote n'est pas libre, et la Montagne seule avec quelques autres membres décrète l'arrestation des députés Girondins. Au nombre de ces honorables victimes étaient Lanjuinais, Kervélégan et Gomaire, tous trois de la Bretagne; ils parvinrent à s'échapper.

Quand on apprit dans les départements l'infâme

attentat qui venait d'être commis contre la représentation nationale, les protestations les plus indignées se produisirent. Soixante-six départements s'occupèrent de mesures à prendre pour réduire les quelques milliers de Parisiens qui venaient de s'insurger contre l'expression de la volonté nationale et d'introduire la violence dans le sanctuaire des lois. Si ces départements avaient mis autant de vigueur à agir qu'à se déclarer, la Convention, eut été sans aucun doute, lavée de l'outrage qu'elle avait subi et réintégrée dans son indépendance. Malheureusement la France fit voir qu'elle était elle-même incapable de garder la liberté qu'elle avait conquise et justifia, par une pusillanimité égale à celle de la Plaine, le coup d'État de la Montagne. Quand il fallut passer aux actes et marcher sur Paris, presque tous les départements faiblirent. Marseille se contenta de payer des mercenaires qui s'avancèrent jusqu'à Pont-Saint-Esprit; Bordeaux n'arma point ses volontaires. La Bretagne seule, c'est à dire, les départements du Finisterre, des Côtes-du-Nord, de l'Ille-et-Vilaine, du Morbihan, de la Loire-Inférieure, de la Mayenne, prirent les armes, ainsi que trois départements de la Normandie, le Calvados, l'Orne et l'Eure. Le Finisterre, sur l'initiative de Kergariou, avait encore armé neuf cents hommes, avant même de connaître les événements du 31 mai, et avait décrété une levée de tous les hommes valides depuis dix-huit jusqu'à cinquante ans. Kergariou fit proposer aux départements coalisés de former un comité d'action composé de délégués choisis dans leurs propres administrations. Cette sage mesure qui, en appelant à la direction des hommes déjà rompus aux affaires, aurait imprimé aux opérations plus de rapidité, fut repoussée. On décida que les communes choisiraient elles-mêmes leurs délégués ; cela causa forcément des retards. Le comité central de résistance se réunit enfin à Rennes ; il avait pour président Ruinet, pour vice-président Demars, pour secrétaires Lucas, Le Graverand, Guépin et Sourdrille. Il envoie d'abord à Paris douze commissaires réclamer la mise en liberté des députés décrétés d'arrestation. En apprenant la démarche de ces commissaires, les Jacobins font courir le bruit qu'ils viennent pour délivrer quatorze ou quinze royalistes affiliés au complot de la Rouërie et qui se trouvaient à la veille de monter sur l'échafaud ; ils demandent qu'en conséquence on arrête tous les Bretons présents à Paris. Les commissaires se hâtent de quitter la capitale.

Lanjuinais avait reçu à Rennes une ovation et avait été félicité de l'honneur d'être au nombre des proscrits. On jura « de faire une guerre éternelle aux tyrans, aux traîtres et aux anarchistes, de maintenir l'égalité, la liberté, la République une et indivisible, la sûreté des personnes et des propriétés, en même temps que la souveraineté nationale. » Les départements bretons annoncent le départ de leurs bataillons de volontaires. Le Finisterre envoie toutes ses forces disponibles. Dans le Morbihan, les comités de Vannes, Pontivy et Lorient, arment un bataillon de deux cents hommes. Les Côtes-du-Nord décident la levée de deux bataillons l'un pour aller combattre sur la Loire contre les Vendéens, l'autre pour se joindre à l'armée de la loi. La Loire-Inférieure retenue tout entière par la présence des Vendéens ne peut envoyer que soixante-quatre hommes. Afin que la Bretagne ne soit pas accusée de vouloir s'isoler du reste de la France, le comité de Rennes prend la résolution de porter à Caen son centre d'action. Dans cette dernière ville, les deux comités Normands et Bretons se fondent en un seul, sous la dénomination de *Assemblée centrale de résistance à l'oppression.* Roujoux et Le Graverand, tous deux du Finisterre, sont nommés, le premier, président ; le second, secrétaire de l'Assemblée. Les bataillons marchent chacun avec la bannière fédérale de son département. Quand ils arriveront aux portes de Paris des commissaires présenteront ces bannières aux Parisiens des mains desquels ils les reçurent, et leur demanderont pourquoi ils ont rompu le serment juré au 14 juillet 1790.

Tandis que la Bretagne franchissait ainsi ses frontières et volait vers Paris à la défense de la loi et de la liberté, elle fut assaillie au sud par un péril, qui, en l'atteignant, aurait du coup jeté à terre dans toute la France république et révolution.

Les Vendéens, enflés de leurs faciles succès, s'étaient organisés. Leurs différents chefs avaient résolu de concerter leurs opérations ; ils venaient de reconnaître pour roi le jeune Louis XVII et pour régent du royaume le comte de Provence ; ils prirent eux-mêmes le titre de commandants des armées royales et catholiques et voulurent poursuivre leurs victoires. Le 9 juin, profitant de la terreur qu'ils inspirent, ils attaquent les troupes qui défendent Saumur. De tristes exemples de faiblesse et de lâcheté se produisent encore : les Vendéens entrent dans la ville en même temps que les Républicains qui fuyaient dans une déroute complète. Maitres du cours de la Loire, ils tournent alors leurs projets sur Nantes. Cette résolution était loin d'être déraisonnable : on leur a reproché de n'avoir pas marché directement sur Paris ; la chose était plus facile à dire qu'à faire. Les Vendéens se battaient près de leurs foyers, avant tout pour ne pas obéir à la conscription et ne pas être obligés d'aller se battre ailleurs ; si leurs chefs avaient voulu les conduire sur Paris il est douteux qu'il se fût présenté assez de volontaires pour composer une armée. D'ailleurs leur base d'opération, qui avait à peine l'étendue de deux départements, n'était pas assez forte pour leur permettre de risquer avec succès une pointe aussi hardie. En s'emparant de Nantes au contraire ils s'ouvraient la Bretagne, appelaient à eux les paysans bretons récemment domptés, mais qui n'attendaient qu'une occasion favorable pour se soulever de nouveau, et rendaient ainsi disponibles aux débarquements anglais cent lieues de côtes. Alors certes, ils pouvaient marcher en nombre sur Paris et y entrer sans coup férir. On a donc pu dire sans exagération que, Nantes succombant, la République était perdue.

Avant la grande attaque des Vendéens, Beysser,

qui commandait la place eut le temps de faire une expédition heureuse sur la rive gauche de la Loire. Avec un corps composé de troupes de ligne, de garde nationale et de quelques canons, il enlève Port-Saint-Père, situé sur l'Achenau, canal qui déverse dans la Loire les eaux du lac de Grandlieu ; il traverse la rivière, atteint en avant de Machecoul les Vendéens de Charette et leur fait prendre si rapidement la fuite que, selon l'expression des républicains, de cette armée *il ne resta que les sabots*. Il entre alors dans Machecoul où il délivre une centaine de prisonniers et s'empare de plusieurs pièces de canons. Il enlève ensuite Légé, Bourgneuf, Pornic, Challans, Noirmoutier. A Challans, les soldats découvrent avec horreur, cloué les bras en croix sur une porte, un grenadier qui respirait encore ; en les apercevant, ce héros a la force de crier d'une voix éteinte : « Vive la République ! » et il expire.

Beysser était à peine rentré à Nantes que Charette ayant refait son armée s'empara de nouveau de Machecoul où il reconquit les canons qu'il avait perdus. Ce chef fut chargé d'attaquer Nantes par la rive gauche, tandis que la grande armée vendéenne, commandée par Cathelineau, d'Elbée, d'Autichamp, Lirot, l'attaquerait par la rive droite. Quelques jours avant l'action, les généraux vendéens sommèrent les Nantais d'arborer le drapeau blanc, de livrer leurs armes, leurs munitions, leurs drapeaux, les caisses publiques. A ces conditions les militaires pourraient sortir avec leurs sacs, les officiers avec leurs épées après avoir prêté serment de fidélité à Louis XVII ; ils demandaient en outre qu'on leur livrât comme otages les conventionnels Merlin et Gillet, présents dans la ville, et plusieurs autres citoyens à leurs choix ; faute de ce faire, la ville serait soumise à une exécution militaire et les soldats passés au fil de l'épée. Les administrateurs répondirent à cette sommation par l'ordre d'en arrêter les porteurs. La ville fut déclarée en état de siége; il fut décrété qu'on frapperait de la peine de mort quiconque proposerait de capituler.

Dans cette extrémité, les patriotes s'empressèrent d'offrir leurs services au comité de défense : ils se partagèrent en trois sections, une de la police, une de l'armée, une autre des approvisionnements. Des commissaires furent envoyés dans les départements bretons pour requérir des secours ; il en fut envoyé jusqu'à Paris et à Marseille. Paris avait déjà depuis plusieurs semaines fait partir des canonniers ; il promit, ainsi que Versailles, l'envoi de nouveaux secours qui n'eurent pas le temps d'arriver. Les départements bretons qui avaient des troupes en Normandie, qui étaient obligés d'en conserver encore pour garder, d'une part leurs côtes menacées par les flottes anglaises, de l'autre leurs villes, que l'entrée des Vendéens en Bretagne pouvait mettre aux prises avec les paysans de leurs campagnes, firent cependant un nouvel effort, et envoyèrent à Nantes de prompts secours. L'Ille-et-Vilaine fit partir un détachement de garde nationale ; les Côtes-du-Nord équipèrent un bataillon de cinq cents fédérés ; le Finisterre appela sous les armes de nouveaux volontaires qui firent le service des places, ce qui permit aux garnisons de se rendre à Nantes sous les ordres de Canclaux, général de l'armée des Côtes de l'Ouest. L'énergique Finisterre avait à lui seul, depuis six mois, mis sur pied douze mille sept cents fédérés.

Canclaux se fit précéder à Nantes d'un bataillon du 109e de ligne, de deux cent mille cartouches et d'une grande quantité de poudre. Il établit un peu en avant de la ville un camp de cinq mille hommes, et envoya sur la route par laquelle devaient arriver les Vendéens un corps de six cents hommes de garde nationale sous les ordres du ferblantier Meuris. Ce corps se posta à Nort, petite ville protégée par la rivière d'Erdre ; il ne tarda pas à recevoir le choc de douze mille Vendéens commandés par Cathelineau. Les gardes nationaux, appuyés seulement de deux pièces de canons, firent une héroïque résistance. Il y avait déjà dix heures qu'ils luttaient ; quatre cents d'entre eux étaient couchés à terre. Le reste, avec une intrépidité comparable aux plus beaux exemples de l'antiquité, ne recula pas d'une semelle. Il n'y avait plus de cartouches, on mit la baïonnette au bout du fusil. L'armée vendéenne allait se trouver arrêtés quelques heures encore par cette poignée de braves, lorsqu'une femme indiqua aux chefs ennemis un gué pour passer l'Erdre. Les survivants battirent alors en retraite. Un des officiers, O'Sullivan, étendu sur le sol, blessé et refusant de quitter le champ de bataille, dit à ceux qui s'éloignaient : « Nous restons ici ; nous mourrons pour la liberté, dites aux Nantais d'en faire autant. »

Les détails de cette lutte héroïque rapidement connus à Nantes, bien loin d'abattre les cœurs, les enflammèrent. Des symptômes de lâcheté se manifestèrent cependant, mais chez des esprits étrangers à la cité. Ceux-là mêmes qui auraient dû donner l'exemple du devoir se sentirent défaillir. Les conventionnels Merlin (qu'il ne faut pas confondre avec Merlin de Thionville) et Gillet, devenus plus tard partisans de la Montagne, persuadés de la victoire imminente des Vendéens et redoutant d'être les premières victimes de leur fureur puisqu'ils étaient réclamés comme ôtages, convainquirent Canclaux de la nécessité d'abandonner une ville dont la perte, selon eux, était assurée, et de se retirer vers le nord avec les troupes et les canons qu'il avait amenés. Les ordres étaient déjà donnés, les bagages de l'état-major emballés, les commandes aux fournisseurs contremandées, six millions, conduits récemment à Nantes, replacés sur les charrettes ; les troupes de ligne, les canons, les volontaires recevaient l'ordre de quitter le camp pour prendre la route du Nord ; quelques officiers de la garde nationale se hâtent d'avertir Beysser. L'un d'eux, Guillermé, supplie Canclaux de ne pas laisser la ville à ses seules forces ; Canclaux à trois reprises, refuse d'accéder. Alors on use d'adresse pour ramener dans la ville Merlin et Gillet dont la voiture était déjà attelée. On les fait monter chez Coustard ; Guillermé profite de cette circonstance pour faire dételer les chevaux de leur voiture, et trouvant que l'opération ne marche pas assez vite, coupe les harnais avec son sabre, puis il monte à l'appartement de Coustard. Merlin et Gillet venaient de déclarer leur résolution de quitter la ville. Guillermé parait ses pistolets à la main : « Votre place est ici, dit-il ; vous triompherez ou vous mourrez avec nous. » Cet acte d'énergie force les conventionnels à changer d'avis ; Canclaux lui-même revient sur sa décision et prend alors les mesures les plus habiles pour accomplir l'unique fait d'armes auquel il devra l'immortalité. Il place des batteries à Gigand, à la Hautière, à la Piperie; il en établit une autre près du château pour balayer la prairie de Mauves. Il fait rétrograder les troupes du camp vers les faubourgs où l'on a eu soin d'élever des barricades et des retranchements. Le 109e de ligne prend position sur la route de Rennes et de Vannes ; d'autres corps occupent la route de Paris ; les cinq cents fédérés des Côtes-du-Nord qui avaient déjà vu le feu dans une sortie du côté de Clisson et qui avaient fait bravement leur devoir, sont postés à Pont-Rousseau.

Le 29 juin, à deux heures du matin, le canon se fait entendre du côté de ce faubourg : c'est Charette qui commence l'attaque. Toute la ville est sur pied ; ses défenseurs sont au nombre d'environ dix mille, dont cinq mille de garde nationale nantaise. Les plus vieux citoyens se réunissent en armes au centre de la ville : ils seront chargés de l'ordre et de la police intérieure, pendant que les plus jeunes et les plus vigoureux recevront l'ennemi. Paimparay, leur chef, leur adresse la parole : « Citoyens, dit-il, ce jour va couvrir les Nantais d'une honte ou d'une gloire éternelle ; persuadés de leur courage et de leur énergie, jurons tous de ne point parler de capitulation, et de mourir plutôt que de nous rendre. » Tous ces vieillards s'écrient d'une seule voix : « Nous le jurons ; vive la République ! » Le canon continue à gronder, mais l'attaque de Charette n'est qu'une feinte ; la véritable attaque, dirigée par Cathelineau, d'Elbée et d'Autichamp, sous les ordres desquels marchent trente mille Vendéens, retardée par la résistance de Nort, commence à six heures du matin. Les Vendéens établissent leurs batteries sur les routes de Rennes et de Paris ; les batteries républicaines les criblent de boulets. Un canonnier parisien, quoique malade, quitte l'hôpital et vient servir sa pièce ; en quelques instants il démonte deux canons vendéens, mais il reçoit dans le ventre un coup de biscaïen qui lui coupe l'intestin ; il ferme la blessure avec son mouchoir, et s'en retourne à l'hôpital, « heureux, dit-il, d'avoir fait son devoir. »

Cependant Cathelineau et ses Vendéens, s'avançant de maison en maison, réussissent à pénétrer dans un faubourg. Baco, maire de Nantes, Deurbroucq, commandant général des gardes nationales, Beysser, qui dirige les troupes, combattent au premier rang. Baco est blessé à la cuisse d'un coup de feu ; il n'en demeure pas moins à son poste jusqu'à la fin de la journée. Un garde national a les deux mains coupées, la figure horriblement mutilée ; quand on parvient à lui ouvrir la bouche, ses premières paroles sont : « Vive la République! les brigands sont-ils battus? » Le prêtre Gambart voyant un père de famille trop exposé : « Retire-toi, lui dit-il, c'est à moi d'affronter le danger. » Il le fait reculer en le prenant par le bras, se met à sa place et est tué à l'instant. Enfin Cathelineau est arrivé jusqu'à la place de Viarme; au moment où suivi de quelques uns de ses soldats, il s'élance pour traverser cette place, il reçoit en pleine poitrine une balle qui l'étend mortellement blessé à l'encoignure d'une maison. Ses soldats consternés l'emportent ; leur ardeur se ralentit, les efforts des républicains redoublent, et, après dix-huit heures de combat, les Vendéens se mettent en pleine retraite, ayant complètement échoué dans leur projet. Les républicains, épuisés de fatigue, ne purent se lancer à leur poursuite. D'après le recensement même des royalistes, les insurgés étaient douze mille sous les ordres de d'Elbée et de Cathelineau ; quatre mille sous ceux de d'Autichamp; douze mille sous Lirot-la-Patouillère qui attaqua par la Croix-Moriceau ; et plusieurs milliers commandés par Charette qui se trouvait à Ragon et aux Clions. Canclaux n'avait pas cessé un instant de veiller au bon ordre de la défense. Coustard avait combattu au rang des simples soldats dans une légion de cavalerie.

Ainsi ces terribles Vendéens, devant qui tout fuyait, venaient de subir leur première défaite en s'attaquant à une ville bretonne. Un danger formidable était pour la deuxième fois conjuré. En somme, la Bretagne, dans les premiers mois de 1793, avait dompté l'insurrection de ses paysans, rejeté hors de son territoire l'insurrection voisine qui cherchait à y pénétrer et en même temps gardé ses côtes contre les Anglais. La représentation nationale et la loi ayant été violées à Paris, persuadée à tort ou à raison, qu'un pareil crime ne pouvait avoir été commis que par des ennemis secrets ou déclarés de la République, elle avait, même après les efforts précédents, trouvé encore assez de bataillons pour en composer une armée qui était déjà en marche sur la capitale avec la mission d'y renverser la Montagne et de remettre la Convention en possession d'elle-même. Elle avait obtenu ces résultats sans violer un instant la loi qu'elle prenait au contraire pour égide, sans exciter les populations de ses villes à se ruer sur les prisons où étaient enfermés suspects et royalistes, sans faire périr indistinctement sous le sabre et sous les piques d'une populace affolée par la peur les innocents et les coupables. Il faut avouer que ces choses, accomplies par cinq départements dans un coin de la France, avaient leur mérite, et que, toutes proportions gardées, la sanglante Montagne, lorsqu'elle eut usurpé le pouvoir, ne fit pas mieux. Énergie pour énergie, celle qui domptait les ennemis de la patrie, en conservant les libertés intérieures, valait mieux que celle qui les abattait en foulant aux pieds les lois. Les Bretons, à cette époque de la Révolution, donnèrent donc à la France d'admirables exemples de fermeté et de sens politique; ils se montrèrent vraiment dignes de conserver cette liberté qu'ils avaient été si ardents à conquérir. Malheureusement ils se firent illusion, quand ils crurent que la France, quoique partageant les mêmes principes, mettrait la même ardeur à les soutenir. La France, hélas! était encore cette même nation qui, après avoir subi la hache de Richelieu, le fouet de Louis XIV, allait accepter de vivre quelque temps sous le couperet de Robespierre, avant de se précipiter sous la botte de Napoléon Ier, et de tomber quelques années plus tard sous les balles de Napoléon III. Les Montagnards, mieux que les Bretons, connaissaient la France; ils comprirent qu'il fallait la maîtriser, et cette héroïque Bretagne, qui disputait encore, en 1788, à la royauté les derniers vestiges de ses libertés et de ses franchises, dut marcher à la remorque de la nation centralisée, après avoir essayé vainement de lui montrer comment il fallait faire pour être libre.

CHAPITRE VII

LA BRETAGNE SOUS LA TERREUR

L'Assemblée de résistance, à Caen. — Wimpfen. — Affaire de Vernon. Retraite des Bretons. — Ils emmènent en les protégeant les députés proscrits. — Arrestation des Girondins à Rostrenen. — Remis en liberté ils se réfugient à Quimper d'où ils gagnent Bordeaux. — La Montagne, maîtresse de la France. — Les Représentants de la Convention en Bretagne. — Carrier à Rennes, — L'abbé Le Coz. — Leperdit. — Carrier se rend à Nantes. — Massacres, noyades, orgies. — Carrier rappelé par la Convention. — Emprisonnements dans toute la Bretagne. — Les suspects. — Abolition du culte. — Destruction des couvents et des châteaux. — Violences dans les villes. — Supplice des vingt-six administrateurs du Finistère.

L'Assemblée centrale de résistance à l'oppression, séant à Caen, adressa plusieurs fois aux autres départements l'invitation de joindre leurs forces à celles de l'Ouest. Ces départements, bien que leurs administrations eussent pris parti contre la Montagne, demeurèrent sourds à ces appels: ils attendaient, comme il arrive souvent dans les discordes civiles, que la fortune se fût prononcée, afin de suivre définitivement le plus fort ou le plus heureux. Les Normands commirent une grande faute qu'ils firent partager aux Bretons: ce fut de choisir et de faire accepter à leurs alliés, malgré les méfiances de Guadet et de Louvet, Wimpfen pour général en chef. Ce Wimpfen qui avait été nommé par la Convention au poste de commandant de l'armée de Cherbourg, était au fond un royaliste. Il choisit pour lieutenant Puisaye, comme lui royaliste caché. Il leva ensuite une compagnie toute composée de Normands parmi lesquels se glissèrent un grand nombre de contre-révolutionnaires. Les Bretons désignèrent ces nouveaux soldats par le sobriquet de Carabeaux. Wimpfen, comme s'il eût eu quelque arrière pensée, poussa mollement les opérations; les fédérés avaient d'eux-mêmes empêché à Évreux le départ pour Versailles d'un régiment de dragons. Mais leur général ne se montrait pas; les députés proscrits ne bougeaient même pas de Caen, où ils passaient le temps à déclamer des vers et à discuter sur des sujets philosophiques, tandis qu'on s'apprêtait à verser le sang pour leur querelle.

Enfin Wimpfen ordonna de se porter en avant. Le 13 juillet, les fédérés rencontrèrent les troupes de Paris, et, après quelques coups de fusil, occupèrent Pacy. Le lendemain, une rencontre plus sérieuse eut lieu à Vernon. Aucun commandement ne semblait exister du côté des fédérés ; les canons, rangés à la file dans un sentier étroit, derrière un village, se trouvaient dans une situation telle qu'il était impossible d'en faire usage. Dès les premières décharges, les Carabeaux s'enfuirent en jetant leurs armes ; ils portaient au bras des écharpes blanches où étaient inscrits ces mots : « Vaincre ou mourir! » — « Vaincre ou courir! » s'écrièrent les Bretons. Ces derniers, découverts, furent contraints de se replier à leur tour, mais ils revinrent bientôt sur leurs pas avec indignation, ne voulant point abandonner leurs canons. Ils se jetèrent pour les reprendre dans les rangs des Parisiens qui s'en étaient déjà emparés, et s'y attelèrent avec leurs mouchoirs. Leurs adversaires qui paraissaient se trouver à regret engagés dans une guerre civile où des deux côtés on criait : « Vive la République! » ne firent pas de grands efforts pour les en empêcher, et les Bretons purent quitter le champ de bataille sans y laisser l'honneur. Telle fut cette affaire qui fit grand bruit à l'époque parcequ'elle marqua la fin du fédéralisme, mais où l'histoire, faute de matière suffisante, n'a pas encore compté les morts et les blessés.

Wimpfen alors dévoila sa pensée et proposa aux Girondins l'appui de l'Angleterre et des émigrés. Cette impudente proposition fut, comme on le pense bien, rejetée avec indignation ; mais les infortunés comprirent que leur cause était perdue. Les Bretons, témoins de ce qui se passait, voyant la France s'abandonner elle-même, et ne voulant en aucune façon faire le jeu des royalistes reprirent le chemin de leur pays. Par une de ces perfidies aussi communes à l'espèce humaine que les actes d'héroïsme, les administrateurs du Calvados, qui au début avaient poussé l'audace jusqu'à emprisonner les députés montagnards Romme et Prieur (de la Côte-d'Or), retombés à plat après l'échec de Vernon, se hâtèrent de désavouer tous leurs actes précédents, et pour mieux s'assurer le pardon de leurs méfaits, conçurent le projet de couper la retraite aux Bretons, d'arrêter les députés Girondins, et d'offrir le tout à la Montagne en gage de réconciliation. Les Bretons eurent connaissance de ces desseins, mais n'en furent point déconcertés ; ils ouvrirent leurs rangs aux députés proscrits et traversèrent fièrement la Normandie : le Calvados n'osa toucher ni aux uns ni aux autres. A Fougères, les bataillons se séparèrent et regagnèrent chacun leurs foyers. Le Finisterre qui avait toute la Bretagne à parcourir, continua sa marche emmenant les Girondins.

A ce moment la Convention entièrement subjuguée aux Montagnards soumettait à l'acceptation de tous les départements la Constitution qu'elle venait de terminer. Cette Constitution était toute républicaine ; cette circonstance, plus encore que l'échec de Vernon, contribua à désarmer en Bretagne beaucoup d'esprits persuadés auparavant que le but secret de la Montagne était de rétablir la royauté. Les fédéralistes de Normandie ayant ouvert leurs rangs à des royalistes, plusieurs mêmes furent convaincus que tel était au contraire le projet des Girondins, et s'indignèrent d'avoir été trompés. A Dol on résolut de s'opposer au passage des Finisterriens et d'arrêter les députés qu'ils emmenaient avec eux. La ferme attitude du bataillon empêcha la municipalité de mettre son entreprise à exécution. Rangés sur la place en face des canons de la commune qui restèrent muets, les braves Finisterriens avaient mis leurs armes en faisceaux; ils prenaient debout un léger repas, ayant au milieu d'eux Pétion, Barbaroux, Salles, Buzot, Lesage, (d'Eure-et-Loire), Bourgoin (de la Gironde), Giroust, Meilhan, Louvet, Riouffe, Girey-Dupré, Marchena; ils interpellaient d'un air déterminé les curieux et les passants, et leur disaient : « Si vous avez tant envie de les prendre, battez donc la générale, et venez! » Ils repartirent sans être inquiétés. A Dinan, la division se mit aussi entre eux pour les causes exposées plus haut : les uns, faisant valoir que l'autorité de la Convention était reconnue partout, prétendaient que c'était s'exposer sans raison que de continuer à protéger des hommes mis hors la loi; les autres, et ceux-ci formaient la majorité, soutenaient qu'au contraire la loi était avec les Girondins, que d'ailleurs on leur avait promis défense et protection, et que ce serait pour le bataillon un déshonneur si on les abandonnait. Les députés tranchèrent eux-mêmes le différend en quittant leurs protecteurs, malgré les efforts réitérés que fit le plus grand nombre pour les retenir. Ils revêtirent le costume des volontaires, prirent sacs, fusils et pistolets; on leur adjoignit quelques hommes qui avaient été soldats, et le petit détachement, sous les ordres de Souché-la-Brémaudière, s'élança à travers la Bretagne, ayant encore cinquante lieues de pays à parcourir avant d'arriver à Quimper: Là, Kervélégan et Duchâtel les attendaient et leur avaient préparé une retraite.

Le voyage se poursuivit à travers mille fatigues, mille périls. Une nuit, ils reposaient dans une grange près de Rostrenen. Tout à coup ils furent réveillés en sursaut par des coups frappés à la porte et par le cri: « Ouvrez au nom de la loi! » Ils saisirent leurs armes dans l'obscurité et ouvrirent, faisant bonne contenance. Ils se trouvèrent en face d'une brigade de gendarmerie et de cinquante hommes armés dont plusieurs portaient des flambeaux: sur le seuil de la grange se tenait un administrateur de district. Un dialogue s'engagea : « Que faisiez-vous là? — Nous dormions, répondit Barbaroux. — Pourquoi dans une grange? — Nous aurions préféré votre lit, répliqua Louvet.—Qui êtes-vous, monsieur le rieur?— Comme tous ses camarades, un volontaire bien las, qui ne s'attendait pas à être éveillé si matin, dit Riouffe en riant. — Vous, des soldats! c'est ce que nous allons voir. Montrez-moi vos papiers. — Sur la place, citoyens, si vous le voulez bien, exclama Pétion.— Oui, oui, crièrent plusieurs, ce n'est pas dans cette grange qu'il faut s'expliquer. — Un peu de place, je vous prie, dit Souché la Brémaudière; puis, en sortant, il cria: « A moi, Finisterre! » La petite troupe des Girondins et des volontaires, raconte Louvet, sortit rapidement, se rangea sur une seule ligne, et chaque fusil s'alla coller sur chaque épaule. — Ils sont armés jusqu'aux dents, murmura quelqu'un de la troupe adverse. Cependant l'administrateur examinait les papiers des prétendus volontaires. — « Ces congés sont tous signés d'une même écriture, observa-t-il avec humeur. — Cela vient, répondit l'un d'eux, de ce que notre officier s'est servi toujours de la même main pour les signer ; si chacun de nous eût fabriqué le sien, ils seraient tous d'une écriture différente.» L'administrateur fit prendre des dispositions pour entourer le détachement. — « Finisterre, chargez vos armes ! cria Souché-la-Brémaudière, en se tournant vers les Girondins ! — Elles le sont ! — La baïonnette au bout ! » A l'instant les baïonnettes furent mises. L'administrateur effrayé, voyant d'ailleurs qu'ils devaient passer par Rostrenen, se contenta de les suivre avec son escorte. Ils prirent le chemin de la ville en chantant la Marseillaise. Quelques hommes de l'escorte s'approchaient d'eux de temps en temps. Un sans-culotte aborda Louvet, et, avec une insinuation perfide : « Avez-vous vu Charlotte Corday à Caen ? lui demanda-t-il. — Notre bataillon n'y était pas encore lorsque le meurtre se fit, répondit Louvet. — C'était bien un assassinat, répliqua l'interlocuteur. — Oui, sans comparaison de Marat à César, comme celui que commit Brutus. » Le questionneur s'éloigna mécontent. Il y en avait d'autres qui étaient loin d'être hostiles ; il en vint un, rapporte Louvet dans ses mémoires, qui lui frappant familièrement sur l'épaule lui dit : « Bravo, bravo ! nous sommes frères : on nous avait dit que vous étiez des prêtres réfractaires. — Il est vraisemblable que ceux qui l'ont dit, n'en croient pas un mot. — Je le parierais, répondit-il. » Un autre alla prendre la main de Pétion, et en la lui serrant lui dit : « Tenez bon, vous trouverez des amis ! »

En arrivant à Rostrenen, ils se laissèrent introduire devant les administrateurs du district. On revit leurs congés en leur témoignant plus de bienveillance ; on leur offrit même du cidre qui était la boisson du pays. Puis l'un des administrateurs leur dit : « Citoyens, vous allez voir que nous étions fondés à vous suspecter ; voici la dénonciation que nous avons reçue : « Pétion, Barbaroux, Buzot, Louvet, Salles, Meilhan, » et plusieurs de leurs collègues, doivent passer, et » probablement s'arrêter dans les environs de votre » ville ; ils ont cinq hommes d'escorte. » Les Girondins se mirent à chanter et à crier, ayant l'air de traiter la chose avec insouciance. Mais ils ne couraient déjà plus aucun danger ; les habitants, les uns par indifférence, les autres par sympathie, s'étaient abstenus de prêter main-forte aux administrateurs ; une partie des gardes nationaux avaient regagné leur logis ; il restait une trentaine de sans-culottes qui ne se trouvèrent pas assez forts pour s'opposer à leur départ ; ils purent donc continuer leur route avec sécurité. Brisés de fatigue, les pieds nus, écorchés, ils évitèrent désormais les grand'routes et les étapes de jour ; un guide fidèle les conduisit à la traverse. Ils se détournèrent de Carhaix où les attendaient plusieurs brigades de gendarmerie : recueillis dans un bourg, au fond de la campagne, par un prêtre constitutionnel, ils gagnèrent de là les environs de Quimper, où les rejoignirent Guadet et Valady qui avaient pris une autre route. Ils se tinrent cachés quelque temps ; enfin, grâce aux soins de Kervélégan, ils parvinrent à s'embarquer pour Bordeaux. Ils n'avaient pas encore désespéré de leur cause ; n'ayant plus à compter sur la France, ils voulaient établir dans le Midi une République du Sud ; mais il était trop tard. Le régime qui eût été le plus propre à conserver à la France, sa liberté et sa véritable grandeur était peut-être la fédération de toutes les anciennes provinces constituées en autant de républiques jouissant de droits égaux avec une Assemblée nationale pour centre. Mais les Girondins, par leur propre faiblesse, avaient laissé passer l'occasion, et la France, ne trouvant plus en eux de conducteurs, s'était avec défaillance abandonnée à la Montagne, c'est-à-dire au plus fort. La seule province qui en ces circonstances montra une énergie malheureusement isolée, la Bretagne se soumit à son tour, sauf les intrépides administrateurs du Finisterre qui continuèrent à se tenir debout alors que tout le monde était à terre. Quand la Convention voulut par leur intermédiaire soumettre à l'approbation des citoyens la Constitution qu'elle venait de terminer, ils la repoussèrent comme un présent de la tyrannie, et invitèrent leurs administrés à la repousser comme eux. Il fallut les décréter d'accusation ; ils allèrent se remettre eux-mêmes aux mains des geôliers en attendant le jour de leur jugement.

La Montagne, maitresse de la situation, fit, dans l'espace d'un an, peser sur la France la plus abominable tyrannie qui ait jamais passé sur un peuple, plus sanglante que celle de Richelieu, plus impitoyable que celle de Louis XIV, et près de laquelle pâlira dans l'avenir le despotisme des deux Napoléon. Les dangers intérieurs et extérieurs en furent la cause et le prétexte. Des historiens éminents ont pensé que cette tyrannie était nécessaire ; cette opinion est inadmissible à moins que l'on ne convienne en même temps que la France fut à cette époque la plus lâche et la plus vile des nations, puisqu'il aurait fallu, d'après eux, tous les épouvantements de la terreur pour lui inspirer en face du péril une virilité suffisante. Mais la France, si brave contre l'étranger sur les champs de bataille, et chez elle contre les satellites de la royauté, fut en cette circonstance victime d'un état de faiblesse et d'indécision, dû surtout à son inexpérience politique dans une Révolution qui commençait à peine et qui n'est pas encore terminée de nos jours. Elle se laissa entrainer au cours d'événements qui, par un coup d'État condamnable comme tous les actes de ce genre, portèrent soudainement au timon la vérité et l'erreur à la fois : vérité quand la Montagne pensa que pour vaincre l'ennemi intérieur et extérieur il fallait déployer une énergie indomptable ; erreur quand elle ne vit pour susciter cette énergie d'autre moyen que la violation de toutes les lois. Les actes arbitraires et les flots de sang illégalement et souvent injustement versés à cette époque eurent sur le développement ultérieur de la Révolution les conséquences les plus funestes. On l'a reconnu aujourd'hui, cette chaîne fatale qui jusqu'à ce jour a empêché en France la liberté et la République, et où l'on remarque pour principaux chaînons le premier Empire, la Restauration, l'Orléanisme, le second Empire, eut son premier anneau forgé par l'oppression de quatre-vingt-treize.

En racontant les nobles efforts d'une seule province pour fonder et maintenir la liberté, nous avons voulu apporter des faits à l'appui et prouver que si dès les premières années de la Révolution la France avait fait en grand ce que la Bretagne fit forcément sur une moindre échelle, de grands désastres et d'atroces malheurs eussent pu être évités. Il nous reste à examiner quels ont été le sort et l'attitude de notre province, depuis que la liberté, oiseau léger, s'est envolée du sol français, après s'y être posée trop peu de temps pour s'y accoutumer, assez toutefois pour s'y faire aimer et regretter. Chaque génération en effet, désireuse de la revoir, la rappelle un instant ; mais chaque fois les gens qui la haïssent lui tendent tant de piéges, les maladroits lui font tant d'avanies, qu'elle s'éloigne effarouchée et s'envole de nouveau en secouant la poussière de ses ailes contre cette terre inhospitalière et maudite.

La crise accomplie, et les membres de la Convention ayant les uns par conviction, les autres par lâcheté, suivi la Montagne sur le terrain où elle entendait régner, le parti insurrectionnel devint le gouvernement de fait; ceux qui avaient combattu pour le maintien des lois furent traités d'insurgés, et il faut bien le dire, devant la brutalité des résultats toute résistance devenait désormais nuisible, nous ne dirons plus au salut de la liberté, mais au salut de la patrie. Les départements de la Bretagne, à l'exception du Finisterre, acceptèrent donc la constitution qu'on leur présenta et saisirent cette occasion de se soumettre. La Convention leur envoya les représentants Jullien, Guermeur, Jean Bon Saint-André, Carrier, Pochole, Prieur de la Marme, avec mission de les *purifier*. Les administrations furent remplacées, les sociétés populaires renouvelées, et les hommes qui avaient pris la part la plus active aux derniers événements furent jetés en prison. A Nantes où deux clubs se partageaient la cité, le club de la Halle et le club Saint-Vincent, les représentants Merlin et Gilet, ceux-là mêmes qui avaient fait une figure si peu honorable au moment de l'attaque des Vendéens, relevèrent fièrement la tête et poussèrent l'impudence jusqu'à accuser de connivence avec les royalistes, ceux à qui incombait la plus belle part de gloire dans la défense, Baco, Beysser, les administrateurs, furent dénoncés comme ayant parlé de capitulation. Baco à la tête de commissaires, se rendit à la Convention pour y présenter la vérité; Danton proposait déjà de leur accorder les honneurs de la séance, quand le député Fayau s'écria que Baco, dénoncé par tous les patriotes de Nantes comme le chef des contre-révolutionnaires de cette ville, n'ignorait pas qu'on y avait préparé une table de douze cents couverts pour y recevoir les révoltés. — Tu en as menti! repartit Baco indigné. A ces mots un des membres demanda l'arrestation immédiate du maire de Nantes, et ce héros du 29 juin fut envoyé à l'Abbaye. On n'aurait pas mieux agi à Athènes.

L'un des représentants envoyés en Bretagne, Carrier, commença ses exploits à Rennes. Il donna tout de suite une idée de ce que devait être, sous le nouveau régime, cette liberté dont les Montagnards avaient introduit le mot dans leur constitution. Quand on lui parla des mesures à prendre par la municipalité pour surveiller les étrangers : « Je suis seul maître ici, dit-il ; je me chargerai seul de ce qu'il y aura à faire. » O vieille capitale de la Bretagne, qui, la première avec Nantes ta grande voisine, commenças dès 1788, alors que la France ne bougeait pas encore, cette lutte gigantesque dont le coup le plus éclatant fut le renversement d'un trône, pensais-tu que telle serait au bout de si peu de temps la récompense de tes efforts? Et chaque gouvernement depuis, à peu d'exception près, a mis ainsi la main directement ou indirectement sur les libertés municipales et a dit comme Carrier : « Je suis le maître ici ! » Voilà, Sainte-Montagne, un des produits les plus nets qui soient sortis de tes flancs.

Carrier, porté aux nues par la société populaire renouvelée, se donna le luxe de recevoir les corps constitués dans la grande salle du Parlement ornée avec toute la pompe d'autrefois. Il se tenait debout sur l'estrade, laissant traîner son sabre sur les tapis ; il aperçut l'évêque constitutionnel Le Coz qui avait naguère repoussé avec mépris l'invitation de suivre l'exemple d'un de ses prêtres récemment marié. Le despote l'interpella grossièrement, exigea la remise de ses lettres d'ordre, et lui dit : « Toutes ces jongleries doivent finir ; tu aurais dû te convaincre par l'exemple de ton frère Collet que la conquête de la philosophie sur les 'préjugés est désormais assurée. » Le Coz s'avança vers Carrier, et le regardant en face, lui récita les vers suivants :

« Abandonner un Dieu que l'on craint dans son cœur,
« C'est le crime d'un lâche et non pas d'une erreur ;
« C'est trahir à la fois sous un masque hypocrite,
« Et le Dieu que l'on prend, et le Dieu que l'on quitte ;
« C'est mentir au ciel même, à l'univers, à soi. »

Et lui saisissant fortement la main, il ajouta : « Regardez-moi bien, citoyen, et voyez si je suis capable d'une telle lâcheté. » Le Coz reçut le salaire que méritait son courage : il fut arrêté et enfermé au Mont-Saint-Michel.

Carrier trouva aussi chez des républicains d'un rigorisme inattaquable une opposition à laquelle il ne s'attendait pas. Le jeune Blin osa lui reprocher un jour d'aller par la ville avec des bas de soie et des escarpins tandis qu'on enlevait aux vieillards leurs souliers pour les envoyer aux soldats. Leperdit surtout, tailleur à la façon, jouissant à Rennes d'une popularité exceptionnelle et désigné à Carrier par les Sans-Culottes eux-mêmes comme le plus digne de faire partie de la municipalité nouvelle, opposa aux caprices tyranniques du conventionnel une résistance que ni les obséquiosités ni les menaces ne firent fléchir. Ennemi des supplices inutiles ou illégaux, il arracha plus d'une victime à la mort. Il avait dans ses attributions le service des prisons et des casernements. Les prisons insuffisantes pour la quantité des détenus, étaient ou en construction ou en réparation; cette circonstance facilitait de fréquentes évasions. Carrier, irrité, ordonna à Leperdit de redoubler de rigueur à l'égard des prisonniers qui étaient presque tous de simples suspects. — « Je ne puis les traiter comme des condamnés, objecta doucement Leperdit. — Ces hommes-là sont hors la loi. — Ils ne sont pas hors de l'humanité! » Une autre fois Leperdit trouve dans les prisons des sœurs hospitalières, proie innocente s'il en fût jamais. « Que faites-vous ici? leur dit-il d'un ton brusque; votre place est près des malades. Retournez à l'hôpital! » Ces ménagements et cette indulgence ne pouvaient être du goût de Carrier. Au moment de partir pour Nantes il fit venir Leperdit et lui dit d'un air menaçant : « Je pars, mais je reviendrai! » — Tu me retrouveras, citoyen, répliqua Leperdit d'un ton doux et calme. Un dernier trait achèvera de peindre ce grand républicain. Nommé maire de Rennes quelque temps après le départ de Carrier, il avait à s'occuper des subsistances; la disette exerçait ses ravages dans la ville. L'émeute vint gronder sur la place, en face de l'Hôtel-de-Ville où le Conseil était rassemblé. Leperdit, malgré les efforts des gardes-nationaux pour le retenir, descendit afin de calmer le peuple. Debout sur le perron il voulut haranguer la foule. Il est des moments où toutes les lâchetés se font jour dans les cœurs humains. Une grêle de pierres assaillit cet homme dont la vie entière ne fut que dévouement. Atteint au front, son sang coule : « Je voudrais, dit-il avec un amer sourire, pouvoir changer ces pierres en pain ; si mon sang peut vous suffire, prenez-le. » La foule, honteuse en présence de tant de calme et de modération, se retire silencieusement. Quelques jours après les subsistances étaient assurées.

Nantes, moins heureuse que Rennes, devint presque sans obstacle la proie du féroce proconsul. Des hommes de tous les rangs se firent ses satellites ; l'ancien curé de Saint-Thomas-d'Aquin, Minée, évêque constitutionnel, abjura sa profession pour lui plaire, et assidu aux séances du club se montra parmi les plus fervents de ses prôneurs. « Citoyens, s'écria un soir Carrier au club Vincent, il ne faut plus d'accapareurs, de négociants, de fédéralistes, de modérés, il faut leur f... la tête à bas. » Ses encenseurs eux-mêmes demeurèrent muets de stupeur. Carrier, furieux de ce silence, abattit les chandelles à coup de sabre. « Citoyens, dit Goullin en sortant, prenez garde de recevoir parmi vous des modérés, de faux patriotes ; il ne nous faut que des hommes qui aient le courage de boire un verre de sang humain ! » Aussitôt Carrier, secondé de ses dignes acolytes, Goullin, Lavaux, Robin, etc., donna carrière aux plus atroces folies. Il faut ici laisser la parole tout entière à l'éloquent historien de la ville de Nantes, le regretté docteur Guépin, fils d'un des chefs du fédéralisme, Guépin, de Pontivy :

« Nous ne passons pas en revue, dit-il, toutes les horreurs dont Nantes fut témoin jusqu'au jour du départ de cet homme sanguinaire ; elles sont consignées au procès des membres du Comité révolutionnaire. Des prisonniers étaient faits dans la guerre de Vendée ; aussitôt amenés à Nantes, sans jugement préalable, fusillés ; d'autres rebelles, ayant confiance dans la République, venaient se rendre, faisaient leur soumission, et proposaient de retourner chercher un grand nombre des leurs : fusillés ; des prisonniers paraissaient avoir sur eux des objets de prix, c'étaient des ennemis de la République : fusillés. Ce n'était pas seulement à Gigant, dans les carrières situées sur les bords de la Chésine, que l'on exécutait les malheureuses victimes de la terreur, beaucoup ont trouvé la mort à l'extrémité de Richebourg ; un assez grand nombre, sur la place du département, où on les a massacrées à coups de sabre et à coups de baïonnettes ; enfin, la guillotine était en permanence, et chaque jour elle offrait au peuple le plus horrible de tous les tableaux. Dénoncé par le premier misérable venu, l'on pouvait être emprisonné, puis déposé à l'entrepôt ; là, l'on mourait du typhus qui régnait alors dans cette prison, ou l'on succombait sous le plomb meurtrier, ou l'on terminait sa carrière dans la Loire. Les prisonniers que l'on envoyait aux fusillades étaient conduits entre deux haies de soldats, au nombre de trente, quarante, soixante, et quelquefois davantage ; on les menait aux bords de la fosse pour avoir plus tôt fait ; un mouvement servait de signal à la fusillade qui ne cessait que quand tous étaient tombés. Malheur à celui qu'avaient respecté les balles ; car on l'achevait à coups de baïonnettes !

» Les noyades avaient lieu le plus souvent lorsqu'il faisait nuit ; on les pratiquait au-dessous de Nantes. Plusieurs ont été faites avec des bâtiments dont on bouchait toutes les ouvertures ; des charpentiers, qui se tenaient à côté dans des embarcations, en ouvraient les flancs, et s'éloignaient ensuite. Huit cents personnes ont ainsi péri dans une seule nuit, sur deux navires. On s'est aussi servi d'un bateau à soupape, moyen qui avait sur le précédent l'avantage de l'économie. Deux ou trois noyeurs, assez humains, laissaient fréquemment échapper quelques-uns de ceux qu'ils conduisaient à la mort ; mais la majorité s'acquittait de ses fonctions avec toute la férocité que Carrier pouvait désirer dans des bourreaux. Ils inventèrent les *mariages républicains*, supplice qui joignait à la barbarie l'immoralité la plus dégoûtante. Ces mariages se faisaient en prenant deux personnes de sexe différent ; le plus souvent c'était un jeune homme et une vieille femme, ou bien un vieillard et une jeune fille ; on les liait l'un à l'autre, par dessous les aisselles, après les avoir dépouillés ; quelques-uns de ces malheureux ont été laissés une demi-heure dans cette position ; on les jetait ensuite dans la Loire, où des assommeurs placés dans des bateaux achevaient de noyer ceux qui, dans leurs efforts, étaient parvenus à briser leurs liens. Deux fois, lorsque des membres du Comité révolutionnaire et de la compagnie Marat se portèrent à l'entrepôt pour y chercher des détenus, il leur arriva de saisir les premiers qu'ils rencontraient, qu'ils fussent ou non sur la liste : « Marche b***! » telle fut, avec des coups de sabre, la seule réponse qu'ils aient daigné faire à leurs observations. Un jour, des prisonniers furent oubliés dans une galiote pendant quarante-huit heures ; ils étaient dans la cale, et l'on avait eu la précaution de fermer toutes les issues. Lorsque le pont fut ouvert, on en trouva soixante asphyxiés ; l'un des agents de Carrier, nommé Robin, fit enlever et jeter à la Loire leurs cadavres par d'autres malheureux fraîchement sortis de l'entrepôt ; cette opération terminée, il fit dépouiller entièrement tous les détenus qui se trouvaient sur le navire, sans aucun égard d'âge ni de sexe : c'était en plein jour ; mais ce spectacle, aussi triste qu'obscène, changea bientôt, et l'on ne vit plus qu'un navire sur lequel des forcenés riaient et chantaient, pendant qu'autour d'eux, sur le fleuve, leurs victimes luttaient çà et là contre les flots, disputant à la mort, dans l'agonie de souffrances affreuses, quelques derniers moments d'existence !

» Non content des noyades, Carrier se faisait

souvent amener les plus intéressantes des prisonnières qu'il envoyait ensuite à l'Entrepôt, quand elles avaient servi à ses plaisirs. Trois Nantaises eurent le malheur de lui plaire, il les fit venir successivement, et leur promit la vie en échange du déshonneur ; mais de son lit elles allèrent à la guillotine. Ses amis prirent exemple sur lui. Lavaux et Robin, tous les deux jeunes, et livrés sans frein à l'effervescence de passions fougueuses, ne craignirent pas d'aller publiquement sur les navires où se trouvaient les femmes destinées à la Loire, prendre celles qui leur convenaient, et de les faire jeter ensuite dans le fleuve, les unes, sans doute parce qu'ils les avaient trouvées trop faciles, les autres, parce qu'elles ne l'étaient pas assez. Goullin, homme de meilleure compagnie, avait toujours un intermédiaire en pareille circonstance, et c'était surtout aux dames du grand monde qu'il s'adressait. Tous, du reste, savaient au mieux comment s'y prendre pour imposer la peur et faire payer aux riches de grosses rançons. Quant au bas étage du comité, ses choix attestaient de son infériorité ; c'étaient toujours à des femmes de chambre, à des cuisinières, le plus souvent détenues comme aristocrates, qu'il témoignait sa tendre sympathie.

» Après toutes ces horreurs, la matière n'est pas épuisée. Nous n'avons même rien dit encore des parties de campagne du Représentant, et de ses soirées où il réalisait avec ses amis, leurs maitresses et quelques dames qui avaient leurs entrées chez lui, tout ce que l'imagination peut inventer en fait de luxure et d'orgie. Nous avons possédé la liste des femmes qui assistaient habituellement à ces réunions ; quelques-unes vivent encore : (1) presque toutes appartenaient aux classes élevées de la société. Il était de notre devoir de détruire ce document, et jamais il ne sera publié ; mais l'on saura que les séides de Carrier et les membres des diverses administrations assistaient seules à ces réunions, auxquelles on ne vit jamais ni les membres de la mairie et du conseil municipal, ni même la plupart des Jacobins les plus ardents. Dans ces assemblées de débauche, les femmes arrivaient à demi-vêtues. Après de copieuses libations venaient des danses obscènes : souvent alors on éteignait les flambeaux, et la promiscuité la plus dégoûtante ajoutait encore à ce qu'il y avait d'infâme dans ces orgies. »

Quel tableau ! et quelle récompense pour cette héroïque cité où il n'y avait peut-être pas une famille qui n'eût à pleurer un citoyen mort pour la patrie sur les champs de bataille de la Vendée et lors de la grande attaque de Nantes. Influence étrange des mots ! personne dans cette ville où il y avait tant de braves n'osait abattre ce monstre parce qu'il mettait sur tous ses forfaits les noms de Salut de la Patrie, de Convention, de République. Chacun, frappé de terreur, se laissait

(1) Ceci était écrit quelque temps après 1830.

tromper volontiers à l'effigie, et les protestations n'osaient se faire entendre. Phélipes-Tronjoly eut pourtant le courage de faire de l'opposition. On cite encore le général Boivin qui sauva la vie à une centaine de Nantais tous républicains, en les faisant conduire à Paris au lieu de les fusiller comme il en avait reçu l'ordre. Une autre fois il répondit à un ordre semblable: « Je suis soldat pour combattre les ennemis de la France, et non pour assassiner mes compatriotes. » Enfin le conventionnel Jullien, ami de Robespierre, de passage à Nantes, fut témoin de toutes ces abominations et entendit les plaintes se formuler. Il se hâta d'écrire au comité de Salut public. Quinze jours après Carrier était rappelé. « Il était temps, ajoute Guépin; l'épidémie de l'Entrepôt faisait chaque jour de nouveaux progrès. Il avait fallu par mesure de salubrité publique, défendre la pêche en rivière dans de certaines limites. Le fleuve roulait à la mer des cadavres dont un grand nombre, après s'être arrêté dans les roseaux et les herbages, achevait de s'y putréfier. Des oiseaux de proie inaccoutumés volaient en troupes nombreuses et couvraient les rives de la Loire. Le flot et le jusant poussaient çà et là les corps morts sur les digues et sur les rochers. Les navires en jetant leurs ancres trouvaient des cadavres de noyés. Ce n'était plus l'aspect de la France; on eût dit le Gange où les indiens déposent ceux qui ont vécu. » Le même historien nous apprend que les hommes qui se montrèrent les partisans les plus farouches de Carrier, qui se ruèrent avec le plus d'âpreté sur les dépouilles des riches victimes qu'ils dénoncèrent eux-mêmes, apportèrent plus tard la même ardeur, la même avidité au service d'une autre cause en décorant leurs actes d'un nouveau lustre, celui de la dévotion. C'est dans l'histoire des rois qu'il faut fouiller pour retrouver des exemples de pareilles turpitudes.

Les autres émissaires de la Convention promenaient leurs fureurs dans le reste de la Bretagne. Ils chassèrent des sociétés populaires ces bourgeois si grands alors (et ces réflexions s'appliquent à toute la France), ces bourgeois qui donnèrent au pays un moment de liberté, les seuls, les vrais fondateurs de cette République destinés à périr si tôt entre les mains de leurs maladroits successeurs. En excitant dans les villes les sans-culottes contre les auteurs de la Révolution, en les armant d'une suprématie qu'ils eurent quelquefois le bon sens de refuser et dans laquelle ils furent rarement capables de se tenir, les Conventionnels en mission dans les départements commencèrent à créer entre des classes faites pour marcher d'accord cet antagonisme funeste qui n'existait pas auparavant, qui découragea la bourgeoisie et lui fit préférer plus tard, aux folies sanglantes et désordonnées de la démagogie les folies plus régulières d'une monarchie quelconque. Les prisons regorgeaient de royalistes, on en construisit de nouvelles. On a vu à Rennes les suspects profiter, pour s'échapper, du relachement de surveillance occasionné par les travaux. Le nombre des incarcérés n'en fut pas moins énorme. Les hommes les plus éminents, ceux qui avaient rendu le plus de services à la triple cause de la justice, de la loi et de la liberté, furent jetés dans les fers : Legraverend, Baymé, Toullier, Malherbe, Lemerer, etc., dans l'Ille-et-Vilaine ; Ruperon, Poulain de Corbion, Saulnier, Ozon, Pério, etc., dans les Côtes-du-Nord ; Gaillard, Boullé, Febvrier, d'Haucourt, du Bodan, Lapataire, Robert, Peslouan, le général Gilibert, le commandant Mignot, dans le Morbihan ; les uns, anciens députés du tiers aux États de Bretagne ; d'autres, ex-membres de l'Assemblée nationale ; plusieurs, magistrats du plus haut mérite, tous républicains éprouvés. La petite ville de Pontivy dont l'héroïque défense avait empêché les insurgés du Morbihan de tendre la main à ceux de l'Ille-et-Vilaine et des Côtes-du-Nord, expia particulièrement le crime d'avoir vu la fédération se fonder dans ses murs : les républicains fédéralistes Carré, Martel, La Gillardais, Herpe, Le Barre, Yzopt, Guépin, et l'intrépide organisateur de la défense dans la journée du 15 mars, B. Violard, subirent les foudres de la Convention et remplacèrent dans les prisons de la ville les paysans rebelles qu'ils avaient vaincus. Il s'ensuivit que la Montagne et les Jacobins ne furent jamais dans toute la Bretagne en grande odeur de sainteté ; aussi Prieur de la Marne, parlant de son séjour à Vannes, disait dans son rapport à la Convention : « Nous recevons d'abord la visite des corps constitués. Visages froids, airs apprêtés, patriotisme contraint ; nous ne reconnaissons aucun des aimables traits de nos bons sans-culottes ; nous attendons avec impatience le moment où nous aurons la visite du peuple. » Mais le peuple se présenta peu, même après la suppression du prix de cotisation qui donnait le droit de faire partie de la société.

Les Conventionnels Montagnards n'admettaient pas que l'on comprît la liberté autrement qu'à leur façon. Ils réputèrent suspects et désignèrent aux autorités comme faits pour la prison : « Ceux qui, soit par leur conduite, soit par leurs relations, leurs propos ou leurs écrits, s'étaient montrés partisans du fédéralisme et *ennemis de la libert.* ; ceux qui ne pourraient pas justifier de leur manière d'exister et de l'acquit de leurs droits civiques ; ceux à qui il avait été refusé des certificats de civisme ; les fonctionnaires publics suspendus ou destitués de leurs fonctions, etc. On emprisonna un tel pour ses relations avec les riches et les nobles ; tel autre pour l'absence de son fils ou de son neveu supposé émigré ; celui-ci comme étant aristocrate par éducation ; celui-là pour être de caractère et de relations inconnus ; un autre pour n'avoir jamais manifesté en public aucune opinion sur les principaux évènements de la Révolution, etc., etc. Les confiscations de biens furent aussi nombreuses que les emprisonnements ; Chapelier, Lanjuinais, Defermont perdirent les leurs. Chapelier, l'honneur de la Bretagne, réfugié en Angleterre, étant allé à Paris pour réclamer contre cette mesure devint la proie de la guillotine. La persécution religieuse prit un caractère inconnu de fureur et de rage : les prêtres constitutionnels allèrent dans les prisons rejoindre leurs collègues insermentés, et nulle situation ne fut plus misérable que la leur, placés qu'ils étaient entre le mépris de ceux-ci et l'inique violence de leurs persécuteurs. Les temples furent fermés, le culte aboli, les vieilles cathédrales transformées en étables ou en magasins de l'Etat. A Quimper, l'infâme Dagorn, à la tête du bataillon de Loir-et-Cher, entre dans la basilique le jour où l'on célébrait la fête de Saint Corentin, patron de la cité, brise l'autel à coups de hache, s'empare du calice, et à la face du peuple le souille de ses propres ordures qu'il répand ensuite sur les degrés. Partout la destruction accomplit en même temps son œuvre; les tableaux sont brûlés, les statues des saints sont brisées, et parmi ces objets il y a des œuvres d'art dont la perte est irréparable. De vieux couvents, de magnifiques châteaux dont les ruines imposantes attirent encore l'admiration du voyageur brûlent et s'écroulent aux quatre coins de la Bretagne. Il n'est pas jusqu'aux noms innocents de certaines villes qui ne deviennent l'objet de la rage des tyrans sans-culottes. Quimper, ce foyer du fédéralisme devient Montagne-sur-Odet, Châteaulin s'appelle Ville-sur-Aulne, Saint-Malo, Saint-Servan, Saint-Brieuc, deviennent Port-Malo, Port-Solidor, Port-Brieuc; Pont-l'Abbé prend désormais le nom de Pont-Marat; un motif plus sérieux et fort louable avait fait changer le nom de Roche-Bernard en celui de Roche-Sauveur afin d'honorer le noble martyr tombé quelque temps auparavant sous les coups des insurgés.

On ne saurait compter le nombre des victimes

faites par la terreur dans toute l'étendue de la Bretagne. Rennes, grâce aux efforts de Leperdit, ne vit rouler sur ses échafauds que trois cent soixante-dix-sept têtes de républicains, de royalistes et de magistrats. Mais Nantes, où Carrier était maître, compta un chiffre approximatif de trois mille victimes. Le peuple s'honora généralement par une attitude triste et résignée, la seule protestation que des vaincus pussent faire contre tant de sauvages exécutions. Une fois seulement il se fit justice de ses propres mains; il prit un jour fantaisie à la population de Morlaix de forcer un vieux gentilhomme inoffensif, nommé de Kergariou, à se prononcer en faveur de la Révolution. Le vieux Breton, importuné, et cédant à un de ces coups de tête si familiers à ses compatriotes, ouvrit tout à coup ses fenêtres, saisit un fusil et se mit à tirer sur la foule rassemblée en armes devant sa maison. Les gardes nationaux irrités envahirent sa demeure et le massacrèrent sous les yeux de sa famille. Des actes de ce genre furent heureusement fort rares.

Il nous reste à parler encore de l'un des plus douloureux épisodes de cette funeste époque. Ce fut à Brest, par un de ces temps brumeux si fréquents en Bretagne : on vit un jour passer dans les rues silencieuses deux charrettes chargées d'hommes en corps de chemise, nu-tête et les mains liées derrière le dos; plusieurs chantaient la Marseillaise et criaient : « Vive la République! »

les autres gardaient un morne silence. C'étaient les vingt-six administrateurs du Finisterre : Kergariou, Brichet, Aimez, Morvan, Guillier, Bergevin, Dubois, Doucin, Derrien, Postic, Cuny, Le Prédour, Daniel-Kersaux, l'évêque constitutionnel Expilly, Le Roux, Herpeu, Mérienne, Malmanche, Banéat, Le Pennec, Le Thoux, Déniel, Moulin, Le Gal, Piclet, Le Denmal. Ils se rendaient à l'échafaud. Quelques jours auparavant, cédant à leurs familles et à leurs amis désolés qui assiégeaient leur prison, une dizaine d'entre eux avaient imploré la clémence de la Convention ; mais Jean Bon Saint-André et Prieur de la Marne avaient hâté leur mise en jugement.

Quand ils apprirent la mesure dont leurs collègues étaient l'objet, Kergariou et Moulin, qui s'étaient longtemps tenus cachés, allèrent se remettre d'eux-mêmes aux mains des juges. Condamnés comme coupables de conjuration contre la liberté du peuple français, comme ayant tenté de rompre l'unité et l'indivisibilité de la République et d'allumer le feu de la guerre civile en armant les citoyens les uns contre les autres, en les provoquant à la désobéissance à la loi et à la révolte contre l'autorité légitime de la représentation nationale, ces hommes qui seuls dans toute la France avaient au contraire donné un exemple qui partout imité aurait pu avoir pour conséquence la conservation de la liberté aussi bien que la défaite des nations ennemies de la République, ces hommes intrépides scellèrent leurs convictions de leur sang généreux. Ainsi s'accomplit une parole qu'ils avaient dite en appelant toute la France à se lever contre l'oppression inaugurée par le coup d'Etat des Montagnards et des Jacobins : « Nous sauverons la République ou nous périrons avec elle ! » Depuis, une succession d'événements terribles a prouvé que ces hommes ne s'étaient pas trompés. Les fédérés du midi auraient pu leur prêter un concours actif, mais ils prirent les armes trop tard et commirent le crime, à Lyon, d'accepter l'appui et bientôt la domination des royalistes, à Toulon, de livrer le port et la flotte aux Anglais ! Les fédérés bretons, grands et irréprochables jusque sous le couteau fatal, périrent sans s'être souillés d'une tache pareille, léguant à la France entière un exemple et des principes qui tôt ou tard porteront leurs fruits.

CHAPITRE VIII

LES VENDÉENS & LES CHOUANS

La Bretagne sans initiative. — Les agents jacobins en Vendée. — Destitution de plusieurs généraux victorieux. — Victoire de Kléber à Chollet. — Bonchamps. — Défaite de Léchelle à Laval. — Les gardes nationales bretonnes à Dinan et à Pontorson. — Le général Triboul. — Batailles de Dol et d'Antrain. — Les débris de l'armée républicaine à Rennes. — Défaites des Vendéens à Angers, au Mans. — Bataille de Savenay. — Kléber et Marceau à Nantes. — Coup d'œil général sur les événements dans toute la France. — La chouannerie. — La Bretagne après le 9 thermidor. — Les prisons sont ouvertes. — Puisaye et Cormatin. — Pacification apparente. — Défaites des Chouans dans le Morbihan, au Faouët, à Baud. — Échecs partiels des Républicains. — Organisation de la chouannerie. — Combats de Grand-Champ et de Saint-Bily. — Les Anglais à Quiberon. — Hoche. — Destruction des émigrés et d'une armée de Chouans. — Pacification de la Vendée et de la Bretagne.

La Bretagne qui pendant cinq années consécutives, de 1788 à 1793, avait joué un rôle si actif et si brillant, perd sous le despotisme montagnard la moitié de sa force. Elle continue à mettre au service de la patrie son sang, son or, ses ressources; mais ce n'est plus elle-même qui en applique l'emploi sous la surveillance vigilante du pouvoir central, ce sont à la fois et exclusivement le Comité de salut public, pouvoir exécutif dictatorial de la Convention, la Commune de Paris et les Jacobins. Aussi nous allons voir les difficultés renaître sous les pas de la République, la Vendée reprendre des forces et la mettre encore à deux doigts de sa perte, l'insurrection des paysans bretons se ranimer au point d'acquérir pour plusieurs années une consistance et une durée qu'elle n'aurait jamais eues si la Bretagne avait, dans de justes mesures, conservé cette liberté d'action qui fut si profitable à la France pendant les premières années.

Les Vendéens, consternés de leur échec à Nantes étaient rentrés dans leur pays. Là ils avaient repris courage et menaçaient de nouveau les armées républicaines. Qu'eût-il fallu cependant pour en finir avec cette insurrection? Quarante mille hommes bien commandés, comme le prouva la suite des événements. Mais les agents jacobins Vincent, Momoro, Ronsin, Rossignol envoyés en Vendée mirent dans les rangs de l'armée l'indiscipline et la plus effroyable désorganisation. Tous les généraux qui exigeaient de leurs soldats l'obéissance sans laquelle il n'y a pas de force, furent dénoncés à Paris comme aristocrates et excitèrent les méfiances du Comité de salut public. Westermann, après une pointe hardie et couronnée de succès sur Châtillon, malgré sa bravoure à toute épreuve, fut surpris et battu. Il avait eu l'audace de faire emprisonner Rossignol. Les Jacobins saisirent l'occasion de sa défaite : il fut rappelé. Biron qui ne pouvait être partout à la fois, accusé de n'avoir pas secondé Westermann, fut rappelé aussi. A Villiers, les bataillons de Paris aimant mieux, rapporte M. Thiers, crier à la trahison que se battre, se retirent en désordre ; l'armée s'enfuit jusqu'à Saumur. Ronsin et ses agents dénoncent comme auteurs du mal le chef d'état-major Berthier et le général Menou, tous deux amis de la discipline : ils sont mandés à la barre de la Convention où ils auront à répondre de leur conduite. Mais il fallait combler les vides ainsi faits dans les hauts rangs de l'armée, le Comité de salut public ne trouva rien de mieux que de nommer généraux les dénonclateurs eux-mêmes. Rossignol, naguère ouvrier orfèvre, devient presque sans transition général en chef de l'armée de la Rochelle; Ronsin, chef des agents jacobins est nomme général de brigade. Mesure plus sage, la garnison qui vient de s'illustrer sur le Rhin à la défense héroïque de Mayence est envoyée dans la Vendée, mais ses glorieux chefs Kléber et Aubert-Dubayet sont suspectés. Il faut toute l'énergie de Merlin de Thionville qui était avec eux pour détourner les soupçons du Comité.

Les faveurs accordées à Ronsin et à Rossignol ne tardent pas à porter leurs fruits. Le général

Tuncq, cantonné à Luçon avec six mille Républicains, attaqué deux fois par les Vendéens de l'Elbée, Lescure, Larochejaquelein, Charette, Roïrand, se trouve dans la nécessité de se défendre. Avec ses six mille hommes il met en déroute quarante mille insurgés et leur enlève toute leur artillerie. Mais il a combattu sans avoir pris auparavant les ordres du général Rossignol : dénoncé comme aristocrate, sa révocation qui lui arrivait au moment même de sa victoire est maintenue malgré les efforts des représentants Bourdon et Goupilleau. Les généraux assemblés à Saumur décident, en dépit de Rossignol et de Ronsin, que les Mayençais agiront par Nantes avec l'armée de Brest, tandis que l'armée de Saumur pénétrera de son côté au cœur de la Vendée. Canclaux porte en avant l'armée de Brest presque toute composée de Bretons, la garde-nationale de Nantes et les braves Mayençais : les Vendéens sont partout culbutés; mais Rossignol, Ronsin et Santerre, général des faubourgs de Paris compromettent par leurs hésitations les succès de Canclaux; Ronsin et Santerre sont en outre complétement défaits à Coron. Canclaux découvert est obligé de battre en retraite sur Nantes. Rossignol et Ronsin l'accusent d'avoir fait manquer les opérations; il reçoit l'ordre de résilier son commandement au moment même où il remportait près de Tiffauges un dernier et brillant succès!

Le décret qui destituait Canclaux destituait en

même temps Aubert-Dubayet et Grouchy. Un autre décret rejetait l'armée de Brest en Bretagne sous le commandement de Rossignol et réunissait en une seule sous le nom d'armée de l'Ouest les deux armées de la Rochelle et de Saumur. Le Comité de salut public, en quête d'un chef pour cette nouvelle armée, découvrit dans les rangs des simples officiers le nommé Léchelle, qui avait la réputation d'être bon patriote, le fit général et le chargea d'écraser la Vendée. Or ce Léchelle était le plus lâche et le plus ignorant des soldats. Au conseil des généraux il présenta son plan de campagne qui était de *marcher majestueusement et en masse*. Les représentants Philippeaux, Merlin et Rewbell, présents aux armées, étaient indignés, mais il fallait obéir. Ils réparèrent le mal autant que possible en confiant à Kléber la direction des opérations à la charge d'en rendre compte à Léchelle. Cette disposition produisit les plus heureuses conséquences. Léchelle en profita pour se tenir loin du champ de bataille; Kléber, libre de ses mouvements fit essuyer la plus sanglante défaite à toute l'armée vendéenne réunie à Chollet. Cette armée, dans un désordre et une confusion inexprimables, se précipita vers la Loire qu'elle parvint à passer à l'aide de quelques barques. Kléber la suivait l'épée dans les reins; la négligence de Léchelle qui ne fit rien pour défendre le poste de Varades la sauva de l'extermination. Il faut citer ici la noble action d'un des chefs vendéens, Bonchamps, frappé à mort à la bataille de Chollet et transporté par les siens à Saint-Florent. Il était sur le point d'expirer lorsqu'il entendit que ses soldats furieux de leur défaite se préparaient à fusiller cinq mille républicains faits prisonniers dans les combats antérieurs; il rassembla ses forces défaillantes, fit venir les chefs des exécuteurs et leur ordonna de remettre en liberté les prisonniers. On lui obéit. De pareils traits font ressortir davantage l'atrocité des guerres civiles et la stupidité des passions qui mettent les hommes aux prises sans autre résultat que de les amener à s'entendre enfin, mais sur des monceaux de cadavres.

Le projet des chefs Vendéens en passant la Loire était de se porter au nord de la Bretagne ou sur la Normandie afin de trouver un port d'où ils pourraient recevoir le secours des Anglais. Ils prirent le chemin de Château-Gontier et de Laval et s'emparèrent facilement de ces deux villes dépourvues de troupes sérieuses. L'armée républicaine les suivit. Westermann, qui compromit souvent l'armée par son impatience fougueuse, mais qui répara toujours ses fautes à force d'intrépidité, venait d'être réintégré dans son commandement; il fatigua inutilement l'avant-garde en attaquant prématurément les Vendéens. Kléber et Marceau prirent, toutefois, pour attaquer Laval, des mesures qui, en amenant les Républicains sur les hauteurs situées à droite de la Mayenne, devaient déterminer un succès foudroyant. Mais il prit fantaisie à Léchelle de faire tout à coup usage du commandement. Il prescrivit aux généraux de s'avancer par la rive gauche *majestueusement et en masse*. Kléber et Marceau obéirent en frémissant. Quelques heures après Léchelle fuyait *majestueusement*, précédant de plusieurs lieues toute son armée en déroute. Les efforts de Kléber, de Marceau, des représentants Merlin et Turreau, de Beaupuy, qui tomba frappé d'une balle, ne purent retenir les soldats ; toute l'artillerie fut perdue. Les Mayençais criaient dans leur fuite : « A bas « Léchelle ! vivent Kléber et Dubayet ! Qu'on nous « rende Dubayet ! » Léchelle, furieux, donna sa démission et dénonça l'armée de Mayence en l'accusant d'avoir causé la déroute. Le Comité de salut public ordonna la dispersion des Mayençais dans les autres corps et s'empressa de désigner Kléber et Haxo à la surveillance des représentants qui accompagnaient l'armée.

Après leur victoire de Laval les Vendéens s'étaient dirigés sur la Bretagne. Jean-Bon Saint-André, et surtout Prieur de la Marne avaient mis tout en réquisition dans le pays, chevaux, chariots, souliers, vêtements, argent et vivres. Toutes les gardes nationales disponibles se portèrent à Dinan et à Fougères ainsi que l'armée de Brest sous le commandement général de Rossignol. Une dizaine de mille hommes portés en avant de Fougères, manquant de chefs et de direction se dispersèrent à l'approche des Vendéens ; plusieurs cherchèrent un refuge jusqu'à Granville. Les insurgés, maîtres de Fougères et de Dol, se portèrent en partie sur

Granville. Le représentant Lecarpentier avait réuni là quatre mille hommes qui, appuyés de la garde nationale de l'endroit, des fuyards de Fougères et de deux corvettes ancrées dans le port, firent une indomptable résistance. Au bout de quarante-huit heures d'assauts infructueux, d'efforts désespérés, les Vendéens se replièrent sur Dol et sur Antrain. Les gardes nationales réunies à Dinan accoururent à Pontorson pour les arrêter. Elles avaient à leur tête le tambour-major Tribout, que Prieur avait fait général. Une heureuse disposition des lieux rendait Pontorson imprenable; mais les gardes nationaux entassés à la file, pêle-mêle avec leurs canons, sur l'unique route qui traverse un marais en avant de la ville, luttent vainement pendant plusieurs heures: la nuit arrrive sans qu'ils aient pu repousser les Vendéens. Tribout fait évacuer la ville, abandonnant aux insurgés ses blessés, ses canons et de nombreux prisonniers. Vergnes, chef d'état-major, que la maladie avait empêché de prendre part à l'action, est jugé responsable de la défaite et mis en prison. Tout le monde dans l'armée républicaine commande à la fois, Rossignol, Westermann, Prieur de la Marne, Kléber, Marceau; on se bat infructueusement pendant trois jours entre Dol et Antrain. En vain Kléber propose de fortifier Pontorson, Dol et Dinan, et d'enfermer les Vendéens entre ces trois points et la mer; ce plan, deux fois accepté, est deux fois repoussé. Les irrésolutions, les ordres contraires amènent encore à Antrain une écrasante défaite. On cherche comme de coutume un bouc émissaire; le caprice des Représentants tombe cette fois sur le général Nouvion qui est destitué.

Les débris de l'armée se réunissent à Rennes; on se réorganise à la hâte, on prépare la défense de la ville; la garde nationale se met bravement à la disposition des généraux. Un conseil de guerre est tenu. Rossignol, brave et sincère, mais reconnaissant avec désespoir son incapacité, offre sa démission que Prieur refuse d'accepter. Cependant chacun comprend qu'il faut en finir, qu'une hiérarchie, une discipline sont nécessaires. On charge Kléber de désigner lui-même les chefs de l'armée; il accepte cette tâche et propose Marceau pour commander les troupes, Westermann pour général de la cavalerie, et Debilly pour diriger l'artillerie. « J'allais désigner un commandant de place, raconte-t-il dans ses mémoires, lorsque Prieur dit qu'il y pourvoirait, qu'il connaissait dans la ville un brave sans-culotte qui en remplirait les fonctions avec autant de talent que de zèle. Et à l'instant il fit appeler son homme. C'était un tailleur qui en cette qualité avait fait un congé dans un régiment. On lui fit part de l'emploi qu'on voulait lui confier; mais cette honnête citoyen en sentit l'importance, et il eut le bon esprit de refuser avec opiniâtreté, malgré toutes les instances de Prieur. » Ce sage tailleur était peut-être Leperdit.

Le pouvoir central avait mis la Bretagne au bord de l'abime. Ses chemins étaient ouverts; ses défense[illegible]s naturels, les gardes nationaux, qui étaient allés presque tous se ranger sous les ordres de Rossignol et de Tribout, avaient été par la faute de leurs chefs vaincus et dispersés ; enfin, ses paysans, au bruit des victoires de la Vendée, recommençaient à s'agiter ; déjà Cadoudal, avec quelques centaines de Morbihannais, venait de rejoindre les chefs vendéens et les sollicitait avec fo[illegible] de s'enfoncer en Bretagne où cent mille paysans n'attendaient que leur arrivée pour prendre les armes et éterniser la guerre. A quoi tint-il que ce malheur fut épargné à la Bretagne et à la France? A ce que les soldats vendéens fatigués, quoique vainqueurs, de ces combats continuels, et se méfiant de leurs chefs qu'ils soupçonnaient de vouloir les abandonner pour passer en Angleterre, demandèrent à grands cris le retour dans leur pays. Les généraux royalistes durent céder à leurs clameurs, et l'armée vendéenne, au lieu d'entrer en Bretagne où elle aurait trouvé le salut, reprit les chemins qui conduisent à la Loire.

On apprend à Rennes qu'ils se sont dirigés sur Angers, ville à travers laquelle ils comptent s'ouvrir un passage. Rossignol, par ses lenteurs, empêche pendant trois jours l'armée républicaine de se porter au secours. L'auteur du retard rejette la faute sur Marceau qui se disculpe avec indignation. Prieur découvre que le vrai coupable est Kléber, et se dispose à le faire guillotiner. Enfin, tout s'arrange, et l'armée se remet en marche. L'avant-garde commandée par Marigny, assaille par derrière les Vendéens occupés depuis vingt-quatre heures à l'attaque d'Angers et bravement contenus par les troupes et la garde nationale de cette ville. Terrifiés de l'arrivée subite des Républicains, les insurgés quittent la place et se retirent en désordre dans la direction de La Flèche et du Mans. Marigny les poursuit; il est tué en attaquant leur arrière-garde près de La Flèche. Quelques heures plus tard arrivait à l'armée la nouvelle de sa destitution; d'autre part, un décret de la Convention élevait Marceau au commandement en chef; mais l'effet de cette bonne mesure se trouvait en partie détruit par un autre décret qui ordonnait la révocation de Kléber et de Haxo. La Convention, mieux informée sur la valeur de Kléber, l'autorisa cependant à rester près de Marceau. « En acceptant ce titre, dit ce dernier à son ami, je prends les dégoûts et la responsabilité pour moi, et je ne demande que le commandement de l'avant-garde au moment du danger. — Sois tranquille, répond Kléber, nous nous battrons et nous nous ferons guillotiner ensemble. »

L'armée se remet à la poursuite des Vendéens. L'intrépide Westermann, toujours en avant, les atteint le premier dans les rues du Mans; en vain Marceau veut contenir son ardeur et le somme d'attendre Kléber. Westermann s'élance dans la ville et refoule l'ennemi; Marceau pour ne point l'abandonner appuie son mouvement. Vendéens et Républicains passent la nuit l'arme au pied, séparés par quelques largeurs de rue. Au lever du jour le reste de l'armée arrive, et le carnage commence. Les insurgés écrasés sortent de la ville, sèment les rues et les routes de milliers de cadavres d'hommes, de femmes, de vieillards et d'enfants, car c'est une population tout entière qui a pris part à cette funeste expédition. Ils marchent sur Ancenis où serrés de trop près par les Républicains, ils n'ont pas le temps de passer la Loire. Deux de leurs chefs seulement, les meilleurs de ceux qui restaient, La Rochejacquelein et Stofflet, traversent le fleuve pour aller chercher des barques; la présence subite de patrouilles républicaines les obligent, dit-on, à se cacher. L'armée vendéenne s'éloigne, sans direction, sans espoir, presque sans chefs, et cherche un dernier refuge dans Savenay. L'armée républicaine y arrive presque aussitôt. Kléber décidé à livrer bataille le lendemain fait occuper tout de suite les hauteurs qui couronnent la ville. Il faisait nuit, dit-il, la fusillade et la canonnade continuaient toujours. Prieur et Turreau arrivent. Prieur, voyant l'avant-garde en position, parait étonné que l'on n'attaque pas. « Allons, camarades, s'écrie-t-il, « en avant! en avant! » Je vis l'instant où, par trop de précipitation et faute de mesure, la victoire allait encore nous échapper. Je dis à Marceau: « Si tu ne prends sur toi d'arrêter ces criailleries, « demain nous serons à Nantes et l'ennemi nous y « suivra. » Marceau, s'adressant à Prieur, lui dit d'un ton fortement prononcé: « Prieur, ce n'est pas « ici ta place, et tu t'exposes fort mal à propos à

« recevoir un coup de fusil ou de la mitraille. » Prieur et son collègue prennent le parti de se retirer. »

« Enfin, le jour parait, raconte M. Duchâtellier, l'on bat la charge, les colonnes s'ébranlent, se heurtent, et le choc devient terrible. Espérant surprendre un ennemi à qui le sentiment de sa supériorité devait inspirer la sécurité et l'imprévoyance, les Vendéens avaient les premiers commencé l'attaque ; mais déjà Marceau, Kléber et Westermann étaient aux avant-postes, et, parcourant le champ de bataille, ils assignaient à chaque division la place qu'elle devait occuper. Cependant les Vendéens se portent en avant avec leur impétuosité ordinaire. Incapables de résister à leur premier élan, les Républicains plient, et bientôt l'avant-garde, commandée par le chef de bataillon Verger, est en pleine retraite. Mais ce faible échec ne fait qu'irriter les Républicains ; Kléber arrive, et sa stature athlétique, son ton imposant, arrêtent les fuyards et inspirent de la confiance aux plus timides. Pétrifié à son aspect, Verger ne sait comment justifier sa conduite : « Général, s'écrie-t-il, nous n'avons plus de cartou- « ches. — Eh bien ! écrasez-les à coups de crosses ! « Allons, grenadiers, en avant ! »

« Attaqués de toutes parts, les Vendéens présentent partout un front redoutable ; ils suppléent au nombre par la valeur, et disputant le terrain pied à pied, se retirent en bon ordre ; mais bientôt, chargés sur tous les points, heurtés de front par la division du centre, sous les ordres du général Marceau, à gauche par Canuel; pressés à droite par le général Tilly, à la tête des grenadiers d'Aunis et d'Armagnac, tandis que Westermann, Kléber et Beaupuy filent par les hauteurs derrière Savenay, afin de leur couper la retraite, les Vendéens sont forcés de céder. Trois fois en versant des pleurs de rage, Bernard de Marigny se précipite dans les rangs des Républicains, à la tête de ses plus braves soldats, et trois fois il est repoussé; enfin, enfoncés de toutes parts, écrasés par la cavalerie républicaine, les royalistes courent se réfugier dans l'enceinte de Savenay, au moment où Kléber entrait au pas de charge du côté opposé.

« Là, le combat recommence avec une nouvelle fureur. Resserrés dans les rues étroites et tortueuses de Savenay, les troupes combattent sans chef, sans ordre, ne consultent que leur valeur, l'inspiration du moment. Les Vendéens sont accablés. Lyrot tombe percé de coups; Piron est tué par un maréchal-des-logis; Fleuriot, Donnissan et Des Essarts, les chevaliers de Beauvilliers et de Mondyon se font jour l'épée à la main, à travers les colonnes républicaines, et se réfugient avec quelques cavaliers dans la forêt du Gavre. Marigny avait en vain cherché le trépas dans cette fatale journée; la mort semblait le fuir. Il rentra trois fois dans Savenay, et ne pouvant s'y maintenir, il ne songea plus qu'à assurer la retraite. Alors, ce ne fut plus un combat, mais un affreux carnage. Epuisés de faim et de fatigue, les royalistes tombent en foule sous le fer des vainqueurs, et bientôt cinq à six mille cadavres sont amoncelés dans les rues de Savenay. »

Tribout remis de son échec de Pontorson et resté à la tête d'un corps d'observation sur les bords de la Vilaine, crut devoir chanter victoire :

« Vive la République une et indivisible ! bientôt il n'y aura plus de traces de l'armée brigantine, et l'on pourra dire que la guerre de la Vendée est finie.

« L'armée des rebelles nous a fait bien courir et bien fatiguer ; mais ce n'est rien quand on trouve la victoire et qu'on fait le bien de son pays.

« On m'avait confié la garde de la Vilaine, nul ne l'a passée ni ne la passera. Je ne veux pas de prisonniers, ils mettraient la peste dans notre armée, et quand on a leurs principes, on ne doit plus vivre. Que les amis de la royauté aillent dans l'autre monde rejoindre les tyrans ; ils les aiment, qu'ils restent avec eux.

« Signé : TRIBOUT, libre. »

La victoire de Savenay, dernier coup porté à la Vendée, fut remportée le 24 décembre 1793. Depuis le moment où les représentants et les généraux jacobins s'étaient enfin effacés pour laisser la direction à des hommes du mérite de Kléber et de Marceau, les choses avaient marché rapidement, et il avait suffi de deux batailles pour écraser les Vendéens.

Le lendemain de leur victoire, Kléber et Marceau se rendirent à Nantes où la population leur fit un accueil triomphal. Ils allèrent le soir au club. Des citoyens offraient à Kléber une couronne civique. « Eh ! quoi donc, s'écria Turreau, ce sont les soldats qui remportent la victoire, ce sont eux qui méritent des couronnes, eux qui ont à supporter tout le poids de la fatigue et des combats ; ces autres honneurs que vous rendez me semblent puer à plein nez l'ancien régime et l'aristocratie. » Des applaudissements redoublés partent de tous les coins de la salle. Kléber prend à son tour la parole : « Je sais, dit-il, que ce sont les soldats qui remportent les victoires, mais il faut aussi qu'ils soient conduits par les généraux, qui sont les premiers soldats de l'armée, et qui sont chargés de maintenir l'ordre et la discipline, sans quoi il n'y a pas d'armée. Je n'accepte cette couronne que pour l'offrir à mes camardes et l'attacher à leur drapeau. » Des applaudissements trois fois plus nombreux, accompagnés de trépignements et de bravos prolongés, accueillirent ces paroles. Ces applaudissements et cette couronne furent les seules récompenses qu'obtinrent les généraux républicains. Rossignol et Prieur de la Marne, dans leurs rapports au ministre de la guerre Bouchotte, les présentèrent : Marceau, « comme un petit intrigant, enfoncé dans la clique, que l'ambition et l'amour-propre perdront ; » Kléber, comme compromis par son amitié pour Dubayet, précédemment révoqué, et aussi comme « un bon militaire qui sait le métier de la guerre, mais qui sert la République comme il servirait un despote. » Partant, Bouchotte refusa de confirmer les grades que les représentants leur avaient donnés sur les champs de bataille. Quant à Westermann, trois mois après, se trouvant à Paris, il fut accusé de conjuration avec Danton, Camille Desmoulins et plusieurs autres. « Moi, conspirateur ! s'écria-t-il en présence de l'accusateur public ; je demande à me dépouiller nu devant le peuple. J'ai reçu sept blessures par devant, je n'en ai qu'une par derrière, c'est mon acte d'accusation. » Il n'en fut pas moins guillotiné.

C'est ici le moment de jeter un coup d'œil rapide sur la marche générale du pouvoir central. Ce pouvoir se trouvait concentré entre les mains du Comité de salut public. Les membres de ce Comité voyant des ennemis de la Révolution, avec raison chez les royalistes, les prêtres insermentés, les nobles conspirateurs, à tort chez les Républicains qui désapprouvaient les moyens extra-légaux, se mirent à frapper avec la même rigueur sur les uns et sur les autres. Le supplice des Girondins emprisonnés le 31 mai eut lieu presque en même temps que celui de la reine Marie-Antoinette. Les dangers croissant dans la Vendée, dans le Midi, où Lyon et Toulon avaient pris les armes, aux frontières où nos armées, après quelques succès passagers, avaient été contraintes de reculer, le Comité de salut public jugea nécessaire d'employer la terreur comme un moyen qui devait partout déterminer la victoire. Or, il faut considérer que les fautes mêmes des hommes qui s'étaient emparés du pouvoir avaient contribué à tripler les dangers de la France : sans la mort inutile de Louis XVI nous n'aurions eu à combattre ni l'Angleterre, ni la Hollande, ni le Piémont, ni l'Espagne ; sans les fautes des Jacobins dans la Vendée, cette insurrection aurait été écrasée trois mois plus tôt ; si les Montagnards, la Commune de Paris et les Jacobins avaient montré pour les lois de la République le même respect que les départements, ceux-ci ne se seraient pas soulevés. Les auteurs mêmes de nos plus grands dangers, en franchissant la barrière des lois, durent donc nécessairement organiser au-delà, afin de sortir d'embarras, la violence et la terreur ; mais en même temps ils s'engagèrent dans un engrenage où, comme le leur avait prédit Lanjuinais, ils devaient tous être broyés, entraînant à leur suite dans la même catastrophe cette République qu'avec une sincérité incontestable ils prétendaient vouloir sauver. La guillotine se mit à travailler sans interruption dans la province et à Paris. En Bretagne on a vu à l'œuvre Carrier, Jean Bon-Saint-André, Prieur de la Marne : Fréron et Barras à Toulon, Maignet dans le Vaucluse, Lebon surtout à Arras, répondirent dignement aux atroces espérances du Comité. A Paris, les exagérés tels que Hébert, Chaumette, Momoro, Ronsin, brouillons ridicules et compromettants, suivirent de près sur l'échafaud les Royalistes, les Girondins et les Républicains fédérés. Chaque jour la charrette fatale amenait de nouvelles victimes aux bourreaux. Cependant nos armées où s'élevaient trop de vertus pour que le Comité pût les abattre toutes, dirigées par Carnot que le soin d'organiser la victoire absorbait tout entier, conjurèrent en quelques mois toutes les difficultés, vainquirent la Vendée, réduisirent Lyon et Toulon, chassèrent l'étranger. Alors Danton et les siens voulurent qu'on fit trêve aux mesures sanglantes et qu'on rentrât dans la légalité : Robespierre, Saint-Just, Billaud-Varennes, Collot d'Herbois les livrèrent au supplice. Bientôt Robespierre, Couthon, Saint-Just, forment un triumvirat dont la tyrannie s'apprête à peser sur les tyrans eux-mêmes ; à leur tour ceux-ci tremblent pour leurs têtes. Le 9 thermidor de l'an II de la République française, Tallien paraît à la tribune, un poignard à la main, et fait décréter l'arrestation, puis le supplice de ces audacieux despotes qui la veille n'avaient pas craint de demander à la Convention les têtes des plus fougueux terroristes. Robespierre avait été pour la France la personnification de la Terreur; quand elle le vit tomber elle respira. Ceux qui l'avaient fait périr dans le but unique de sauver leurs propres existences, tout en conservant le dessein de continuer leurs coups sur les citoyens situés au-dessous d'eux, se trouvèrent sans force devant l'opinion publique qui fit soudainement explosion et demanda avec une autorité irrésistible qu'on cessât de verser le sang à flots. Les prisons furent ouvertes, les exécutions se ralentirent; on prit enfin des mesures réparatrices.

La Bretagne profita de la détente génerale. Les Républicains emprisonnés, les suspects coupables seulement d'ignorance ou de simplicité d'esprit, les prêtres constitutionnels pour la plupart bons citoyens et serviteurs fidèles de la République, les religieuses jetées aux fers par Lecarpentier, furent remis en liberté. Lanjuinais, Defermon, plusieurs autres conventionnels désignés pour la prison quelque temps après le supplice des Girondins, et qui s'étaient enfuis et cachés, purent reparaître au milieu de leurs concitoyens. On continua toutefois à se montrer rigoureux envers les Royalistes, ces ennemis irréconciliables.

L'expédition des Vendéens le long des frontières de Bretagne avait, comme nous l'avons dit, occasionné une nouvelle agitation dans les campagnes. Les paysans n'osèrent cependant pas se lever ; le souvenir de l'écrasante défaite qu'ils avaient subi l'année précédente était encore trop vif. Quelques enragés seulement se mirent à parcourir le pays en arrêtant les voitures publiques, en détroussant les voyageurs, en pénétrant à l'improviste dans les demeures isolées de républicains ou d'habitants indifférents à l'une et l'autre cause ; ils pillaient les meubles, emportaient l'argent et les objets de prix, dont ils massacraient sans pitié les propriétaires, hommes ou femmes. On appela ces bandits les Chouans, soit d'un cri habituel aux paysans bretons par lequel ils imitent pour s'appeler dans les campagnes le hurlement de la chouette, soit du nom d'un insurgé du Maine, devenu célèbre, Jean Chouan. Puisaye que nous avons vu se glisser sous les ordres de Wimpfen parmi les fédérés du Calvados, entreprit de régulariser la chouannerie.

Il parvint à ressaisir les fils de la conspiration de la Rouërie; l'insurrection fut organisée par paroisses; un noble ou un insurgé notable de chaque localité tint un registre où étaient inscrits les noms des hommes prêts à prendre les armes; et les Vendéens ayant été exterminés à Savenay, on attendit une occasion de provoquer un soulèvement en masse. Une organisation semblable s'était produite entre la Vilaine et la Loire sous les ordres de Scépeaux; par lui on pouvait encore tendre la main aux débris de la Vendée que La Rochejacquelein, Stofflet et Charrette cherchaient à ranimer. Puisaye, avide de mener à bonne fin son entreprise se fit remplacer en Bretagne par une espèce de parvenu qui se disait baron de Cormatin; il lui donna la charge de lieutenant sous ses ordres et partit pour solliciter les secours de l'Angleterre et des princes émigrés.

Cependant la Convention avait résolu d'essayer de ramener les insurgés bretons par les voies de la douceur et de la conciliation. Elle chargea de cette tâche les représentants Guezno, Brue, Guermeur, Boursault et Bollet. Le célèbre Hoche devait les seconder. Un de leurs premiers actes fut de rétablir le libre exercice du culte; et cet acte était d'une importance capitale dans ces contrées où la question religieuse avait causé les premiers troubles. Ils achevèrent de vider les prisons en faisant remettre en liberté les cultivateurs et les ouvriers des campagnes précédemment incarcérés. « C'est ainsi que la Représentation nationale se fait bénir, leur écrivait

Hoche; vous faites plus de partisans à la République que le système des égorgeurs lui a fait d'ennemis. » L'opinion de ce grand républicain sur la Terreur est bonne à citer même de nos jours. Le système de la clémence et de l'amnistie produisit de bons effets sur la masse des populations dans les campagnes : il rallia au gouvernement tous ceux qui n'étaient pas hostiles de parti pris; les prêtres mêmes, assermentés ou insermentés, contribuèrent généralement à les ramener. Mais les chefs royalistes et ceux que l'habitude avait fait leurs soldats ne profitèrent du changement de système que pour tramer de nouveaux complots. Cormatin, profitant de l'absence de Puisaye pour usurper un rôle qui ne lui appartenait pas entreprit cependant de faire avec les Républicains une paix avantageuse, croyait-il, pour le parti royaliste. Il parvint à convaincre quelques chefs vendéens de la nécessité de mettre un terme à l'état de la guerre. A la suite du 9 thermidor Canclaux avait été réintégré dans son poste; il avait organisé une colonne de Nantais à la tête de laquelle il avait fait le long de l'Océan, contre Charette, une nouvelle et heureuse expédition; dans le même temps Turreau ravageait l'intérieur, enlevait les moissons, brûlait les fermes. Charette et quelques autres chefs réduits à l'extrémité consentirent à faire leur paix avec la République. La soumission de Charette excita dans toutes les villes de l'Ouest une joie sans bornes. Les Nantais lui firent une réception triomphale et espérèrent que rallié à la République il mettrait à son service une épée dont on ne pouvait méconnaître la vaillance. De son côté Cormatin, que les honneurs décernés à Charette empêchaient de dormir, se hâta de faire aussi sa paix au nom des insurgés bretons, et obtint de même à Rennes une éclatante et solennelle réception.

Mais toutes ces soumissions n'étaient qu'apparentes. Cormatin, pour se donner la gloire de pacificateur, Charette, par nécessité, furent peut-être sincères un moment; les officiers subalternes et les soldats n'acceptèrent pas un seul jour la pacification. La plupart des chefs eux-mêmes n'y consentirent que pour mieux travailler à la reconstitution de leur parti. Dans le Morbihan l'autorité de Cormatin et de Puisaye n'avait même pas été reconnue; les Chouans avaient préféré choisir leurs chefs et avaient élu, suivant les cantons, de Silz qui marcha à la tête des rebelles à Rochefort-en-Terre, lors de la grande insurrection de quatre-vingt-treize, Guillemot, surnommé le *roi de Bignan*, qui, à la même époque, prit part à l'attaque de Pontivy, Georges Cadoudal, les deux Lemercier, de Lantivy, etc. Les pillages de voitures chargées des deniers de l'Etat, les invasions à main armée de petites communes trop faibles pour se défendre, les assassinats d'administrateurs de ces communes, de prêtres constitutionnels, de détenteurs de biens nationaux, continuèrent à se produire journellement. Les Chouans parcouraient le pays par bandes de cinq à six cents prenant les chemins de traverse de préférence aux grand'routes. Le 9 pluviôse, ils enlèvent Guémené-sur-Scorff; une compagnie de grenadiers, surprise, y est à moitié détruite. Une autre bande attaque Le Faouët à neuf heures du soir; douze canonniers, trente gardes nationaux, trente-sept hommes de ligne, cinq chasseurs à cheval composent toute la force défensive de la localité. Mais avertie à temps, cette petite troupe a pu se préparer. Les Chouans au moment où ils se présentent sont accueillis de tous côtés par des feux roulants; les deux canons, mis en batterie sur la place de la Liberté, crachent sur eux la mitraille; les cinq chasseurs et la garde nationale font par la rue de la Révolution une charge hardie; les insurgés se mettent en pleine retraite laissant une vingtaine de morts sur le terrain. A Baud, le représentant Corbel, pareillement assailli par une masse de Chouans, se jette sur eux à la tête d'une poignée de gardes nationaux, les repousse et les poursuit en pleine campagne, en leur faisant à chaque pas des prisonniers. Les forces mises aux mains de Hoche étaient insuffisantes pour réprimer ces tentatives sur tous les points où elles se multipliaient; d'ailleurs, l'ennemi, circulant dans des campagnes tellement boisées, que des hauteurs qui les surplombent on croirait voir une forêt continue, était la plupart du temps insaisissable.

Sur ces entrefaites, Puisaye désavoua la paix que Cormatin avait pris sur lui de conclure, et annonça un prochain secours de l'Angleterre. Une lettre de

Cormatin, saisie à Vannes, prouva que lui-même n'était plus sincère; dans cette lettre adressée à de Silz, il donnait avis des préparatifs qui se faisaient en vue d'un nouveau soulèvement. Hoche le fit immédiatement arrêter dans le moment où il apportait à Rennes de nouvelles et perfides protestations d'amitié. Bientôt une recrudescence d'agitation se manifesta dans les Côtes-du-Nord où commandait Bois-Hardy, dans l'Ille-et-Vilaine où les Chouans obéissaient à Boisguy, dans la Loire-Inférieure dont Scépeaux était maître, et dans le Morbihan où Cadoudal se distinguait entre tous les chefs. Les approvisionnements des villes devenaient extrêmement difficiles; ceux des paysans qui auraient été disposés à vivre en paix avec les villes, à apporter leurs denrées sur les marchés, étaient l'objet des menaces et des violences des Chouans. La disette faisait éprouver aux troupes et aux localités de cruels embarras. Les ouvriers du port de Lorient allèrent jusqu'à faire une émeute qui au bout de deux jours s'éteignit sans effusion de sang, grâce à la fermeté conciliatrice du conseil municipal et de la garde nationale, appuyés de trois cents fantassins mandés en toute hâte de Vannes. Des colonnes mobiles lancées dans les campagnes répondirent aux violences des Chouans par d'autres violences, et les maux du pays furent portés à leur comble.

La haine des villes contre les Royalistes devint de l'exaspération. « J'ai harangué moi-même le peuple assemblé, écrivait le représentant Corbel à la Convention dans une lettre datée de Pontivy; je lui ai retracé avec énergie les sentiments et les mouvements de mon cœur, et nous avons tous juré guerre à mort, guerre éternelle au royalisme. » Mais, comme nous l'avons dit, les villes devenues de faibles instruments entre les mains du pouvoir central ne prenaient plus d'initiative; si la Montagne avait passé, les effets de la centralisation créée par elle subsistaient; rien ne se faisait plus en province sans que l'impulsion ne partît du centre. Les villes de Bretagne, dans la nouvelle insurrection, eurent donc un rôle beaucoup plus passif qu'actif. La Convention, du reste, débarrassée des Jacobins, s'acquitta beaucoup mieux de sa tâche en Bretagne, qu'elle ne l'avait fait en Vendée. Il n'y eut aux armées ni Ronsins, ni Léchelles, ni Rossignols, ni Tribouts pour gâter les affaires. Tous les pouvoirs militaires furent concentrés aux mains de Hoche qui prit de bonnes précautions. Il faut ajouter que l'effroi jeté en 1793 au fond des campagnes par l'énergique défense des villes contre les masses énormes des paysans soulevés, n'allait point s'affaiblissant avec les années; cet effroi, dont nous avons recueilli l'expression de la bouche même de vieux paysans qui en furent témoins, contribua toujours à empêcher des prises d'armes de l'importance et de l'étendue de celles qui eurent lieu en Vendée. La tâche du pouvoir central en fut d'autant plus facilitée.

Des rassemblements d'insurgés, de munitions, d'approvisionnements destinés aux rebelles, furent signalés de Grand-Champ au comité de surveillance institué à Vannes. Le général Josnet partit de cette ville avec cinq cents hommes de troupes régulières ; il attaqua près de Grand-Champ le rassemblement des rebelles commandés par de Silz ; les Chouans furent culbutés, de Silz tué avec une centaine des siens ; toutes les munitions et les approvisionnements tombèrent au pouvoir des Républicains. Profitant de l'élan de ses soldats, Josnet se porte de Grand-Champ à Saint-Bily où quinze cents Chouans sont retranchés avec Cadoudal. Les Républicains les attaquent intrépidement, en tuent cent cinquante et mettent le reste en fuite. Cadoudal se replie sur la forêt de Camors ; trois à quatre mille rebelles s'y sont déjà réfugiés. Josnet ne laisse pas de les attaquer une troisième fois, mais il n'ose avec raison s'enfoncer dans la forêt ; il leur tue encore soixante hommes sur la lisière, et se retire satisfait de la rude leçon qu'il leur a infligée. Un succès, trop facilement obtenu sur un autre point, vint relever le courage des Chouans qui avait été singulièrement abattu par ces défaites successives. Une de leurs bandes conduite par Lessègues et Lantivy, surprit dans le Finisterre la manufacture de Pont-du-Buis, gardée seulement par une vingtaine d'hommes, enlevèrent dix milliers de poudre qui s'y trouvaient et une valeur de dix-huit mille livres laissées dans la caisse par les employés qui s'étaient enfuis. Par contre, dans les Côtes-du-Nord, Bois-Hardy tomba sous les balles républicaines dans une rencontre près de Moncontour. Les soldats lui coupèrent la tête, la piquèrent au bout d'une baïonnette, et la promenèrent ainsi dans les rues de Lamballe. Hoche fut indigné de cet acte de barbarie qui rappelait les hideuses scènes de la Terreur, et ordonna qu'après avoir recherché les coupables on leur infligeât une punition sévère. Mais des dangers plus grands et des rencontres plus décisives allaient se produire.

On ne tarda pas en effet à signaler sur nos côtes la présence d'une flotte anglaise. Quelques vaisseaux sortirent de Brest pour la combattre. Jean-Bon Saint-André avait désorganisé la flotte; déjà, sous la Terreur, un combat héroïque, mais malheureux, avait été livré; les matelots bretons du *Vengeur* n'avaient pu que descendre dans les flots plutôt que de se rendre, en poussant le cri immense de « Vive la République! » Le deuxième combat ne fut pas plus heureux; l'amiral Villaret, ci-devant capitaine de vaisseau, perdit trois de ses bâtiments, et coupé de Brest dut se replier sur Lorient. La flotte anglaise appareilla dans la baie de Quiberon, où elle mit à terre Puisaye, douze cents émigrés, quatre régiments de déserteurs, des cadres d'officiers pour les Chouans, des armes, des munitions, des vivres. Le fort Penthièvre qui commande l'entrée de la presqu'île tomba sans coup férir au pouvoir de l'ennemi. Les Chouans du Morbihan, au nombre de quatorze à quinze mille se hâtèrent d'accourir. Hoche n'avait que quelques milliers d'hommes pour lutter contre ces forces réunies. Son armée, en grande partie composée de Bretons, était considérablement diminuée par suite des nombreuses désertions des soldats originaires de la campagne; mais, les Bretons des villes, tous patriotes et républicains, restaient fidèles au drapeau. Aubert-Dubayet et Canclaux, l'un de Nantes, l'autre de Cherbourg, lui envoyèrent du renfort. Le désordre, le défaut d'entente présidaient aux opérations des Royalistes.

Le 19 messidor (7 juillet 1795), Hoche put refouler les Chouans dans la presqu'île; le 28 (16 juillet), Puisaye essaya en vain de forcer les retranchements républicains; il fut rejeté avec des pertes considérables. Quatre jours après, la garnison du fort de Penthièvre, que les Royalistes avaient faite prisonnière et qu'ils avaient imprudemment enrôlée avec eux, introduisit les troupes républicaines à la faveur d'une nuit orageuse. Maître du fort, Hoche commandait la presqu'île; il acheva d'y exterminer l'armée des Chouans et des émigrés, sans que la flotte anglaise, empêchée par la tempête, pût s'opposer à cette extermination. Un bataillon d'émigrés à la tête duquel marchait Sombreuil, consentit à mettre bas les armes à la voix des soldats, et peut-être du général Humbert, qui leur avaient crié avec compassion de se rendre, leur promettant la vie sauve; mais il n'y eut pas ce que l'on appelle une capitulation; Hoche, lui-même, quoique général en chef, n'avait pas le pouvoir d'en conclure. Une loi formelle condamnait au contraire à mort tout émigré pris les armes à la main sur le sol français. Tallien et Blad, au nom de la Convention, la firent impitoyablement exécuter. Une partie des soldats refusèrent de prêter leur concours à cette exécution, les autres obéirent avec tristesse. Ce fut à Vannes et surtout à Auray qu'eurent lieu les cruelles hécatombes. Un monument expiatoire a été élevé depuis à Auray sur les restes de ces infortunées mais coupables victimes de nos discordes civiles; il n'en a jamais été élevé aux mânes des prisonniers républicains, défenseurs de la cause nationale, tombés tant de fois sous les balles des Vendéens et des Chouans dans toute l'étendue de la Vendée et de la Bretagne.

La victoire de Quiberon n'abattit pas entièrement la chouannerie. Puisaye et Cadoudal, échappés au désastre, reformèrent de nombreuses bandes. Le bourg d'Elven, près de Vannes, envahi un jour par quinze cents à deux mille chouans sous les ordres de Cadoudal, fut témoin de l'intrépide résistance de cent cinquante grenadiers de l'Ain, qui, sans officiers, n'avaient eu que le temps de se retrancher à la hâte dans leur caserne. Ces braves, après une fusillade de plusieurs heures, forcèrent les Chouans à se retirer; mais la victoire leur coûtait cher, ils avaient treize tués et vingt-huit blessés. Cadoudal, incapable de réunir une armée sérieuse, ne put que laisser désormais ses bandes se livrer à leurs actes de brigandage accoutumés.

Les hostilités ne reprirent avec gravité qu'en Vendée. Les représentants Hentz et Fayau avaient par d'inutiles atrocités réveillé dans ce pays les haines qui, après les écrasantes victoires de Kléber et de

Marceau, paraissaient sinon éteintes, du moins condamnées à l'impuissance. Aussi, lorsqu'une nouvelle flotte anglaise parut à l'Ile-Dieu, portant cette fois le comte d'Artois, frère de Louis XVI, Charette infidèle à la pacification trouva-t-il avec la plus grande facilité les éléments d'une nouvelle armée. Heureusement, Hoche venait d'être élevé au commandement de toutes les forces de l'Ouest. Il établit son quartier général à Nantes, et par des coups répétés, empêcha les rebelles de tendre la main aux vaisseaux anglais; ceux-ci convaincus de leur propre impuissance, ramenèrent en Angleterre le prince qui n'avait pas osé débarquer, et ne remportèrent de tous leurs efforts que l'humiliation d'une deuxième expédition manquée. Les malheureux Vendéens abandonnés à eux-mêmes furent partout réduits. Hoche enveloppa le pays d'un cordon de troupes qui désarmaient les paysans à mesure qu'elles avançaient; leur discipline, leur discernement à ne frapper que les communes en état d'insurrection concilièrent à la République bien des esprits. Des chefs vendéens qui restaient encore debout, Sapinaud dut s'exiler, Stofflet, saisi les armes à la main, fut fusillé à Angers; enfin, Charette, traqué de repaire en repaire par le général Travot, vit sa dernière retraite dénoncée par les paysans eux-mêmes, las du brigandage de ses soldats. Il se défendit comme un lion; pris vivant quoique couvert de blessures, il fut conduit à Nantes. Là, au moment d'être fusillé, il arracha le bandeau qu'on lui avait mis sur les yeux, et commanda le feu au pelolon chargé de l'exécution. Il tomba mort à la première décharge. Fin courageuse, bien digne d'une vie intrépide, et qui fit regretter vivement qu'un tel homme eût cru préférable de consacrer ses facultés à la cause d'un roi et d'une famille plutôt qu'à celle d'un grand peuple.

Hoche appliqua à la Bretagne avec le même succès le système rigoureux de pacification qui lui avait si bien réussi en Vendée. Tous les chefs chouans déposèrent les armes les uns après les autres; Cadoudal et Puisaye préférèrent chercher un refuge en Angleterre. Le Directoire dont le gouvernement avait succédé à celui de la Convention, remercia Hoche d'une manière toute républicaine; il lui décerna à titre de récompense nationale deux des plus beaux chevaux des dépôts de la guerre, avec leurs harnais, et une paire de pistolets de la manufacture de Versailles. Le héros républicain se montra satisfait de cette récompense que n'accompagnaient ni dotation, ni surcroît de dignités. La Convention décréta que l'armée de l'Océan avait bien mérité de la patrie.

CHAPITRE IX

LA FÉDÉRATION DE 1815

Conséquences du 9 thermidor. — Le Directoire. — Les coups d'Etat. — Reprise de la chouannerie. — Surprises de Nantes, de Saint-Brieuc. — Poulain de Corbion. — Les armées républicaines. — Latour d'Auvergne. — Le 18 brumaire. — Le Consulat. — L'Empire. — Les corsaires bretons. — Robert Surcouf. — Le *Cartier* et le *Triton*. — Conseils de Surcouf à Napoléon. — L'invasion. — Le retour de l'Ile-d'Elbe. — La fédération bretonne. — Préliminaires et articles du nouveau pacte fédératif. — Les Bourguignons invitent les provinces à se fédérer à l'exemple de la Bretagne. — Nouvelle insurrection en Vendée et en Bretagne. — Combats entre les fédérés et les Chouans. — Waterloo.

La conséquence la plus importante de la journée du 9 thermidor avait été de réintégrer la Convention dans son indépendance. La Commune de Paris et les Jacobins avaient perdu toute influence sur ses décisions ; la Montagne vaincue, décimée, ne manifestait plus son existence que par ses votes silencieux. Tous les survivants des quatre-vingt-quinze députés qui avaient été proscrits successivement pendant la Terreur, furent autorisés à venir reprendre leurs places. Louvet, Lanjuinais, Kervélégan, rentrèrent. Louvet osa demander qu'il fût décrété que les départements qui, après le 31 mai, avaient pris les armes pour assurer l'indépendance de la Convention, avaient bien mérité de la patrie. Au point de vue de la loi et du droit, cette demande était juste, mais la Convention se rappelant que les Royalistes avaient profité de ce mouvement pour relever la tête, rejeta la proposition de Louvet. Cependant, elle décerna à Lanjuinais l'honneur de la présider. Elle eut bientôt à se défendre contre les Jacobins qui ne voulaient pas se tenir pour battus. Au 12 germinal, Kervélégan fut un de ceux qui conduisit contre l'insurrection les colonnes protectrices de l'Assemblée ; il fut blessé dans la lutte. Les Jacobins et les faubourgs, repoussés, revinrent encore à la charge le 1er prairial (20 juillet 1795) ; ils envahirent la Convention et massacrèrent le député Féraud. Les sections fidèles les balayèrent. La Convention qui avait déjà envoyé à l'échafaud Carrier, accusé au nom des Nantais par Phélipes-Tronjolly ; Lebon, Fouquier-Tinville et plusieurs autres, destina au même supplice, Romme, Goujon, Duquesnoy, Bourbotte, et à la déportation, Barrère, Collot-d'Herbois, Billaud-Varennes.

Après avoir ainsi détruit les terroristes, elle crut assurer l'avenir à la République par la Constitution de l'an III. Cette Constitution confiait la France à un gouvernement composé d'un pouvoir exécutif appelé Directoire et formé de cinq membres, et d'un pouvoir législatif à deux conseils, le conseil des Cinq-cents qui proposerait les lois, le conseil des Anciens qui aurait pour fonctions de les examiner et de les sanctionner. La Convention, dans le but de faire travailler, même après elle, par des mains expérimentées, à l'affermissement de ce qu'elle venait d'instituer, imposa au Corps électoral l'obligation de choisir, parmi les anciens conventionnels, les deux tiers du nouveau Corps législatif; c'était une mesure de précaution prise contre l'arrivée possible aux affaires d'un trop grand nombre de royalistes; mais c'était aussi une mesure illégale, par conséquent fâcheuse. Aucun pouvoir en effet n'a le droit d'imposer aux électeurs une catégorie de candidats. Une République, en faveur de laquelle il fallait prendre de telles précautions, n'était pas née viable. Les Royalistes avoués et secrets, crièrent à l'oppression ; un certain nombre de sections de Paris, sans se douter qu'elles faisaient le jeu des royalistes, crièrent avec eux. De là, l'insurrection du 13 vendémiaire qui fut écrasée par Bonaparte sur les marches de l'église Saint-Roch. La Convention put transmettre librement au Directoire la succession des pouvoirs publics.

Le pays avait conservé une haine violente contre tout ce qui rappelait la Terreur. Il manifesta son horreur pour les *hommes de sang*, et en même temps, son attachement à la République, de la manière la plus éclatante. Lanjuinais, célèbre depuis le 31 mai, était l'homme dont les opinions répondaient le mieux au sentiment général ; il fut élu par soixante-treize départements, et dans presque tous, le premier sur la liste. On s'attendait, après une telle manifestation, à ce qu'il fût porté au Directoire. Mais, les Conseils se crurent plus sages que la nation, et considérant qu'il n'avait point voté la mort de Louis XVI, jugèrent prudent de le reléguer aux Anciens. Le tiers des députés que la Convention laissa au pays la faculté de choisir, fut presque tout composé de républicains modérés qui firent opposition au Directoire. Carnot, quoiqu'il fût lui-même directeur, se mit à la tête de cette opposition. Les royalistes redoublèrent leurs intrigues, entrèrent dans le mouvement, et poussèrent au renversement du Directoire, dans l'espérance de rétablir la royauté. En l'an V, l'un des deux tiers des conventionnels, qui en vertu de la constitution siégeait aux Anciens et aux Cinq-cents, dut légalement se retirer; les élections nouvelles envoyèrent aux Conseils une immense majorité de Républicains modérés, de plus en plus hostiles au Directoire. Les Royalistes qui comptaient aussi des partisans parmi ces députés, crurent venu le moment de leur triomphe. Le Directoire allait être infailliblement renversé, sous le vote légal des représentants du pays. Il est plus que probable que les Royalistes n'auraient point profité de ce renversement. Néanmoins, le Directoire, redoutant le rétablissement du trône, ou tout au moins une guerre civile, se résolut à employer pour se sauver, le moyen ordinaire des partis ; ce moyen est l'insurrection quand ils ambitionnent violemment le pouvoir, le coup d'Etat, quand ils y sont, et qu'ils veulent y rester à tout prix. Le Directoire n'hésita pas à employer la ressource coupable du coup d'Etat. Il faut cependant faire une atténuation en faveur de Larévellière-Lépaux et de Rewbell, les deux principaux auteurs du 18 fructidor ; prêts à quitter le pouvoir au terme marqué par la Constitution, ils agirent avec désintéressement et dans le but unique de sauver la République. Au 31 mai et au 2 juin, les Montagnards s'étaient servis contre la Convention des Jacobins et du peuple des faubourgs. Au 18 fructidor, Larévellière, Rewbell et Barras, se servirent contre les Conseils, de l'armée qui était toute républicaine ; sur leur ordre, Augereau entoura de troupes les Anciens et les Cinq-cents. Cinquante-huit députés, deux Directeurs, dont Carnot, chef des Républicains modérés, et Barthélemy, chef des Royalistes, plusieurs citoyens, furent arrêtés, puis déportés. Les opérations électorales de quarante-huit départements furent cassées ; de ce nombre étaient celles des Côtes-du-Nord, de l'Ille-et-Vilaine et du Morbihan.

Aussitôt les lois rigoureuses contre les émigrés et les prêtres furent remises en vigueur, les chefs de la chouannerie, qui avaient partagé les espérances et les illusions de leurs corréligionnaires politiques, saisirent dans l'Ouest le prétexte de ce renouvellement de persécution, pour exciter de nouveaux troubles. L'institution de la fête du 21 janvier, en commémoration de la mort de Louis XIV, fut aussi une cause de vive agitation. Cadoudal, croyant le moment favorable, revint d'Angleterre après avoir reçu des princes la charge de commandant en chef des départements du Finisterre, des Côtes-du-Nord et du Morbihan. Une prise d'armes eut lieu, qui fut presque aussi rude que celle de 1793; mais la terreur inspirée par les Républicains des villes aux habitants des campagnes, durait encore. Les Chouans osèrent rarement se montrer le jour; ils prirent pour auxiliaires les ombres de la nuit, et grâce à des précautions infinies, ils parvinrent par d'heureux coups de surprise à pénétrer dans quelques villes ; mais chaque fois, avant même que les Républicains eussent eu le temps de se concerter, il suffit des premières lueurs de l'aube pour déterminer les assaillants à une retraite précipitée. Nantes fut ainsi surprise en vendémiaire, l'an VIII, par trois mille Chouans conduits par le comte de Châtillon ; l'épaisseur de la nuit et du brouillard favorisa le coup de main. La ville ne sachant à quelles forces elle avait affaire, était dans la confusion. Les Chouans en profitèrent pour délivrer de prison un certain nombre des leurs et pour massacrer quelques nationaux qui coururent isolément aux armes. Quand le brouillard commença à se dissiper, les Chouans disparurent, laissant la grande cité plus humiliée qu'endommagée.

Saint-Brieuc, dans le Nord, fut surpris de la même manière. L'opération fut conduite avec une très-grande habileté. Les bandes de Le Mercier, du Morbihan, réunies dans la forêt de Quenécan, près de Mur, joignirent les bandes de la forêt de Lorges commandées par Saint-Régeant. Les Chouans, divisés par groupes de soixante à quatre-vingts hommes, se cachaient le jour et marchaient la nuit. Ils arrivèrent en vue de Saint-Brieuc dans la nuit du 4 brumaire. A deux heures du matin, ils pénétrèrent par plusieurs points dans la ville, après avoir refoulé les postes et massacré les sentinelles. Ils faisaient feu sur toutes les fenêtres qui s'ouvraient. Un de leurs détachements entra dans la caserne où logeait la garnison ; quelques officiers pénétrèrent même dans les chambres, et, le pistolet au poing, tinrent quelque temps les soldats cloués sur leurs lits ; ceux-ci à la fin, indignés, sautèrent sur leurs fusils, refoulèrent les Chouans hors de la caserne et entretinrent avec eux une fusillade qui dura toute la nuit. Sur les autres points de la ville, quelques citoyens n'écoutant que la voix du devoir, étaient sortis de leurs demeures les armes à la main. Frappés aussitôt par les balles des Chouans, ils tombèrent victimes de leur courage. Il se produisit à cette occasion un de ces traits tels que la vie des peuples en présente souvent et que l'histoire doit soigneusement enregister. Le procureur de la Commune, Poulain de Corbion, au bruit des premiers coups de feu, sortit sans hésiter, accompagné de ses deux fils, pour se rendre à son poste, l'Hôtel-de-Ville. Arrivé sur la place, il fut tout à coup environné d'une troupe de Chouans qui le reconnurent. Vingt fusils s'abattent sur sa poitrine : « Crie *Vive le Roi!* lui dit-on ; et livre-nous les clefs de la poudrière ! » — « Vive la République ! » répond d'une voix forte le procureur de la Commune. Les Chouans lui enfoncent aussitôt leurs baïonnettes dans le corps. Le nom de Poulain de Corbion devra toujours être cité à côté de celui du chevalier d'Assas.

Les archives du département, la poudrière, une pièce de canon, les chevaux de la remonte tombèrent aux mains des rebelles. Ils délivrèrent dans les prisons deux cent quarante-sept Royalistes dont plusieurs étaient à la veille de monter sur l'échafaud. Mais ils oublièrent la caisse qui contenait les fonds publics ; l'officier chargé de cette opération passa, il parait, la nuit à s'enivrer. Au point du jour, la ville fut promptement évacuée. Les Chouans avaient, grâce aux ombres de la nuit, perdu seulement neuf hommes; ils avaient tué ou blessé une quarantaine d'habitants. Les soldats et les gendarmes poursuivirent quelque temps leur arrière-garde qui s'était attardée, et qui, à la Ville-Grohan, parvint à s'esquiver dans les bois. Les Républicains, toutefois, ne voulurent pas laisser impuni un acte aussi audacieux. Ils organisèrent une colonne composée des gardes nationales de Saint-Brieuc et de Lamballe, renforcées d'un détachement de cent quatre-vingts carabiniers de la 32e demi-brigade. Ces forces pénétrèrent hardiment dans la forêt de Lorges et s'avancèrent jusqu'au château occupé par Saint-Régeant et ses Chouans. Un vif engagement eut lieu; les Chouans tiraient par les fenêtres, mais ils ne tinrent pas longtemps; après une fusillade d'une demi-heure, ils évacuèrent le château, laissant quinze morts sur le champ du combat, et se dispersèrent dans la forêt. Cet acte de vigueur prouvait une fois de plus quels résultats on pouvait attendre de l'initiative des villes bretonnes et quel avantage aurait pu retirer la France d'une sage organisation des forces locales.

Dans la Loire-Inférieure, les petites localités de Pont-Château, Bain, Châteaubriant ; dans le Morbihan, Locminé, Roche-Sauveur, Sarzeau, Port-Navalo, Muzillac, Landevant, furent tour à tour enlevés et abandonnés par les Chouans. Des localités plus fortes, Redon, Guérande et Vannes, furent vivement menacées. Les vaisseaux anglais parurent encore sur les côtes du Morbihan et débarquèrent vingt mille fusils, quatre canons, des obusiers, de l'or, des équipements. Le général Harty mit sur pied les troupes de Vannes, mais Cadoudal avait déjà recueilli ces armes et ces effets. Il les dirigea sous bonne escorte dans l'intérieur du département, en les faisant passer par la forêt d'Elven. Harty, trompé sur la direction qu'avait prise le convoi, ne put qu'échanger avec les Chouans quelques coups de feu insignifiants.

A ce moment, un grand changement s'accomplissait dans la situation politique de la France. Le coup d'Etat du 18 fructidor, quoique dirigé contre les Royalistes, avait jeté dans les esprits un pénible malaise. Beaucoup de Français, même républicains, dégoûtés de n'assister qu'à une éternelle violation de la loi, avaient cessé de prendre part aux luttes politiques. Par suite de cette abstention, les élections de l'an VI envoyèrent aux Conseils une majorité de députés patriotes, c'est-à-dire, décidés à ramener la Révolution dans les voies rigoureuses. Le Directoire craignit le retour de la Terreur; un acte d'autorité injustifiable cassa, le 22 floréal, les élections des patriotes et valida la nomination de leurs concurrents, bien que ceux-ci n'eussent obtenu que la minorité. La conduite du Directoire, indice d'une incurable faiblesse, fut attaquée par tous les partis. Au 30 prairial, les Conseils violant à son exemple et contre lui la Constitution, forcèrent trois de ses membres, Treilhard, Larévellière et Merlin de Douai, à donner leur démission. Un pays, où une une pareille succession de faits est possible, roule aux abimes. Dans ces circonstances se présenta un homme qui, le faisant reculer quelque temps sur la pente, ne devait cependant l'élever au sommet que pour mieux l'en précipiter.

De tous les souvenirs de cette époque si troublée, l'un des plus glorieux et des plus purs, est évidemment celui qu'auront laissé les armées partout victorieuses de la République, composées de soldats-citoyens presque tous sortis de cette belle et grande fédération française si malheureusement et si prématurément détruite. Du sein de ces armées s'élevèrent de grands généraux dont l'épée sans tache ne fut longtemps qu'un instrument aux mains de la patrie. C'étaient Hoche, Marceau, Kléber, Masséna, Dugommier, Joubert, Moreau, l'ancien fédéré, devenu célèbre par d'admirables retraites et de solides victoires. La Bretagne eut aussi l'honneur de fournir le type de ces soldats républicains aujourd'hui légendaires, le brave Latour-d'Auvergne, qui, après avoir commandé aux Pyrénées la fameuse colonne infernale, terreur des Espagnols, retiré ensuite dans la petite ville de Carhaix, sa ville natale, où il se livrait à de savants travaux sur les langues celtiques, prit en 1796, à l'âge de cinquante-deux ans, le hâvre-sac et la giberne du simple soldat, afin de remplacer le dernier fils de son ami Le Brigant, appelé aux armées par la conscription. Il refusa constamment d'avancer en grade et ne voulut même pas accepter le titre de *premier grenadier de France* qui n'a jamais été décerné qu'à lui seul. Il fut tué au combat d'Oberhausen, en Bavière. Longtemps dans son régiment, on porta son cœur dans une petite boite en métal attachée à la hampe du drapeau. A l'appel des hommes, on ne manquait jamais de prononcer son nom comme s'il eût été encore vivant; un brave répondait pour lui : « Mort au champ d'honneur! »

Parmi ces généraux et ces soldats, il y en eut un dont le génie et les victoires incomparables fixèrent particulièrement les regards de la France et de l'Europe. C'était Bonaparte. Celui-là aspira à jouer le premier rôle dans son pays, ambition funeste; car dans une République, un vrai citoyen n'aspire avant tout qu'à faire son devoir. A son retour d'Egypte, Bonaparte trouva la France victorieuse au dehors, mais profondément divisée et impuissante à l'intérieur.

Chaque parti essaya d'attirer dans ses rangs le général victorieux. Il repoussa leurs offres. Enfin, d'accord avec les principaux chefs de l'armée, et, il faut bien le dire, avec l'immense majorité du peuple français, il dirigea contre le gouvernement de son pays, un coup semblable à celui des Montagnards au 31 mai, du Directoire au 18 fructidor et au 22 floréal, des Conseils au 30 prairial. Le 18 brumaire, à la tête des troupes, il entra aux Anciens qui se retirèrent volontairement et dispersa par la force les Cinq-cents qui résistaient. Cet acte ne coûta pas une goutte de sang ; les besoins des partis à l'époque où nous sommes, en ont fait un crime abominable ; il l'est, en effet, mais au même titre que ceux qui l'ont précédé ; il est peut-être même moins répréhensible que le premier de tous ces actes, celui du 31 mai 1793, qui a ouvert la funeste série en fournissant aux despotes à venir, l'autorité d'un précédent ; en aucun cas, il ne peut être permis de violer les lois ; un peuple où l'on ne peut établir quelques périodes de stabilité ou de sécurité, qu'à l'aide de coups de violence, quelque vernis dont il soit décoré, ne sera jamais dans l'humanité qu'une horde brillante.

La République ne fut pas encore anéantie par le dix-huit brumaire ; on lui donna pour sommet gouvernemental un Consulat où Bonaparte eut la prééminence. Cet homme qui venait de renverser par un coup d'Etat un gouvernement dont l'existence ne s'était prolongée qu'à force de coups d'Etat, était capable cependant d'inaugurer pour la France une période de prospérité et de grandeur qui durerait peut-être encore ; mais il devait subir jusqu'au bout le vice de son origine : élevé par la violence, il était condamné à ne plus considérer dans tout le cours de sa vie que la violence comme moyen de réussite jusqu'au jour où frappé par un juste retour il tomberait victime de ses propres excès. Les entreprises des ennemis de la République contribuèrent à le pousser dans la voie fatale au bout de laquelle il devait trouver la ruine. Les Royalistes le considérant désormais comme l'unique obstacle au rétablissement du trône, tentèrent de l'assasiner. Saint-Régeant, le chef des Chouans qui avaient surpris Saint-Brieuc, organisa contre lui la machine infernale. Trois millions cinq cent soixante-huit mille huit cent quatre-vingt-cinq suffrages contre onze mille six cent vingt-six répondirent à cette lâche tentative en décernant au chef du pouvoir le Consulat à vie avec le droit de se choisir un successeur. Bonaparte dont la confiance en son génie était illimitée, ne douta pas, ainsi que la France du reste, que ses facultés iraient croissant avec sa vie, et qu'il serait constamment en état de résoudre, à l'aide de sa seule intelligence, les difficultés de toutes sortes qui, jusqu'au jour de sa mort pourraient se présenter. Orgueilleux et présomptueux, il eut la faiblesse d'accepter l'offre de ce peuple devenu servile. Un nouveau complot vint tout précipiter. Les Royalistes l'organisèrent encore. Moreau, dans le but de servir la République, commit la faute de s'y laisser impliquer par Pichegru, un de ces produits exceptionnels que la nation française, mélange d'or et de fumier, jette de temps en temps au mépris du monde. Ce complot fut découvert. Pichegru qui, bien qu'il se fût vendu à l'étranger, tenait encore aux apparences de l'honneur, se donna la mort de ses propres mains. Cadoudal, le Chouan indomptable, autre âme de la conjuration, fut guillotiné. Moreau, aussi honteux que surpris de se trouver en pareille compagnie, fut condamné à deux ans de prison, et reçut la permission de s'exiler aux Etats-Unis.

Cette tentative affermit celui qui en était l'objet et donna le coup de grâce à la République expirante. Le Sénat et le peuple firent de Bonaparte un empereur. Ainsi, cet homme, du rang honorable de citoyen, s'était laissé abattre par degrés au rang de souverain despotique. Il n'y eut plus alors en France qu'une pensée, qu'une volonté, celle de Napoléon. Parmi les rares oppositions qui se produisirent contre l'installation de ce nouveau système de dictature, il faut citer celle de Lanjuinais. Lanjuinais, député aux Anciens, comme nous l'avons vu, par soixante-treize départements, faisait partie du premier tiers de la Convention qui dut se retirer aux élections de l'an VI pour faire place à de nouveaux élus. A son retour dans sa ville natale il trouva bien du changement : les élégants qui, sous la Terreur, avaient été si heureux d'avoir à la tête du conseil municipal le tailleur Leperdit pour les garantir contre les farouches vengeances de Carrier, lorsque le temps des plaisirs et des fêtes fut revenu, trouvèrent fâcheux que la première charge de la cité fût tenue par un homme d'une condition si ordinaire; Leperdit comprit et se retira. Les Républicains perdirent peu à peu du terrain et bientôt il se forma dans la ville une majorité royaliste. Lanjuinais continua cependant par des articles de journaux à défendre vigoureusement la République. Lorsque le consulat eût été institué, il fut élu sénateur : il vota contre le consulat à vie; il vota de même contre l'empire, et bien qu'il eût pris un jour fantaisie au maître de le nommer *comte*, titre frivole que la grandeur de son caractère n'aurait pas dû lui permettre d'accepter, il protesta constamment par son abstention et son silence contre le despotisme impérial.

Une autre opposition fut celle de Châteaubriand, l'un des plus grands écrivains que la Bretagne ait donnés à la France; libéral par l'esprit, royaliste par le cœur, il repoussa avec mépris les faveurs impériales qui cherchaient à s'abattre sur lui et préféra conserver sa fière indépendance. L'ancien maire de Rennes également, Leperdit, demeuré après sa démission conseiller municipal, ne put se résoudre à courber le front devant le maître de l'Europe. Nommé par ses concitoyens membre d'une commission qui fut chargée de se rendre à Nantes pour y recevoir l'empereur à un voyage qu'il fit dans l'Ouest, Leperdit se montra aussi insensible aux caresses de Napoléon qu'il l'avait été aux menaces de Carrier. L'empereur l'attirant dans l'embrasure d'une fenêtre, affecta de causer familièrement avec lui et lui donna à entendre que les services qu'il avait rendus étaient à la hauteur d'une croix de la Légion d'honneur ; Leperdit dédaigna de la demander.

La France s'étant donc personnifiée presque entière dans un seul homme, l'esprit d'initiative, dans les groupes de population comme dans les individus, fut complètement éteint. La Bretagne, où Brune avait vaincu les derniers efforts de la chouannerie, la Bretagne, en tant que province agissante, fut absolument morte pendant toute la durée du règne. Les villes maritimes seules trouvèrent par la force des choses, dans la guerre avec l'Angleterre, l'occasion de déployer une brillante initiative. Tandis que la marine impériale fait dans les rencontres avec les flottes anglaises la plus triste figure, des entreprises particulières réussissent, causent au commerce anglais des dommages irréparables. Chaque port de Bretagne devient un nid à corsaires. Nantes, Lorient, Brest, Morlaix, Saint-Malo, arment à l'envi, et s'enrichissent aux dépens des négociants anglais. Leurs légers et terribles navires, montés par des marins sans pareils, sillonnent la Manche, l'Océan, les mers des Indes. L'histoire doit retenir les noms des principaux capitaines corsaires de cette époque : Allagousse, François, Gautreau, Pinaud, de Nantes ; Jean Dutertre, le second des corsaires bretons, l'émule et le compagnon de gloire de Surcouf, de Lorient ; Gallais, de Brest ; Garnier, Lemême, Leroux, Mallerousse, Potier, Robert Surcouf, de Saint-Malo. Nous ne saurions raconter ici toutes les actions héroïques de ces hommes intrépides ; une seule d'entre elles accomplie en des temps ordinaires suffirait pour porter son auteur à l'immortalité. Nous renvoyons les lecteurs désireux de connaître leurs exploits aux histoires des Corsaires français sous la République et sous l'Empire, déjà connues. Mais le plus intrépide, le plus renommé de ces marins est sans contredit Surcouf. Pour trouver une existence comparable à la sienne, il faut entrer dans le domaine de l'imagination et lire les récits extraordinaires de nos romans modernes. Là seulement on retrouve des actes analogues à ceux qu'a accomplis Surcouf ; encore l'esprit inventif du romancier est-il souvent resté au-dessous de la réalité. Voici, du reste, un des plus fameux exploits du marin breton ; c'est à la fois son coup d'essai et son coup de maître.

En 1796, Surcouf, qui n'avait encore que vingt-deux ans, commandait dans le golfe du Bengale un petit corsaire, le *Cartier*, armé seulement de quatre canons et monté par dix-neuf hommes d'équipage. Il venait de capturer un navire de commerce la *Diana*, et retournait à l'Ile-de-France avec sa prise. La vigie signala une voile ; le corsaire cingla aussitôt dans la direction ; une brume empêchait de distinguer parfaitement les objets. Bientôt on reconnut que l'on était en présence d'un vaisseau de guerre ; il était un peu tard pour échapper. Surcouf se hâta de hisser le pavillon anglais et continua d'approcher : il espérait que le navire serait monté par des Pallicares ; en ce cas il était décidé à tenter l'attaque. Mais hélas ! le vaisseau était couvert de matelots européens qui se pressaient tous sur le pont, et ses sabords étaient armés de vingt-six canons, sans compter les pierriers en batterie à l'avant et à l'arrière. C'était le *Triton*, fort vaisseau de la compagnie des Indes. Surcouf assembla ses dix-neuf matelots : « Aimez-vous mieux mourir, leur dit-il, ou préférez-vous vous déshonorer en vous rendant sans combattre? — Vaincre ou périr! répondirent les dix-neuf héros. — Eh bien! ajouta Surcouf, que ce vaisseau devienne notre tombeau ou le berceau de notre gloire! » Le *Cartier* est déjà plus qu'à portée de la voix du *Triton*. Tout à coup Surcouf fait descendre le pavillon anglais, et les couleurs de la République montent dans les airs. En même temps les quatre canons du *Cartier* crachent leurs boulets contre le vaisseau ennemi. A cette attaque imprévue, les Anglais qui couvraient le pont se précipitent confusément dans la batterie pour courir à leurs pièces. Prompt comme l'éclair, le petit navire français aborde le *Triton*, et près du géant il paraît comme une coque de noix. En un clin d'œil cependant, par les mâts, par les cordages, Surcouf et dix-sept des siens (deux sont restés à la garde du corsaire) arrivent sur le pont de l'Anglais, tuent le capitaine, et forcent ceux des matelots qui n'ont pas gagné la batterie à rejoindre leurs compagnons. Maîtres du pont, les Français ferment les écoutilles et se partagent les quatre ou cinq ouvertures par où l'ennemi revenu de sa surprise peut tenter de reparaître : cent cinquante Anglais, pris comme dans une ratière, rugissent dans l'entrepont; un ou deux hommes à peine pourraient passer à la fois par les issues; tous ceux qui se présentent tombent foudroyés sous les balles des Français qui les guettent. Les Anglais, désespérés, font tonner leurs canons; les boulets passent inoffensifs par-dessus le *Cartier* trop petit, collé sous le vaisseau comme un oiseau-mouche aux flancs d'un vautour. C'est un singulier spectacle que ces dix-neuf Français au milieu de l'Océan, maîtres de leurs cent cinquante ennemis, spectacle à peine croyable si les journaux anglais n'en avaient eux-mêmes avec humiliation rapporté les détails. Les Anglais épuisés, et ne pouvant juger du nombre infime de leurs adversaires, se rendent enfin, et viennent deux par deux présenter leurs mains sans armes à leurs fragiles vainqueurs. Aussitôt le pavillon tricolore monte au bout des mâts remplacer les couleurs de l'orgueilleuse Angleterre. Cette conquête avait coûté aux Français un tué et un blessé. Surcouf, embarrassé de ses nombreux prisonniers, les confia au premier navire neutre qu'il rencontra, en obtenant d'eux l'engagement sur l'honneur de ne pas servir d'un an contre la République; quelques jours après le petit *Cartier* suivi de l'énorme *Triton* entrait triomphalement à l'Ile-de-France.

Surcouf s'illustra sous le consulat et sous l'empire par des exploits non moins brillants. On aura peine à croire que, victime de la jalousie ou de l'imbécilité des subalternes de l'Ile-de-France, il dut accomplir deux fois le voyage de Paris pour obtenir la restitution des prises commerciales qu'il avait faites et qui, deux fois lui avaient été confisquées. Il obtint chaque fois gain de cause. Napoléon chercha à se l'attacher et lui proposa de mettre deux bâtiments sous ses ordres avec un commandement dans la marine de l'Etat. Surcouf, préférant conserver son indépendance, refusa ; mais il accepta la croix de la Légion d'honneur. Retiré à Saint-Malo il continua d'y organiser librement des expéditions qui furent la terreur du commerce anglais.

L'empereur, dit-on, lui demanda ce qu'il ferait à sa place pour rendre la marine française en état de lutter contre celle de l'Angleterre. — « A votre place, sire, répondit Surcouf, je brûlerais tous mes vaisseaux de ligne ; je ne livrerais jamais de combat aux flottes et aux escadres britanniques ; mais je lancerais sur toutes les mers une multitude de frégates et de bâtiments légers qui auraient bientôt anéanti le commerce maritime de notre rivale et la mettraient ainsi à notre discrétion. » Ce moyen énergique, que l'on commence à admettre aujourd'hui après l'exemple de l'Amérique, ne fut pas alors compris.

Maître de la France, l'empereur avait reporté sur l'Europe les effets de son ambition dévorante. Son lourd despotisme pesait horriblement sur les nations vaincues ; elles se soulevèrent toutes à la fois après la désastreuse expédition de Russie. L'année 1814 vit les armées européennes pénétrer au cœur de la France, battre l'empereur dont le prodigieux génie militaire fut impuissant contre le nombre, et prendre Paris. De honteuses défaillances particulières accompagnèrent la chûte du maître : son vil Sénat qui se mettait le ventre à terre au temps de sa splendeur se hâta de le déclarer déchu, sur la proposition de Lambrechts et de Lanjuinais; celui-là du moins avait eu le mérite d'être opposant dans la splendeur comme dans la disgrâce. Plusieurs maréchaux que l'empereur avait comblés de titres et d'argent l'abandonnèrent prématurément lorsqu'ils virent qu'ils n'avaient plus rien à attendre de lui. Les despotes étrangers rétablirent au timon de la France la famille des Bourbons dont le nom même était sorti de sa mémoire, et les femmes et les filles des anciens émigrés courant au jardin des Tuileries, y dansèrent publiquement avec les Cosaques aux visages touffus. En même temps, cette partie du territoire français que la nature a étendue jusqu'au Rhin, et dont les populations, sous la République, avaient accueilli favorablement l'union à la France, nous était arrachée. La nation française, horriblement épuisée par les guerres interminables de l'empire, se résigna à supporter les Bourbons, en faveur du régime libéral qu'ils promettaient d'appliquer à la guérison de ses plaies. Mais bientôt les nobles, les émigrés, les courtisans, les prêtres, parlèrent en maîtres et firent prendre des mesures qui annonçaient un prompt retour au régime exécré détruit par la Révolution. Une longue explosion d'indignation retentit par toute la France. Napoléon, confiné à l'Ile d'Elbe par les souverains, mais attentif, débarqua sur le sol français : il revenait promettant la liberté et reconnaissant que tout son règne, basé sur l'omnipotence d'un seul, n'avait été qu'une longue erreur. La France, délirante, croyant retrouver à la fois la puissance et cette liberté pour laquelle elle avait versé tant de sang, lui fit un accueil triomphal. Les Bourbons retournèrent précipitamment dans l'exil. L'Europe épouvantée, et injuste cette fois, revint sur nous avec toutes ses armées. Pour comble de maux les anciennes populations insurgées de l'Ouest s'agitèrent de manière à faire présager une insurrection nouvelle. Sous le coup de la guerre étrangère et de la guerre civile la France moderne, vieillie, brisée par vingt années de luttes terribles, se redressa cependant comme aux grands jours de sa jeunesse.

Ce fut encore la Bretagne qui donna le signal. Les jeunes gens de Rennes adressèrent un appel à leurs camarades de toutes les villes de la province. Les jeunes Nantais courant aux armes, répondirent les premiers par l'adresse suivante :

« Braves Rennais, la cause de la patrie nous réunit il y a vingt-six ans ; la même cause doit nous réunir aujourd'hui. »

« Les débris d'un parti qui naguère voulait courber nos fronts sous le joug humiliant des préjugés que nous avons détruits, s'agitent et paraissent nous menacer. Calculant sur la possibilité d'une guerre étrangère, et sur l'absence de notre invincible armée, les nobles et leurs esclaves se flattent de nous redonner des fers, ils rêvent encore notre avilissement !

« Bretons, pressons-nous autour du grand homme qui fit si longtemps la gloire de la France et qui nous promet son bonheur.

« Le gouvernement des Bourbons marchait à l'anéantissement de toutes les idées libérales. La porte de l'avancement se fermait pournosfils. Encore une génération, et les plébéiens retombaient sous l'inquisition des moines et la tyrannie des nobles. Napoléon vient nous réintégrer dans nos droits. Déjà sa présence a consolidé les propriétés, ramené la tolérance, et effacé cette noblesse orgueilleuse et héréditaire, la honte de la civilisation.

« Rennais! Amis! En attendant cette constitution libérale qui doit rallier tous les Français redevenus égaux et asseoir la société sur des bases désormais inébranlables, unissons-nous pour rendre inutiles les efforts de la malveillance.

« MM. Colombel, Chevalier, Tartoue, Prou, Verrier, Drouet, nos députés, sont chargés de l'honorable mission de renouveler notre ancien pacte d'alliance, et de régulariser de concert avec vous les mesures que commandent les circonstances et l'intérêt commun.

« Vos amis les Nantais! »

Les députés de Nantes furent reçus à Rennes, le 22 avril 1815 par une foule immense, ayant musique en tête, et aux cris de : « Vive l'empereur! » Le préfet crut devoir s'assurer que les sentiments étaient de part et d'autres *tels qu'on pouvait le désirer*, et ce constaté, l'autorité put laisser un libre cours à cet élan patriotique. Le dimanche 23, dans une réunion considérable, les commissaires nantais déposèrent sur le bureau l'adresse ci-dessus de leurs commettants. On discuta les bases d'un pacte fédératif, *à l'imitation de celui que la Bretagne signa à Pontivy en 1790.* Sur le bruit de cette réunion, des commissaires du Morbihan partirent de Vannes *avec l'agrément du préfet,* pour se réunir à leurs amis de Rennes et de Nantes. Blin, de Rennes, accepta la présidence de l'assemblée afin de régulariser les opérations. Dans la nuit, le Pacte fédératif, « destiné à unir tous les bons Français des cinq départements de la Bretagne, pour la défense de la patrie, de sa liberté, de ses constitutions, et de l'Empereur, » fut rédigé et adopté le lendemain avec enthousiasme. Voici en quels termes il était conçu : nous le reproduisons tout entier malgré sa longueur, car il donne un exposé parfait de la situation politique de la France à ce moment terrible où elle allait être précipitée de nouveau et pour de longues années dans les profondeurs du plus sombre abîme.

PACTE FÉDÉRATIF

PROPOSÉ AUX CINQ DÉPARTEMENTS DE LA BRETAGNE.

« Vingt-cinq ans se sont écoulés depuis que nos aînés se sont confédérés pour la conquête de la liberté. La Bretagne a eu la gloire de donner le signal.

« Nos droits, nos libertés, nos prérogatives, le prix de tant de sang généreusement versé, la récompense de tant d'exploits immortels, — encore quelques jours, — tout était ravi, tout, jusqu'à l'honneur. De citoyens nous devenions vassaux, d'hommes libres nous devenions esclaves.

« La nation a frémi : l'armée entière, unanime dans ses vœux, inébranlable dans sa fidélité ; cette armée qu'on a pu trahir, mais jamais vaincre ; cette armée dont la gloire était importune ; ces vétérans couverts de cicatrices, qui s'indignaient de la prostitution de leurs honneurs ; ces guerriers, qui virent tout à la fois, par un crime inouï dans l'histoire cinquante forteresses rendues à l'ennemi sans combats ; nos canons, nos vaisseaux, nos plus riches chantiers livrés sans compensation ; le domaine des héros, la plus légitime, la plus sainte de toutes les propriétés, qu'avaient garanti dix traités solennels, abandonné sans qu'on ait daigné consacrer à sa défense une seule ligne diplomatique ; trente mille officiers éprouvés dans tant de batailles, chassés pour faire place à des hommes qui, pour états de services, offraient vingt-cinq ans de nullité, quelques jours d'émigration pour dix campagnes de guerre ; la trahison récompensée comme une vertu, et l'étoile des braves brillant sur le sein de tel homme dont les mains dégouttaient encore du sang de ses concitoyens égorgés sans défense.

« Non, l'armée n'a pu rester insensible à tant d'ignominie ; la nation n'a pu vouloir devenir la fable et la risée de tous les peuples, reprendre les plus indignes fers, se remettre sous le joug le plus honteux, déchirer ses priviléges, fouler aux pieds ses droits imprescriptibles, et consentir à passer pour un attroupement, pendant vingt ans en état de révolte et de sédition.

« Ainsi, la nation n'avait qu'un vœu, et le même cri s'est élancé des cités et des garnisons, des bourgs et des camps, dès le moment où le libérateur s'est montré.

« S'il eût tardé, l'impatience nationale ne l'eût pas attendu ; la mesure était à son comble. Quel événement ! Quelle marche ! Quelle course triomphale ! Quel spectacle au monde ! Napoléon paraît, la nation est affranchie, l'armée reprend son attitude, et la gloire plane avec l'aigle impérial et la liberté, sur la France dans l'ivresse.

« Mais on dit, Bretons, que la guerre étrangère nous menace. Quels traités avons-nous violés? Quel territoire avons-nous envahi ? Quels outrages ont reçus de nous les peuples voisins? Avons-nous tenté des conquêtes, et le drapeau tricolore flotte-t-il sur le Rhin ? Non. La main qui si souvent lança nos héros au milieu des peuples ennemis, retient et enchaîne leur valeur sur nos anciennes limites. Ne sommes-nous donc plus une nation souveraine et indépendante? Avons-nous moins que nos pères le droit d'élever sur le pavois le guerrier que nous voulons pour monarque? La nation n'a-t-elle pas dit quatre fois à Napoléon de la gouverner et de régner sur elle? Tous les peuples ne l'ont-ils pas salué du nom d'Empereur et d'Auguste? Le sang des rois ne s'est-il pas confondu avec celui de l'homme de notre choix? Ses droits, ceux de son fils ne sont-ils pas les nôtres? L'huile sainte n'a-t-elle pas été répandue sur sa tête? Sa dynastie n'est-elle pas notre ouvrage? N'est-elle pas consacrée par notre volonté, par quatre millions de votes authentiques, quinze ans de victoires, et surtout par ce dernier triomphe, le plus beau de tous, où pendant qu'une cour éphémère abandonnée, fuit en secouant des torches incendiaires, le peuple et l'armée portent leur monarque dans la capitale qu'il a couverte de trophées, et jusqu'au palais qu'il a rempli de si grands souvenirs? Pharamond, Clovis, Charlemagne, les Capets ont-ils été par d'autres voies faits monarques de la France? Est-il un seul de ces chefs de dynastie dont l'histoire offre une légitimité plus incontestable? Quoi! Nous serions moins libres qu'au cinquième, au septième, au neuvième, au dixième siècle? Ne sommes-nous plus les fils des Francs et des Gaulois? Nos pères nous ont-ils vendus comme un vil troupeau? Sommes-nous la propriéte d'une famille? S'il existait encore un rejeton des Stuarts, l'Europe devrait-elle déclarer la guerre à la Grande-Bretagne pour le replacer sur le trône?

« C'est trop... l'Europe est éclairée, et ses souverains, dans cette grande époque, se montreront dignes de leur siècle. Mais si nos vœux étaient trompés, s'il fallait que la France reprît les armes, la guerre et la victoire scelleraient pour toujours des droits que nous tenons de Dieu et de nos épées; la guerre serait nationale, et la victoire, aussi prompte que la nécessité de vaincre, serait impérieuse.

« Nous, jeunes Bretons, fils de pères qui nous ont légué un précieux héritage à défendre, et dont les frères aînés mûris par vingt-cinq ans de vicissitudes, sont encore là pour nous guider et marcher à notre tête : nous avons, pour le bien de la France, pour celui de ses contrées, de cette Bretagne qui nous est si chère, des devoirs à remplir, des engagements à contracter.

« Notre pays a longtemps souffert ; et ici, plus qu'ailleurs, s'est efforcé avec plus d'opiniâtreté de nous accabler, le système féodal, dont les rameaux, naguère prêts à se réunir, sont à jamais dispersés et brisés.

« On dit (mais nous repoussons cette pensée) qu'il est de nos concitoyens qui appellent l'étranger et rêvent la dévastation de leur patrie. On dit que la guerre civile deviendrait son affreuse auxiliaire.

« Non, la guerre civile que tout l'or, toute la puissance de la cour n'ont pu rallumer, dont la présence de ses princes n'a pu exciter la moindre étincelle, n'éclatera pas dans nos contrées. Nos concitoyens savent de quels côtés sont leurs amis ; et, tandis que nous concourrons avec tous les Français au succès de la cause nationale, nous, ici, d'une main ferme, nous maintiendrons le respect des personnes et des propriétés ; nous ferons prévaloir les saines doctrines et l'égalité des droits, première condition de la liberté reconquise.

« Dans cette vue, Bretons, nous vous proposons un pacte fédératif, nous désirons qu'un lien étroit nous unisse, et que, nous prêtant un mutuel secours, nous garantissions à nos intrépides guerriers qu'en leur absence, leurs foyers seront préservés, et qu'aucun attentat ne restera sans vengeance et n'échappera à la sévérité des lois dont nous serons les défenseurs. Les magistrats sauront qu'ils ont autour d'eux une masse imposante et dévouée, prête à seconder l'action de l'autorité, réglée par les constitutions et les lois de l'Empire.

« Art. I. — Les citoyens des cinq départements de la Bretagne, dévoués à la cause nationale et à l'Empereur, sont fédérés ; l'association qui les lie prend le titre de *Fédération bretonne*.

« Art. II. — L'objet de cette confédération est de consacrer tous ses moyens à la prorogation des principes libéraux, d'opposer la vérité à l'imposture, de répandre la lumière au milieu des hommes égarés, de soutenir l'esprit public au niveau des circonstances présentes, de s'opposer à tous les désordres, de maintenir dans l'intérieur du pays la sûreté publique, d'employer tout ce qu'on peut avoir d'influence et de crédit pour faire rester chacun dans la ligne de ses devoirs envers le prince et la patrie, de porter un secours effectif et prompt à la première réquisition de l'autorité publique, partout où besoin sera, de secourir les villes, bourgs et villages menacés, de déjouer tous les complots tramés contre la liberté, nos constitutions et l'Empereur ; enfin, de se prêter mutuellement assistance et protection selon les cas et les événements.

« Art. III. — Tous les confédérés sont spécialement

tenus de se conformer au décret du 10 de ce mois relatif à l'armement des citoyens.

« Art. IV. — La confédération n'a aucune autorité politique, mais elle exerce sur ses membres une police morale, persuadée que la plus grande peine qu'elle puisse infliger à l'un de ses membres, est de le déclarer indigne d'en faire partie, s'il venait à parfaire à l'honneur.

« Art. V.— Tout citoyen qui désire concourir au but de l'association, quels que soient son rang, son état, sa profession, peut faire partie de la confédération ; il n'y a d'exclusion que celle qui serait fondée sur des motifs d'inconduite et de mauvaises mœurs.

« Art. VI. — Les confédérés, loin de sortir de la condition commune, sont, par le fait même de leur association, plus étroitement tenus que tous autres, à l'accomplissement des devoirs du citoyen, et toutes les fois qu'ils auront à agir, ils devront être préalablement munis des ordres, réquisitions ou consentement de l'autorité publique. Ils font partie nécessaire de la garde nationale, et n'en forment point un corps isolé. La confédération est seulement un moyen d'unir plus particulièrement tous les amis de la patrie, de la liberté et de l'Empereur, en laissant dans un honteux abandon le petit nombre de Français indignes de ce titre, qui appelleraient le joug honteux de l'étranger, et se porteraient à des excès dans l'intérieur.

« Art. VII. — La confédération aura à Rennes des commissaires qui, après avoir prévenu l'autorité, se réuniront dans un lieu indiqué, et correspondront avec les commissaires intermédiaires qui seront établis dans chaque chef-lieu d'arrondissement; il n'y aura pas de commissaires intermédiaires pour l'arrondissement de Rennes. Ceux des habitants qui y sont domiciliés enverront leur adhésion à la commission centrale.

« Art. VIII. — Quant aux citoyens des autres arrondissements, ils se rendront en personne, ou par députés, au chef-lieu de la sous-préfecture, et, après en avoir prévenu le sous-préfet et le maire, ils se réuniront à l'effet de procéder à la nomination de leurs commissaires dont le nombre reste à leur choix : les commissaires intermédiaires recevront les actes d'adhésion, et les transmettront au commissariat central.

« Art. IX. — La réunion au chef-lieu d'arrondissement aura lieu sur le premier avis des commissaires centraux.

« Art. X. — Les fédérés étant tenus de protéger surtout les campagnes, et de porter des secours prompts et puissants sur tous les points de la Bretagne qui seraient menacés, devront s'offrir à marcher en personne toutes les fois que, dans le but ci-dessus, il sera, par l'autorité publique, demandé aux gardes nationales une force mobile pour un service d'urgence et temporaire.

« Art. XI. — On n'admettra que des excuses constatées, légitimes, et motivées sur l'âge, la maladie, ou des infirmités.

« Art. XII. — Les jeunes gens marcheront toujours avant les plus âgés.

« Art. XIII. — Si l'un des confédérés manque à ses obligations, il en sera donné avis par le commandant de la garde nationale, dont il fait partie, aux commissaires de son arrondissement ; ceux-ci en feront rapport aux commissaires centraux qui ordonneront, s'il y a lieu, sa radiation des registres de la confédération, et le tiendront même, selon la gravité des cas, réputé pour *lâche*. Cette décision sera transmise au commandant de la garde nationale, dont le confédéré rayé fait partie, avec invitation de la faire connaître à l'ordre ; il en sera adressé un exemplaire à tous les comités de la confédération.

« Art. XIV. — Il sera, par l'intermédiaire de M. le préfet d'Ille-et-Vilaine, sollicité du gouvernement, pour les commissaires de la confédération, la permission de se réunir à Rennes, dans le courant du mois de mai prochain, à l'effet de prêter solennellement au Champ-de-Mars le serment d'obéissance aux constitutions de l'empire et de fidélité à l'empereur, et de s'engager à remplir toutes les conditions imposées par le présent acte fédératif; pourront se joindre à eux tous les membres de la fédération qui le désireront.

« Art. XV. — Toute espèce de marque distinctive entre les confédérés, autre que celle des grades qu'ils occuperaient dans la garde nationale ou dans l'armée, les décorations qu'ils auraient obtenues, enfin tout signe qui les annoncerait extérieurement comme faisant partie de l'association, est formellement interdite.

« Art. XVI. — Le présent acte fédératif cessera d'avoir son effet aussitôt que S. M. daignera faire connaître que les dangers de la patrie ont cessé.

« Fait à Rennes, par les citoyens de tous âges et de toute condition, réunis avec MM. les commissaires de Nantes et de Vannes, et les écoles de droit, de chirurgie, etc. etc., sous l'agrément de l'autorité, dans l'une des salles du Palais de Justice, le 24 avril 1815.

« *Les commissaires :* Blin, Rouxel-Langotière, Gaillard-de-Kerbertin, Binet, aîné. »

(Suivaient plus de trois mille signatures.)

La tradition bretonne apparaît dans ce document avec tout son éclat : l'amour de la liberté concilié avec le respect dû aux lois et aux institutions. La personne de Napoléon y est l'objet d'une chaleureuse sympathie, mais il est visible qu'aux yeux des fédérés l'intérêt du pays passe avant celui de l'empereur, et celui-ci n'est accueilli avec un tel empressement que parce que, en même temps que les souvenirs de la gloire passée, il paraît apporter la liberté et le maintien des conquêtes de la Révolution. Dans les préliminaires une phrase est à noter : « La nation n'a-t-elle pas dit quatre fois à Napoléon de régner sur elle? Pharamond, Clovis, Charlemagne, les Capets, ont-ils été par d'autres voies faits monarques de la France? » Ici, les fédérés bretons affirment sans en avoir conscience un grand principe républicain : celui de l'établissement du pouvoir exécutif par l'élection. Mais si l'on admet que l'établissement de ce pouvoir doit se faire par l'élection, il faut admettre par une conséquence logique que les électeurs ont sur ce pouvoir et sur ceux auxquels ils le confient, droit de contrôle; qu'ils peuvent, lorsque l'intérêt de la nation l'exige, modifier les conditions et du pouvoir et des personnes. Pour n'avoir pas fait de ce principe une rigoureuse application, pour avoir laissé reposer sur plusieurs lignées de dynasties la transmission de ce pouvoir, la France a été livrée depuis quatre-vingts ans à de continuelles révolutions.

Les délégués de Ploërmel et de Josselin arrivèrent à temps pour assister à l'adoption de ce pacte. Les autres villes, un grand nombre de communes rurales ne tardèrent pas à s'y rallier. Il excita en France un enthousiasme universel. Bientôt les Bourguignons suivirent l'exemple des Bretons et adressèrent aux principales provinces l'invitation de se fédérer: « Braves Dauphinois, Lyonnais, disaient-ils; Francs-Comtois, nos anciens amis; Alsaciens, si dignes du nom français qu'on voudrait vous ravir; Lorrains, dont l'énergie avec peine comprimée fit trembler l'ennemi; et vous, Champenois malheureux, encore poursuivis par de trop affreux souvenirs, fédérons-nous! Le pacte de la fédération bretonne ne peut supporter la plus légère altération; franc, généreux, national, il proclame l'obéissance aux lois et aux autorités, le respect aux propriétés, la protection à tous les citoyens. Aussi grands que nos frères de la Bretagne, dignes émules de leur patriotisme, réunissons-nous, fédérons-nous, assurons-nous la paix intérieure, et jurons encore aujourd'hui de vaincre ou mourir pour la patrie ! »

Presque toutes les provinces répondirent à cet appel, et formèrent les fédérations Dauphinoise, Lyonnaise, Alsacienne, Parisienne, etc. Le génie despotique que la France acclamait vit cependant d'un œil inquiet cette explosion populaire; il la subit plus qu'il ne l'accepta. Quand, Fouché, ancien député de Nantes à la Convention, fait duc d'Otrante par l'empire, alors ministre de l'intérieur, lui mit sous les yeux le pacte fédératif des Bretons, bien que le respect de l'autorité dont chaque ligne faisait preuve y fût poussé jusqu'au scrupule, il fut blessé de voir que les noms de patrie, de constitution, de lois, passaient avant le sien. « Ce n'est pas bon pour moi, dit-il après l'avoir lu, mais c'est bon pour la France. » Il ne donna des armes aux fédérés que d'une main parcimonieuse : ceux-là seuls purent porter le fusil, qui consentirent à entrer dans les régiments ou à se placer sous la loi militaire. Son génie, aveuglé par son ambition, redoutait l'emploi des forces révolutionnaires, si terribles cependant quand elles sont bien conduites; mais pour les conduire il faut des âmes aussi fortes qu'elles : Bonaparte, simple citoyen comme Hoche, comme Marceau, aurait pu les conduire; Napoléon, empereur, trouvait plus sûr pour sa dynastie de les comprimer. Des souscriptions s'ouvrirent néanmoins dans toute la France pour subvenir aux frais d'équipement des fédérés. En Bretagne on cite l'aubergiste Roussel, de Rennes, qui déposa une somme de cinq mille cinq cents francs sur l'autel de la patrie; et surtout le ci-devant marquis Le Mintier de Lehélec, membre du conseil municipal de Vannes, l'un des plus riches propriétaires du Morbihan, qui donna un exemple éclatant de patriotisme : il fit porter à la mairie cent cinquante mille francs, destinés à l'habillement, à l'équipement et à la solde du premier bataillon qui partirait; il s'engagea à verser en outre tous les mois, tant que durerait la guerre, cinq mille francs pour la même destination; enfin il se fit inscrire pour marcher en qualité de volontaire à la première réquisition.

L'autorité militaire eut bientôt sujet d'utiliser les forces fédérales de la Bretagne. Des mouvements insurrectionnels en faveur des Bourbons éclatèrent aux environs de Fougères, de Laval, des Sables, de Vannes, de Loudéac, de Gourin, de Dinan, de Saint-Brieuc. Dans la région des Sables, le général Travot, parti de Nantes à la tête de quelques troupes de ligne, livra deux ou trois combats qui réduisirent promptement l'insurrection : La Rochejacquelein fut tué; plusieurs caisses d'armes récemment débarquées par les Anglais tombèrent aux mains des troupes. Dans le Morbihan, deux mille cinq cents insurgés conduits par Sol de Grisolles, traversèrent Ploërmel, Josselin, Questembert, Malestroit : les habitants de ces villes étaient depuis trop longtemps habitués à voir prendre l'initiative par l'autorité centrale pour oser se défendre sans en avoir reçu l'ordre : les Chouans passèrent impunément. Ils entrèrent à Redon, point important de communication entre le Morbihan et la Loire-Inférieure. Une centaine de soldats de la ligne et quelques habitants retranchés dans un haut clocher isolé qui domine la principale place, les tinrent plusieurs heures en échec ; ils se retirèrent enfin, à l'approche du général Bigarré, commandant les forces de l'Ouest, qui arrivait à la tête des troupes et des fédérés de Rennes.

A l'autre extrémité du département, un millier de chouans partis des environs de Gourin franchirent les Montagnes-Noires entrèrent dans le Finisterre où ils prirent Carhaix : les fédérés de Brest et de Quimper accoururent, les firent reculer sans combat jusqu'à Gourin et en forcèrent cinq cents à mettre bas les armes. Une autre forte colonne de Chouans manœuvrait aux environs de Vannes pour empêcher la jonction des généraux Rousseau et Bigarré. Rousseau, parti de Vannes avec des troupes de ligne livra un sanglant combat à Muzillac et parvint non sans peine à se réunir aux troupes de Rennes. Les Chouans alors concentrèrent toutes leurs forces dans Auray ; les fédérés de Lorient accoururent. Bigarré, tenant toutes ses forces sous la main enfonça les rebelles sur le champ de bataille même où avait combattu Duguesclin. Amères et déplorables conséquences des guerres civiles, tandis que les jeunes élèves des écoles de Rennes prenaient les armes pour défendre la cause de la Révolution, les jeunes paysans assis sur les bancs du petit séminaire de Vannes les prenaient pour la combattre, infortunés à qui leurs prêtres avaient caché l'horrible état d'abjection et de misère où leurs parents étaient plongés jadis et d'où la Révolution les avait tirés! Les deux troupes d'écoliers se rencontrèrent sur la partie du champ de bataille où tombaient fusillés, vingt ans auparavant, les émigrés de Quiberon. Les fédérés de Rennes culbutèrent leurs jeunes adversaires, les poursuivirent jusqu'au couvent de la Chartreuse d'où ils les chassèrent encore ; et voilà comment la question de servage ou de liberté en était venue jusqu'à faire égorger entre eux les enfants mêmes des familles bretonnes!

Cette prise d'armes, si vite réprimée par les troupes de ligne et les fédérés des villes, fut la dernière. Elle fut loin d'avoir l'importance des précédentes : quelques milliers de paysans seulement, dont la plupart déclarèrent avoir été trompés sur le véritable but de l'insurrection, consentirent à y prendre part. C'est que les habitants des campagnes avaient eu le temps de comprendre et d'apprécier quels bienfaits le nouvel ordre social établi par la Révolution avait apportés parmi eux : ils assistèrent avec répugnance à la tentative du petit nombre, et ne voulurent nullement se détourner des travaux de leurs fermes et de leurs champs.

Tandis que ces événements avaient lieu en Bretagne, la grandeur et la fortune de la France se jouaient sur les champs de bataille. Napoléon, à la tête de ce qu'il lui restait d'armées recevait en Belgique le choc des Européens. On sait comment fini l'histoire. Un mot énergique de soldat en colère prononcé à Waterloo par Cambronne, de Nantes, qui toute la journée se battit comme un lion à la tête de la vieille garde, marqua la fin du règne de l'Empereur et de la gloire des armées françaises.

CHAPITRE X

LA BRETAGNE

SOUS LA MONARCHIE CONSTITUTIONNELLE

Louis XVIII. — La Terreur blanche. — Procès, à Rennes, du général Travot. — Le clergé dans la politique. — Les missions. — Troubles à Brest. — Les conspirations. — Le complot Nantil et Bérard. — Les Chevaliers de la liberté. — Complots de Nantes et de Saumur. — Châteaubriand ministre. — La Congrégation. — Nouveaux troubles à Brest. — Mort héroïque de Bisson en Grèce. — Le ministère Polignac. — Association bretonne pour le refus de l'impôt. — Opinion des tribunaux. — Les ordonnances de juillet. — Soulèvement à Nantes. — Journée du 30 juillet. — La monarchie de 1830. — Adresse des gardes nationaux de Quimperlé. — Opinion de Châteaubriand sur l'avenir de la démocratie et sur l'application du système républicain. — Lamennais. — La réforme politique et religieuse. — Les *Paroles d'un croyant*. — La réforme électorale. — Conflit dans la Loire-Inférieure entre le Conseil général et le préfet Maurice Duval. — Les écrivains bretons. — Paysans et bourgeois. — Inutilité de la tentative de la duchesse de Berry en 1832.

Le fils de Louis XVI, Louis XVII, s'échappa-t-il miraculeusement de la prison du Temple, et fut-il bien le personnage qui, caché sous le pseudonyme de Naundorff, essaya longtemps de faire valoir ses droits? C'est une question à laquelle l'histoire n'est pas encore en mesure de répondre, mais dans tous les cas, depuis trop longtemps l'émigration et les princes européens étaient habitués à considérer Louis XVIII, oncle du jeune roi, second frère de Louis XVI, comme le légitime héritier de la couronne de France : la faible voix de celui qui se prétendait le véritable héritier selon le droit divin fut étouffée sous les raisons du long usage, de la politique et de l'ambition. Louis XVIII, protégé par les armées étrangères, remonta effrontément sur un trône d'où il était exclu, par la volonté du peuple qui l'en avait chassé, et peut-être aussi par le droit de succession inviolable dans toutes les familles. Ivres de se retrouver les maîtres définitifs après avoir été réduits pendant vingt ans à l'égalité ou à l'exil, les Royalistes déchaînèrent sur la France toutes les passions sauvages sous lesquelles ils auraient voulu l'accabler vingt ans plus tôt. Vainement une Charte jurée par le roi consacrait les libertés françaises : la haine fournit à ceux qui avaient désormais la force, les moyens captieux d'en éluder les articles. La même populace qui avait engendré des égorgeurs à l'usage des hommes de quatre-vingt-treize en produisit pour les Royalistes de mil huit cent quinze. La République avait eu la Terreur rouge, la royauté eût la Terreur blanche. Soixante prisonniers furent massacrés à Lyon ; un nombre bien plus considérable de victimes tombèrent, surtout dans le Midi, sous les coups des assassins politiques : les Mamelucks de Napoléon, braves Egyptiens qui le suivaient dans toutes ses campagnes ; le maréchal Brune, le général Lagarde, dont l'assassin fut acquitté ; le général Hamel, etc., etc. D'autres furent assassinés juridiquement : le jeune Labédoyère, à Grenelle ; l'héroïque maréchal Ney, près de l'Observatoire ; les frères Faucher, à Bordeaux, le général Chartron, à Lille.

La Bretagne fut témoin d'un de ces procès qui porteront longtemps dans la postérité le déshonneur de ceux qui les firent. Les Royalistes ne pouvaient pardonner au général Travot de s'être illustré à leurs dépens. Il avait en effet combattu les Vendéens et les Chouans sous Hoche et sous Kléber ; c'était lui qui avait pris Charette ; c'était lui qui avait fait avorter aux environs des Sables la récente insurrection ; c'était sous les balles de ses soldats qu'était tombé le dernier des grands chefs vendéens, Larochejacquelein. Enfin, la rage de ses ennemis allait jusqu'à lui reprocher comme un raffinement de crime la douceur et la modération dont il avait constamment fait preuve à l'égard des populations insurgées, et par le moyen desquelles, autant que par la force des armes, il était parvenu chaque fois à les ramener dans le devoir. Vaincre les insurgés et se concilier en même temps leur estime, c'était trop en effet. Arrêté à Lorient le 14 janvier 1816, Travot qui était originaire de la Franche-Comté, mais dont toute la vie appartient à la Bretagne, fut livré à Rennes à une commission militaire, le jour même de la promulgation d'une amnistie : on s'était hâté de peur qu'il en bénéficiât. De Viouménil, récemment arrivé de Bordeaux où il avait été l'instigateur du supplice des frères Faucher, lui fit subir une captivité rigoureuse. Le jurisconsulte qui s'était offert pour défendre l'inculpé s'adressa au geôlier, puis au procureur du roi pour obtenir une copie de l'écrou du prisonnier, mais inutilement. Alors il en appela à De Viouménil lui-même : celui-ci ordonna au jurisconsulte de se rendre sur-le-champ en exil à Bordeaux. C'était faire entendre que Travot serait privé même d'un défenseur.

Mais De Viouménil connaissait mal l'esprit breton. Le barreau de Rennes tout entier (treize avocats au nombre desquels étaient Carré et Toullier) signèrent une consultation en faveur de Travot. MM. Coatpont, Bernard et Le Sueur se présentèrent courageusement pour le défendre : il fallut bien les agréer. Ce fut un ennemi personnel de Travot, le général Canuel, que le gouvernement désigna pour présider le conseil de guerre : sous la République ce général s'était signalé contre les Vendéens par des atrocités sans nombre; dans l'insurrection de 1815 au contraire, il avait pris avec eux parti pour le roi, et avait été vaincu par Travot. La défense le récusa, mais en vain; il fut maintenu président. Dans le réquisitoire, œuvre de haine et d'injustice, on remarqua cette phrase : « La modération ne fut pas une des armes les moins redoutables entre ses mains ; la clémence elle-même fut un de ses moyens de succès. » Modéré et clément ! cette circonstance qui l'aurait fait absoudre par des juges le rendit inexcusable aux yeux de ceux qui voulaient être avant tout ses meurtriers : il fut condamné à mort. Louis XVIII, moins royaliste que son entourage, commua sa peine en vingt années de détention. Travot en fit quatre au bout desquelles il fut gracié : mais sa raison et sa santé gravement altérées ne lui permirent pas de jouir des effets tardifs de la clémence royale ; il mourut peu de temps après. Au lendemain de son procès, les avocats qui avaient eu l'audace de le défendre furent mis aussi en état d'arrestation ; Coatpont seul passa en jugement : il fut acquitté.

La tyrannie royaliste, plus hideuse que la tyrannie montagnarde, car elle n'avait pas au moins comme celle-ci pour palliatif la nécessité de chasser l'étranger de France, inventa à l'exemple de sa devancière un système de juridiction plus sûr et plus expéditif : les cours prévôtales furent les dignes pendants des tribunaux révolutionnaires. Chacune de ces cours, séant dans chaque chef-lieu du département, jugeait tout individu prévenu de crime et de délit politique, prononçait sans appel, et ordonnait à son gré l'exécution immédiate du condamné, ce qui empêchait le recours en grâce auprès du souverain. Bien que le droit de suffrage ne fut accordé qu'aux citoyens payant trois cents francs de contributions directes, le pays parvint à faire entrer à la Chambre un certain nombre de députés libéraux ou *indépendants* ;

il en résulta un relâchement dans les rigueurs et un semblant de retour vers la liberté. Mais le duc de Berry, fils du futur Charles X, et neveu du roi, fut assassiné peu de temps après que ce jeune prince eût parlé, dit-on, à Louis XVIII en faveur de ce fils supposé de Louis XVI qui errait alors inconnu et persécuté dans tout l'Europe. Cet assassinat mystérieux, et inutile à la cause républicaine ou bonapartiste, devint cependant le prétexte d'une recrudescence de rigueurs. La liberté individuelle fut suspendue, la presse baillonnée, la loi électorale modifiée : tout électeur payant mille francs de contributions eut le droit de voter deux fois. Le clergé, sortant du rôle pieux auquel semblait l'avoir destiné la douceur de cette religion qu'il prétendait enseigner, se lança dans la politique et usurpa dans l'État des fonctions et une influence funeste à lui-même et à la religion. Les prêtres dits *missionnaires* firent du culte une manifestation et un spectacle permanents. Toute la France se couvrit de processions : jeunes filles vêtues de blanc, femmes plus âgées habillées de vêtements noirs et portant des torches ; autorités, conseillers municipaux, membres de la magistrature, généraux en uniformes, formaient de longs cortèges précédant les prêtres, et chantaient à l'unisson. A cette triste époque le clergé acquit dans les villes de Bretagne une influence sociale qu'il n'y avait jamais connue : quiconque voulut parvenir, avoir du travail pour nourrir sa famille, une clientèle pour écouler ses denrées, dut, sincère ou non, se montrer avant tout partisan de la soutane plus encore que de l'église. A cette époque bien des fils de républicains commencèrent à rougir de leurs pères. La majorité du public breton resta toutefois fidèle aux vieux et éternels principes de liberté que la province avait si bien et si constamment soutenus. Les missionnaires ne trouvèrent point partout de complaisants spectateurs d'un étalage qui blessait bien des consciences et qui signifiait surtout réaction. Ils furent accueillis à Brest par des huées et des sifflets. Pendant quatre jours le peuple stationna devant la maison où ils étaient descendus conduits par l'évêque de Quimper; la foule ne cessait de faire entendre les cris de : « A bas les missionnaires ! pas de mission ! pas de jésuite ! » Les marins et la troupe menaçaient de faire cause commune avec les Brestois, de sorte que l'autorité n'osait dissiper par force les rassemblements. Enfin le maire et quelques notables obtinrent de l'évêque le départ des missionnaires dont la présence causait tout ce désordre. Les chefs des missions se plaignirent vivement : le maire et deux commissaires de police de Brest furent destitués.

Les aspirations libérales étouffées indéfiniment, on se mit à conspirer. L'armée surtout, vivement appuyée de la population civile, fourmilla de conjurés ayant pour but le renversement des Bourbons. L'un des premiers complots fut organisé en 1820 par le capitaine Nantil et le chef de bataillon Bérard, commandant à Paris la légion des Côtes-du-Nord: ils s'entendirent avec un comité directeur composé de Lafayette, Manuel, Mérilhou, de Corcelles, Voyer-d'Argenson, et Rey. Il fut convenu que si on réussissait, la France serait laissée maîtresse de se donner elle-même un gouvernement de son choix. On s'arrangea de manière à ce qu'un soulèvement simultané éclatât dans diverses garnisons : Rennes et Nantes, dans l'Ouest, promirent leur concours. Malheureusement le complot fut révélé à Paris par quelques sous-officiers que l'on cherchait à entraîner. Nantil eut le temps de se réfugier chez Beslay, alors étudiant en droit : il déjoua toutes les recherches de la police et parvint à gagner Nantes où il fut recueilli et caché par Cossin, Dupuis, Fouré, Heureux, membres de la conspiration. Bérard, déconcerté, cédant aux supplications de sa femme, eût la faiblesse, pour atténuer l'effet des poursuites s'il était découvert, de se dénoncer lui-même et d'entrer dans la voie des révélations. Honteux cependant, il s'arrêta sur la pente, et ne nomma aucun de ses compagnons, ne voulut produire aucun détail. Tous ceux qui, soupçonnés ou accusés, eurent à comparaître, soutinrent que Nantil et Bérard étaient soudoyés par le gouvernement lui-même pour provoquer des complots imaginaires qui autoriseraient de nouvelles rigueurs. Nantil, frémissant dans sa retraite de se voir déshonorer publiquement, aima mieux se taire que de perdre ses complices en se découvrant. Bérard, plus malheureux encore, essuya mille affronts publics de la part des conjurés assis en face de lui, et racheta sa faiblesse primitive par un courageux silence. La plupart furent acquittés faute de preuves, ou condamnés à des peines légères.

Le complot, avorté à Paris, se reforma dans l'Ouest sur une grande échelle. Il existait en Bretagne et sur les deux rives de la Loire une vaste association dans laquelle étaient entrés selon toute apparence un grand nombre des fédérés de 1815: c'était l'association des *Chevaliers de la liberté*. Fondée à Saumur par quelques officiers de l'Empire destitués par la restauration, cette association avait pris en Anjou et en Bretagne les plus rapides développements; elle trouva de nombreux adhérents parmi les acquéreurs de biens nationaux les fonctionnaires destitués, les officiers de l'armée en activité, en demi-solde ou en retraite, les propriétaires, les médecins, les avocats, les ouvriers, les anciens soldats, les bateliers de la Loire, etc. Elle avait pour but de « maintenir l'intégrité de la Charte et de délivrer le roi du joug des hommes de cour et de contre-révolution. » Les initiés n'étaient soumis à aucune de ces épreuves fantastiques que la crédulité populaire a imaginées à tort dans ses récits sur les conjurations de cette époque: il suffisait pour faire partie de l'association de lui apporter, chacun selon ses moyens, des sacrifices pécuniaires ou des services personnels. Les affiliés se reconnaissaient à l'aide d'un signe manuel. En

1821 l'association se mit en rapport avec la société des Carbonari français et en devint l'un des bras les plus puissants.

Les Chevaliers de la liberté comptaient de nombreux adhérents dans le 13e de ligne en garnison à Nantes. Un nouveau complot fut organisé, mais il fut deux fois découvert. Les militaires, officiers et sous-officiers, Monnuron, Dupin, Bonnet, Villedary, Lerat, Riboulet, Puibarreau; les citoyens Fouré, Dupuis, Baudry, ceux-ci par contumace, passèrent en jugement devant un tribunal dont les jurés étaient tous propriétaires à Nantes ou aux environs. Une vive irritation régnait dans la population contre le gouvernement et contre l'autorité militaire, représentée dans la Loire-Inférieure par le général Despinois, royaliste à outrance, qui avait emprisonné à Nantes Bories, l'un des quatre sergents de la Rochelle, afin de l'interroger lui-même; et qui avait fait charger par les troupes sur la place Graslin les jeunes gens de la ville. Les jurés acquittèrent à l'unanimité tous les accusés. Les conseils de guerre en ressaisirent cependant quelques uns et les condamnèrent à la prison.

Ce complot n'était qu'une ramification d'un complot plus vaste dont les effets éclataient au même moment. Tout l'Ouest y fut impliqué: Nantes, Rennes, centres principaux de la Bretagne; Angers, Le Mans, Poitiers. L'Assemblée des délégués parmi lesquels on distinguait Cossin et Heureux, de Nantes, Ferail et Chappuy, de Rennes; Ribolet et Guérin, d'Angers ; Lebreton, du Mans ; Bouvry, de Poitiers ; et trente commissaires de localités moins importantes, telles que Saint-Brieuc, Saint-Malo, Saumur, etc. conçurent le projet de provoquer un soulèvement aux cris de : « Vive la France ! vive la liberté ! à bas les royalistes ! » La direction de l'entreprise fut confiée au général Berton : Saumur dont l'école de cavalerie était gagnée fut choisi pour centre du mouvement avec le consentement empressé du comité de cette ville. Une proclamation du général Berton, anticipant sur l'événement présumé, devait faire connaître aux habitants que le renversement des Bourbons venait de s'accomplir à Paris : aussitôt les nombreux membres du complot prenaient les armes entraînant les plus timides, et toutes les villes de l'Ouest se soulevaient. Malheureusement, après la dispersion de l'Assemblée, le comité de Saumur, cédant à des raisons pusillanimes, obtint du général Berton que le mouvement éclaterait d'abord à Thouars, que de cette ville il marcherait sur Saumur avec tous les citoyens qui voudraient le suivre et qu'ainsi le soulèvement n'aurait pas l'air de partir de Saumur même. Cette modification intempestive jeta la plupart des conjurés dans l'étonnement et l'indécision. Le général Berton fit sa proclamation à Thouars, arbora le drapeau tricolore, et suivi de deux brigades de gendarmerie et de cent cinquante citoyens seulement se présenta aux portes de Saumur : là un temps considérable fut perdu en tiraillements, en incertitudes : « Entrez, disaient les Saumurois, et nous nous soulevons. — Sortez de la ville, répondait Berton, joignez vos forces aux miennes et nous entrerons ensemble. » Les délégués de Rennes, de Nantes et d'Angers, présents sur les lieux, firent des efforts désespérés. mais inutiles, pour déterminer une résolution énergique dans un sens ou dans l'autre. Les autorités ne tardèrent pas à prendre l'éveil ; l'école de cavalerie, paralysée par l'absence de toute initiative, ne bougea point. L'affaire était manquée. Les conjurés se hâtèrent de se disperser. Le gouvernement, cette fois, ne put saisir les fils de la conspiration. Mais une deuxième tentative aussi malheureuse que la première ayant eu lieu, les autorités s'emparèrent, grâce à la trahison d'un misérable nommé Woëlfeld, de Berton et de quelques conjurés. Berton fut jugé, condamné et fusillé à Poitiers, et ses complices durement châtiés. Cet effort fut un des derniers tentés pour le renversement des Bourbons par les voies secrètes. Plusieurs autres conspirations s'étaient formées et avaient échoué de même sur différents points de la France.

La Révolution française, à laquelle la Bretagne avait mis une main si vigoureuse, produisait cependant ses contre-coups dans le monde entier. En vain les rois, soulevant les peuples si maladroitement comprimés par Napoléon, avaient cru, par la chûte de la France, assurer le triomphe du droit divin ; les peuples s'étaient vite aperçus qu'ils n'avaient fait que de changer de maitres. De tous côtés des soulèvements éclataient : en Italie, en Belgique, en Grèce, en Espagne. En Amérique même, les nombreuses colonies espagnoles, Mexique, Colombie, Guatémala, Chili, Pérou, avaient secoué alternativement le joug indigne sous lequel les tenait la métropole, . et s'étaient déclarées indépendantes. L'Espagne à son tour se sentait étouffée sous le sceptre oppressif de Ferdinand VII : les libéraux de Madrid jetèrent à bas trône et tyran.

Un Breton, dont l'existence ne fut qu'une série de contradictions, Châteaubriand, alors ministre de Louis XVIII, se fit le champion de la royauté espagnole. Châteaubriand, compagnon d'études de Moreau et de Lanjuinais, avait dans sa jeunesse acclamé la Révolution naissante : le spectacle des crimes atroces commis au nom de la République et de la liberté, crimes dont plusieurs des membres les plus chers de sa famille furent victimes, lui firent embrasser violemment le parti de la caste nobiliaire, à laquelle il appartenait. L'amour natif de la liberté qui était en lui fut cependant loin d'être étouffé ; il le sentit renaître plus vivace que jamais sous le despotisme impérial, et le fit bien paraître par sa résistance à l'empereur, et par ses œuvres littéraires où, admirable écrivain, il se montre si indépendant, si original, si révolutionnaire en un mot, créateur d'un genre nouveau, père d'une école de littérateurs qui, à son exemple, enfanteront des chefs-d'œuvre. Le seul acte politique important qui lui appartienne fut donc en contradiction avec ses principes d'homme libre, avec les sentiments qui inspiraient son génie d'écrivain. Mais son imagination et les malheurs de sa famille l'avaient entraîné à croire au droit divin, à l'alliance des peuples et de la royauté avec la liberté pour ciment et un rayon de Dieu pour le faire durcir : il eut ces croyances pendant qu'il fut ministre, et ayant rétabli Ferdinand VII sur son trône par les armes françaises, il ne douta pas d'avoir travaillé au bonheur de l'Espagne. Les événements subséquents et surtout sa chûte du ministère lui ouvrirent les yeux : nous le verrons bientôt reconnaître que l'avenir appartient à la démocratie et que la République est le seul régime qui convienne à la France.

A la mort de Louis XVIII, le comte d'Artois, frère du monarque, monta paisiblement sur le trône sous le nom de Charles X. Les jésuites et le clergé y montèrent avec lui. On vit reparaître certaines lois du moyen-âge : les auteurs de profanations des vases sacrés, de vols avec effraction dans les églises durent être punis de mort ; les profanateurs d'hosties, de la peine des parricides, c'est-à-dire de la perte du poing. Si le rétablissement du droit d'aînesse, dont l'abolition avait été décrétée sur la proposition de Chapelier par l'Assemblée de quatre-vingt-neuf, fut rejeté, non sans peine, par la Chambre des pairs, on adopta du moins le droit de substitution qui permettait au père de famille de frustrer de leur part d'héritage tous ses enfants au profit d'un seul. L'organisation jésuitique et cléricale, sous le nom de Congrégation, étreignit de plus en plus la France. Les vieilles provinces qui sous l'ancienne royauté n'auraient pas toléré une pareille étreinte, étaient sans force opposante, coupées comme elles l'étaient depuis trente ans en morceaux sans cohésion, séparés entre eux, mais rattachés tous isolément à l'autorité centrale par autant de fils à l'aide desquels la main qui domine à Paris, peut toujours, si elle est ferme et adroite, tenir la France entière dans la sujétion.

Le peuple cependant sifflait quelquefois les jésuites et la Congrégation. A Brest, d'où les missionnaires avaient déjà été une fois expulsés, une mission nouvelle célébrait un jubilé sous la direction de l'abbé Guyon. La population, en grande majorité libérale, crut devoir faire aussi sa manifestation et demanda aux artistes de son théâtre une représentation du *Tartufe* qui fut promise. Mais l'autorité intervint, et fit remettre indéfiniment la représentation. Chaque soir le théâtre se remplissait de spectateurs qui formulaient leurs réclamations en termes énergiques. Un soir que le tumulte était plus violent que de coutume, le sous-préfet fit entrer dans la salle un détachement du régiment étranger de Hohenlohe. A l'aspect des soldats, des cris de fureur retentissent de tous côtés; des banquettes, des chaises, des tabourets pleuvent du parterre, de l'orchestre, des galeries. Les soldats battent en retraite, la foule sort du théâtre, et la collision se continue au dehors. Les jours suivants les portes et l'intérieur des églises sont assaillis : l'autorité ne peut dominer un tumulte sans cesse renaissant. En vain des notables insistent auprès de l'abbé Guyon pour obtenir son départ et celui des missionnaires : l'abbé, fort de l'appui de l'autorité, continue ses exercices et du milieu des tempêtes fait monter ses prières à Dieu. Quand la mission fut terminée, il fallut aux missionnaires une escorte de cinquante dragons pour qu'ils pussent en sécurité sortir de la ville.

Une diversion extérieure donna un moment de satisfaction aux aspirations libérales de la France : ce fut l'intervention armée en faveur de la Grèce qui s'était révoltée contre les Turcs et dont la cause fut embrassée avec enthousiasme dans toute l'Europe. La Bretagne est représentée dans cette intervention par un acte d'héroïsme sublime. Hippolyte Bisson, né à Guémené-sur-Scorff, dans le Morbihan (circonscription maritime de Lorient) avait le grade d'enseigne et faisait en 1827 à bord de la frégate la *Magicienne* une campagne dans les mers de Grèce. On lui confia le commandement du brick grec le *Panayoti*, pris sur les pirates dont les bandes nombreuses, ayant un refuge assuré dans les îles, infestaient l'archipel. On lui donna pour équipage quinze matelots, quatre canons, et six pirates captifs à garder. Dans la nuit du 4 au 5 novembre, le gros temps le força à se séparer de la *Magicienne*, et à chercher un abri vers l'île de Stampalie. Au moment où le navire doublait la pointe de l'île, deux des pirates s'échappèrent et joignirent la terre à la nage. Bisson, ne douta point que ces hommes ne donnassent l'éveil à la population, et s'attendit à être attaqué.

Le lendemain on mouilla dans la baie de Stampalie, à trois milles de la ville. Bisson fit charger les quatre canons, et monter sur le pont les fusils et les sabres. A six heures du soir, avant de se retirer dans sa cabine pour prendre un peu de repos, il fit venir son pilote Tréminlin, Breton comme lui, et lui dit : « Pilote, si nous sommes attaqués par les pirates et qu'ils réussissent à s'emparer du bâtiment, jurez-moi de mettre le feu aux poudres si vous me survivez. » Tréminlin lui jura que sa volonté serait exécutée. A dix heures du soir deux grandes tartanes doublèrent une pointe de roches : les hommes qui les montaient poussèrent de grands cris et se dirigèrent sur l'avant du *Panayoti* en faisant force de rames. Quand ils furent à demi-portée de fusils, Bisson les reçut par une décharge générale ; les brigands, cinq fois supérieurs en nombre, ripostèrent : neuf Français tombèrent morts. Le brick, abordé par les deux tartanes, fut en un instant couvert d'ennemis. La plupart s'étaient déjà introduits dans la cale pour piller. Bisson, couvert de sang, aborda le pilote : « Ces brigands, dit-il, sont maîtres du navire, la cale et le pont sont remplis ; c'est le moment de terminer l'affaire. » Tenant à la main une mèche allumée il descendit dans la soute aux poudres. Avant de disparaître sous le pont il chargea Tréminlin de donner aux Français survivants l'ordre de se jeter à la nage, puis il lui dit en lui serrant la main : « A Dieu, pilote, je vais tout finir. » Le navire sautait un instant après, jetant à la côte soixante-dix cadavres de pirates. Le brave Tréminlin avait transmis aux quatre survivants l'ordre de quitter le navire, mais n'en avait pas profité pour lui-même. Lancé par l'explosion il fut retrouvé sur le rivage, brisé et mourant. Quelques habitants le rappelèrent à la vie, et il put raconter à ses chefs et à l'Europe entière la mort héroïque de son chef. La patrie ne fut pas ingrate envers la mémoire de Bisson. Le gouvernement assura à sa sœur une pension annuelle de quinze cents francs. Une statue lui a été dressée dans la ville de Lorient sur une des principales places; et une colonne funèbre, avec inscriptions, placée au centre de Guémené-sur-Scorff, sa ville natale, rappelle encore aujourd'hui au voyageur qui passe son héroïsme et son nom.

L'année 1828 fut marquée par l'arrivée au ministère de M. de Martignac dont les efforts tendirent à réaliser l'accord de la royauté et de la liberté; mais ni l'une ni l'autre ne furent satisfaites : les libéraux trouvèrent qu'on leur accordait trop peu, les royalistes qu'on leur enlevait trop. De justes et utiles réformes furent cependant opérées : la constitution d'un ministère spécial à l'instruction publique et séparé de celui des cultes; l'adoption d'une loi plus libérale en faveur de la presse, l'abolition des priviléges de la Congrégation; la suppression du cabinet noir. Déjà le ministère Martignac proposait de confier aux électeurs le choix des conseillers d'arrondissement et de département; mais il ne put réunir dans la Chambre une majorité sur cette question. Charles X saisit avec empressement cette occasion de se défaire d'un ministère qu'il ne trouvait pas assez royaliste. Le 9 août 1829, la France apprit avec la plus vive inquiétude la composition d'un cabinet nouveau où dominait l'élément réactionnaire et jésuitique représenté par les noms les plus détestés : de Polignac, La Bourdonnaye, royalistes à outrance, déterminés à ne faire aucune concession, de Bourmont, un des traîtres de 1815. L'adoption d'un tel ministère était le pas le plus hardi qui eût été fait depuis la Restauration vers le retour à l'ordre de choses renversé en 1789. Les manifestations éclatèrent en Normandie à l'occasion d'un voyage qu'y fit le Dauphin ; puis dans le Midi, où Lafayette, fut couvert de persistantes acclamations. Bientôt on entrevit chez Charles X et dans son entourage l'intention de violer la Charte et de se passer au besoin du concours d'une Chambre élue dans les formes constitutionnelles.

Alors parut dans les journaux la pièce suivante :

« Nous, soussignés, habitants de l'un et l'autre sexe dans les cinq départements de la Bretagne ;

» Considérant qu'une poignée de brouillons politiques menace d'essayer l'audacieux projet de renverser les bases des garanties constitutionnelles consacrées par la Charte ;

» Considérant que si la Bretagne a pu trouver dans ces garanties la compensation de celles que lui assurait son contrat d'union à la France, il est de son devoir et de son intérêt de conserver le reste de ses libertés et de ses franchises ;

» Considérant que la résistance par la force serait une affreuse extrémité ; qu'elle serait sans motif lorsque les voies restent ouvertes à la résistance légale, et que le moyen le plus certain de faire préférer le recours à l'autorité judiciaire est d'assurer aux opprimés une solidarité fraternelle ;

» Déclarons sous les liens de l'honneur et du droit :

» 1° Souscrire individuellement pour la somme de 10 francs, et subsidiairement, ceux des soussignés, inscrits sur les listes électorales, pour le dixième du montant des contributions qui leur sont attribuées par lesdites listes ;

» 2° Cette souscription formera un fonds commun à la Bretagne, destiné à indemniser les souscripteurs des frais qui pourraient rester à leur charge, par suite du refus d'acquitter des contributions publiques illégalement imposées, soit sans le concours libre, régulier et constitutionnel du roi et des deux chambres constituées en conformité de la Charte et des lois actuelles, soit avec le concours de chambres formées par un système électoral qui n'aurait pas été voté dans les mêmes formes constitutionnelles ;

» 3° Advenant le cas de la proposition soit d'un changement inconstitutionnel dans le système électoral, soit de l'établissement illégal de l'impôt, deux mandataires de chaque arrondissement se réuniront à Pontivy, et, dès qu'ils seront réunis au nombre de vingt, ils pourront nommer parmi les souscripteurs trois procurateurs généraux et un sous-procurateur dans chacun des cinq départements;

» 4° La mission des procurateurs généraux est de recueillir les souscriptions, de satisfaire aux indemnités en conformité de l'article 2, d'exercer sur la réquisition de tout souscripteur inquiété par une contribution illégale toutes les poursuites légales contre les exacteurs; enfin, de porter plainte civile et accusation contre les auteurs, fauteurs et complices de l'assiette et perception de l'impôt illégal. »

Cette fois encore la Bretagne avait frappé juste. A la violation prévue de la loi et du droit par le pouvoir central, elle opposait la menace de refuser l'impôt. Comme en 1788, en 1790, en 1793 et en 1815, la France entière applaudit et se leva au signal parti de la Bretagne. On vit se former sur le modèle de l'Association bretonne, les Associations parisienne, lorraine, bourguignonne, normande, etc. Le nouveau ministère qui était resté calme devant les déboires subis par le Dauphin, et les ovations faites à Lafayette, se montra vivement irrité. Tous les journaux qui avaient reproduit le document ci-dessus furent saisis ou arrêtés à la poste : le *Journal du Commerce* qui l'avait donné le premier, le *Journal des Débats*, le *Courrier français*, le *Figaro*, le *Constitutionnel*, et, chose plaisante, le *Journal officiel du soir* lui-même qui avait, le maladroit, reproduit l'article en son entier. Le ministère ne s'en tint pas à la saisie, il poursuivit devant les tribunaux, non les associations, mais les journaux qui en publiaient les statuts ou qui provoquaient à les fonder. Les décisions des magistrats furent inégales et contradictoires : tel fut frappé d'une peine légère, tel autre d'une peine plus forte ; ici le délinquant fut condamné, là il fut acquitté. De l'ensemble des jugements il résulta toutefois que s'associer pour refuser l'impôt établi en violation des lois existantes était licite ; que refuser le paiement d'un tel impôt était légal ; mais que supposer les ministres capables de porter atteinte aux lois existantes constituait un outrage punissable. Les organes ministériels avaient dès le début essayé de faire croire à la non-existence de l'Association bretonne ; ils affirmaient qu'elle n'existait que sur le papier, que la pièce avait été fabriquée à Paris. Il n'en est pas moins vrai qu'au moment même, un groupe de citoyens bretons réunis à Rennes achevaient de s'entendre pour appliquer, en cas de nécessité, les articles de ce nouveau pacte.

Les inquiétudes que la France avait conçues à l'avénement du ministère Polignac ne tardèrent pas à être justifiées. Le 2 mars 1830, à l'ouverture des chambres, Charles X tint un langage menaçant. La Chambre des députés, par l'adresse des deux cent vingt-et-un, lui répondit que la politique du gouvernement ne concordait pas avec les vœux du peuple. La chambre fut prorogée, puis renvoyée. Les élections nouvelles amenèrent au corps législatif deux cent soixante-dix opposants au lieu de deux cent vingt-et-un. Dans l'intervalle, le gouvernement avait remporté à Alger un éclatant triomphe militaire : Charles X résolut de faire servir la force que lui donnait cet événement à l'accomplissement d'un coup d'État. Le 26 juillet 1830 parurent au *Moniteur* quatre ordonnances à jamais célèbres : la première suspendait la liberté de la presse ; la seconde renvoyait une seconde fois la chambre ; la troisième restreignait le corps électoral ; la quatrième convoquait les collèges électoraux à l'effet de nommer une autre chambre qui, aux termes de la troisième ordonnance, ne serait forcément composée que de nobles, de grands propriétaires, partisans assurés de tout système compressif.

A la nouvelle de cette inique violation de toutes les lois, la France fut un instant frappée de stupeur ; mais la génération qui avait vu quatre-vingt-neuf et quatre-vingt-treize, n'était pas encore entièrement éteinte. Paris fut héroïque, et fit plus, aux journées de juillet, qu'il n'avait jamais fait pour la liberté ; car son peuple ne se déshonora pas, cette fois, par le pillage et l'assassinat. Sur quelques points de la France les citoyens prirent aussi les armes pour s'opposer à cette insurrection du pouvoir central contre la souveraineté de la nation, mais sur quelques points seulement, car si les vœux furent unanimes, le passage à l'action ne le fut pas. Tandis que le devoir, en effet, ordonnait aux citoyens des plus grandes villes comme des plus petites de résister ouvertement, Nantes, Nîmes, Lyon, Arras seulement, à l'exemple de Paris, passèrent aux actes.

Voici les événements qui eurent lieu dans la ville de Nantes. Dès que les ordonnances furent connues une agitation extrême s'empara des esprits: les ateliers, les boutiques se fermèrent; les rues se remplirent de groupes inquiéts qui allaient à l'affût des nouvelles. Le lendemain, 29, l'indignation ou la stupeur dominait selon les imaginations: on se préoccupait surtout de l'accueil que Paris avait pu faire aux ordonnances. Autrefois les Nantais eussent couru aux armes comme un seul homme sans s'inquiéter de la conduite de Paris; Rennes, Brest, Quimper, toutes les villes de Bretagne eussent fait de même. Mais les temps étaient bien changés: les départements avaient reçu du reste en quatre-vingt-treize une leçon, dont ils subissaient encore les conséquences, il pouvait devenir dangereux de se soulever même légalement contre une usurpation accomplie au centre. Cependant, dans la soirée, quelques cris isolés de *Vive la Charte!* se firent entendre au théâtre et sur la place Graslin. Despinois fit occuper la place par un détachement du 10e léger, un escadron de gendarmes et des agents de la sûreté. A la sortie du théâtre les spectateurs se mêlèrent aux groupes du dehors et tous poussèrent les cris de *Vive la Charte! vive la liberté! à bas Polignac! à bas les ministres!* Aussitôt les tambours battent la charge, les agents de la police et les gendarmes se ruent sur la foule et arrêtent dix-huit personnes qu'ils se hâtent d'écrouer au Bouffay. Les citoyens exaspérés saisissent des pierres (car ils n'ont pas encore d'armes sous la main, la garde nationale a été désarmée et licenciée quelque temps auparavant); ils font reculer les gendarmes sous une pluie de projectiles, en blessent plusieurs, et en tuent un.

La poste, surveillée par l'autorité, n'apportait plus les journaux de l'opposition. Mais le 30, un voyageur arrivé de Paris dans la matinée apprend aux Nantais que l'on s'y bat, qu'il a lui-même pris part à la lutte, et montra une blessure qu'il a reçue. Cette nouvelle électrise les citoyens : ils demandent des armes et la réorganisation de la garde nationale, conformément à une ordonnance de Louis XVIII qui en prescrivait la mise sous les armes en cas de violation de la Charte. Quelques groupes réunis à la Bourse veulent un soulèvement énergique pour retenir Despinois et l'empêcher de porter ses forces sur Paris. Une députation composée de Touzeau, Rocher, Guépin, Ménard, se rend chez le maire Lévesque pour en exiger au nom des citoyens l'élargissement des prisonniers et l'armement immédiat de la garde nationale. Lévesque, après quelque résistance promet tout ce qu'ils demandent, et court perfidement offrir ses services à Despinois. Cependant des jeunes gens et surtout des ouvriers trouvent quelques armes. Des barricades s'élèvent dans les principales rues; le pont de Pirmil est occupé; la Bourse est désignée comme point de réunion. Il était quatre heures du soir, et rien de décisif n'avait encore été tenté; deux cent cinquante citoyens seulement étaient en armes à la Bourse. Le mouvement manquait visiblement de direction et surtout de moyens. Enfin l'armurier Chénard, fournisseur de la marine, livre ses magasins au peuple. Une troupe tumultueuse se rend immédiatement au château pour délivrer de vive force les prisonniers qui y avaient été transférés. De braves marins s'élancent dans les fossés et se mettent en devoir d'escalader la muraille. A ce moment la fusillade s'engage devant le château entre les jeunes gens et les soldats du 10e léger rangés sur la place Louis XVI. Des blessés tombent de part et d'autre. Les jeunes gens dont les rares munitions sont vite épuisées, se retirent, laissant dix morts sur le terrain. Ils se replient vers la Bourse et s'emparent du poste du commerce. Ces braves défenseurs des lois trouvent enfin les chefs qui leur avaient manqué jusqu'alors. Perodeau, conducteur des travaux; Tessier, tailleur de pierres; Desmolinais, ancien soldat de la grande armée, se mettent à leur tête. Ces trois hommes maintiennent l'ordre parmi leurs compagnons et passent la nuit à établir le peuple aux meilleurs postes en prévision de la journée du lendemain.

Au point du jour toute la population est sur pied; les armes se préparent, les postes sont pleins d'ardeur;

tout annonce le prochain triomphe de la loi. Ceux qui détiennent encore les injustes pouvoirs d'une autorité devenue usurpatrice sont à leur tour sans nouvelles de Paris; dévorés d'inquiétude, ils n'osent plus s'opposer à l'armement régulier de la garde nationale. Les Nantais appellent à la commander le brave général Dumoustier qui vivait retiré dans sa maison de campagne. Ce vétéran n'hésite pas à quitter sa retraite et vient prendre la direction des forces légales de la cité nantaise. Mais déjà le triomphe national est assuré à Paris : trois journées d'une bataille sanglante ont suffi pour culbuter le trône et le roi qui s'y tenait assis. Le drapeau blanc, que Henri IV avait fait si glorieux, rentré sali en France aux talons des Prussiens et des Cosaques, repasse la frontière taché de plus de boue, et le drapeau aux trois couleurs, le drapeau de la France moderne inauguré par la fédération, illustré par la République, abaissé à la fin par l'Empire, reparait dans toute la France au sommet des édifices. Deux jeunes Bretons, Vanneau et Papu, de Rennes, élèves de l'école polytechnique, avaient trouvé à Paris une mort héroïque en dirigeant les citoyens contre les troupes de l'insurrection.

Le bon sens, d'accord avec le droit, ordonnait que la France, remise en possession d'elle-même fut appelée, ou directement, ou par mandataires, à se donner un gouvernement de son choix. Les députés récemment élus usurpèrent une autorité qui ne leur avait pas été confiée; bourgeois libéraux, il est vrai, mais craintifs et illogiques, ils refirent par peur de la souveraineté populaire une royauté nouvelle pour remplacer celle que le peuple venait de détruire. Ils offrirent la couronne à Louis-Philippe d'Orléans qui l'accepta. La France docile, et satisfaite d'avoir reconquis un instant de liberté se prêta au fait accompli. Mais l'origine illégale du nouveau pouvoir donna lieu à de sanglantes tentatives de revendication de la part des républicains. Pendant plusieurs années des émeutes terribles éclatèrent à Paris, à Lyon. La Bretagne avait accepté comme légale l'installation de la royauté de 1830 : elle voyait dans Louis-Philippe le roi-citoyen par excellence. Dans les émeutes républicaines elle croyait voir aussi la main des légitimistes fomentant les troubles afin d'en profiter; cette croyance la faisait se rattacher d'autant plus à la branche orléaniste. A l'occasion des premiers troubles, plusieurs villes, Lorient, Morlaix, Pontivy, Quimperlé, etc. protestèrent par voie d'adresses.

Celle des gardes nationaux de Quimperlé nous parait avoir donné la note la plus juste des sentiments de la Bretagne à cette époque : « La Bretagne, y est-il dit, sympathisera avec Paris toutes les fois qu'il sera question de *liberté* et *d'ordre public* ; mais aussi elle se lèvera en masse pour comprimer toute faction qui tenterait de troubler la paix et la tranquillité, objets de tous ses vœux. Rien de ce qui est en deçà ou au-delà de la Charte de 1830 ne trouvera d'échos parmi nous. La faction *contre-révolutionnaire* qui fonderait ses espérances sur le concours des Bretons, la verrait échouer devant notre amour impérissable pour les institutions constitutionnelles que nous avons le bonheur de posséder sous un Roi, l'élu de la nation. » Les Bretons ne réfléchissaient point que si Louis-Philippe était l'élu de la nation, Napoléon l'avait été aussi, et quatre fois, ainsi qu'ils l'avaient constaté eux-mêmes en 1815; ils ne pouvaient pas savoir encore que bien d'autres, après Louis-Philippe et Napoléon Ier deviendraient aussi les élus, soit de la nation, soit de ses représentants; ils ne réfléchissaient pas qu'un état politique où il faut avoir si souvent recours à l'élection pour asseoir le pouvoir exécutif, n'est autre chose que l'état même d'une République; ils n'avaient pas conscience que cet état existait dans les faits, mais qu'au lieu d'être affirmé par des lois solides, il était depuis quatre-vingt-treize, entièrement livré au hasard des circonstances et au caprice des évènements. Un d'entre ces Bretons cependant, et le plus illustre, voyait clairement, dès les premières années du règne de Louis-Philippe, cette vérité qui n'a été pleinement reconnue que de nos jours. Châteaubriand qui, à la lecture des ordonnances, avait adressé au roi sa démission d'ambassadeur à Rome, écrivait en 1833 :

« Tout ce qui militait en 1789 pour le maintien de l'ancien régime, religion, lois, mœurs, usages, propriétés, classes privilégiées, corporation, n'existe plus. Une fermentation générale se manifeste; l'Europe n'est guère plus en sûreté que nous; nulle société n'est entièrement détruite, nulle entièrement fondue, tout y est usé ou neuf, ou décrépit et sans racines ; tout y a la faiblesse de la vieillesse et de l'enfance.

» Les royaumes sortis des circonscriptions territoriales tracées par les derniers traités sont d'hier.

» L'attachement à la patrie a perdu de sa force, parce que la patrie est incertaine et fugitive pour des populations vendues à la criée, brocantées comme des meubles d'occasion ; tantôt adjointes à des populations ennemies, tantôt livrées à des maîtres inconnus.

» Défoncé, sillonné, labouré, le sol est ainsi préparé à recevoir la semence démocratique, que les journées de juillet ont mûrie.

» Les rois croient qu'en faisant sentinelle autour de leur trône, ils arrêteront les mouvements de l'intelligence, ils les feront saisir aux frontières ; ils se persuadent qu'en multipliant les douanes, les gendarmes, les espions de la police, les commissions militaires, ils les empêcheront de circuler. Mais les idées ne marchent pas qu'à pied, elles sont dans l'air, elles volent, on les respire. Les gouvernements absolus, qui établissent des télégraphes, des chemins de fer, des bateaux à vapeur, et qui veulent en même temps retenir les esprits au niveau des dogmes politiques du XIVme siècle, sont inconséquents ; à la fois progressifs et rétrogrades, ils se perdent dans la confusion résultant d'une théorie et d'une pratique contradictoires.

« On ne peut séparer le principe industriel du

principe de la liberté ; force est de les étouffer tous les deux, ou de les admettre l'un et l'autre. Partout où la langue française est entendue, les idées arrivent avec le passeport du siècle. »

Il écrivait à la même époque ces lignes encore plus significatives :

« Puisque aucun pouvoir parmi nous n'est inviolable, puisque le sceptre héréditaire est tombé quatre fois en trente-huit années, puisque le bandeau royal attaché par la victoire s'est dénoué deux fois de la tête de Napoléon, puisque la souveraineté de juillet a été incessamment assaillie, il faut en conclure que ce n'est pas la République qui est impossible, mais la monarchie. Le parti démocratique est le seul en progrès, parce qu'il marche vers le monde futur. »

Ainsi parlait Châteaubriand quarante ans avant que M. Thiers eut tenu le même langage.

Dans le même temps, un autre Breton, Lamennais, provoquait au sein du catholicisme corrompu une réforme, qui avant que la génération actuelle ait disparu aura acquis une importance et une étendue peut-être égales à celle qu'accomplit Luther. Après avoir combattu tous les ministères de la Restauration, quand 1830 fut venu, il fonda avec Lacordaire, de Coux et Montalembert, le premier journal religieux qui ait paru en Europe, l'*Avenir*, en lui donnant pour épigraphes : *Dieu et la liberté*, le *Pape et le peuple*. L'*Avenir* abordant à la fois la question religieuse et la question politique demanda : la liberté de conscience, et comme conséquence la séparation de l'Eglise et de l'Etat ; la suppression du budget des cultes ; la présentation par les fidèles de leurs pasteurs à la consécration papale, par conséquent la non-intervention de l'autorité civile dans le choix des prélats ; la liberté d'enseignement, la liberté de la presse, la liberté d'association ; l'extension du corps électoral ; la décentralisation administrative avec l'autonomie du département et de la commune constitués sur les bases de la liberté la plus large.

Les doctrines de l'abbé Lamennais trouvèrent des partisans dans les rangs inférieurs du clergé ; mais les jésuites et les évêques s'en montrèrent les adversaires acharnés. Ils les firent condamner par le pape Grégoire XVI (encyclique du 15 août 1832) comme *funestes*, *odieuses*, *exécrables*. Lamennais se soumit avec humilité ; et retiré à la Chesnaie, en Bretagne, se condamna au silence. Mais la persécution de ses adversaires l'atteignit au fond de sa retraite : on exigea qu'il fit une rétraction éclatante et qu'il reconnût hautement l'autorité ou pour mieux dire l'infaillibilité spirituelle et temporelle du pape. Lamennais se soumit encore, mais en protestant cette fois au fond de sa conscience. Enfin n'y tenant plus et considérant qu'il ne relevait que de Dieu, il lança aux quatre coins du monde ce livre immortel. *Les paroles d'un croyant*, où il dit aux hommes : « Exercez-vous à toutes les vertus, aimez-vous les uns les autres comme le sauveur de la race humaine vous a aimés, jusqu'à la mort. » Mais en même temps il leur désigne comme les auteurs de tous les maux de l'humanité les princes, les rois et les prêtres vendus qui ont mis la religion au service des rois pour mieux assurer l'oppression des peuples. Dans une de ces visions terribles dont son petit livre est plein, il montre, en se servant d'un style égal à celui de la Bible, sept rois conspirant l'asservissement des hommes.

Le premier maudit le Christ « qui a ramené la liberté sur la terre, » et propose d'abolir la religion ; le second, propose d'abolir aussi la science et la pensée ; le troisième, les relations intellectuelles de peuple à peuple ; le quatrième, la concorde entre les nations et les citoyens ; le cinquième, conseille de prendre le bourreau pour premier ministre ; le sixième, d'amollir les hommes par la volupté et la corruption.

Alors le septième, dit Lamennais, ayant comme les autres bu dans le crâne humain, parla de la sorte, les pieds sur le crucifix :

« Plus de Christ ; il y a guerre à mort, guerre » éternelle entre lui et nous.

» Mais comment détacher de lui les peuples ? C'est » une tentative vaine. Que faire donc ? Ecoutez-moi : « il faut gagner les prêtres du Christ avec des biens, » des honneurs et de la puissance ;

» Et ils commanderont au peuple, de la part du » Christ, de nous être soumis en tout, quoi que nous » fassions, quoi que nous ordonnions ;

» Et le peuple les croira, et il obéira par conscience,

» et notre pouvoir sera plus affermi qu'auparavant. »

Et tous répondirent : « Il est vrai. Gagnons les » prêtres du Christ. »

Et tout-à-coup la lampe qui éclairait la salle s'éteignit, et les sept hommes se séparèrent dans les ténèbres.

Et il fut dit à un juste, qui en ce moment veillait et priait devant la croix : « Mon jour approche. Adore et ne crains rien. »

On conçoit quels cris de rage un pareil livre excita chez ceux que de si rudes vérités frappaient en pleins honneurs. Princes et prélats tonnèrent. Plusieurs des amis de Lamennais se tournèrent contre lui ; ses proches l'abandonnèrent ; le peuple lui-même, ignorant, et absurde à cause de son ignorance, le peuple de Bretagne, se signa sur son passage dans les bois de la Chesnaie comme à l'aspect d'un maudit. Ah ! si ce peuple avait seulement su lire !... Lamennais, fondateur du catholicisme libéral, sera considéré un jour comme le père de cette école religieuse qui a produit dans notre temps les Loison et les Junqua ; on fera certainement remonter jusqu'à lui l'origine de ce mouvement qui rajeunit aujourd'hui l'église catholique en la retrempant aux sources mêmes du christianisme, aux sources de cette liberté, de cette égalité, de cette fraternité que le Christ est venu le premier prêcher sur la terre.

Le rôle des Bretons, pendant toute la durée du règne de Louis-Philippe, ne fut pas à la hauteur de celui qu'avait tracé Lamennais ; ils restèrent même au-dessous de Châteaubriand, ce légitimiste illustre, qui voyait déjà que l'avenir appartenait à la République et à la démocratie. Ils furent surtout loin de se ressembler à eux-mêmes : leur dernier effort avait été l'association bretonne pour le refus de l'impôt. Depuis, la France n'a rien dû à leur initiative. Les bourgeois des villes et les propriétaires de campagne appelés seuls à un rôle actif par la loi électorale qui n'accordait le droit de vote qu'aux citoyens payant deux cents francs d'impôt, suivirent généralement l'impulsion de Paris, tantôt soumis à l'autorité, tantôt opposants. Ils ne s'associèrent cependant pas au mouvement de pétitions qui eut lieu en 1838 pour l'extension du droit électoral à tous les citoyens inscrits sur les rôles de la garde nationale ; ils craignaient avec raison que le droit d'élire ne devînt une arme dangereuse entre les mains absolument ignorantes des paysans qui les entouraient : on ne voit guère que les villes de Nantes, de Châteaubriand et de Lannion qui se soient associées à ce pétitionnement.

Ils eurent une fois des démêlés avec le pouvoir central : ce fut dans la Loire-Inférieure. Le gouvernement, alors représenté par le ministère Molé, avait imposé à la ville de Nantes un de ces préfets désagréables dont le moindre tort est de faire sentir avec trop de morgue à leurs administrés le lourd poids d'une autorité souvent injuste. De là, conflit. C'est ce qui arriva entre le Conseil général de la Loire-Inférieure et le préfet Maurice Duval. Les choses en vinrent à ce point que le conseil vota une délibération par laquelle il mettait le ministère en demeure ou d'éloigner le préfet, ou de dissoudre le Conseil. Le ministère infligea au conseil un blâme public et annula sa délibération. Toute la presse de l'opposition prit parti pour les élus de la Loire-Inférieure. La presse officieuse osa soutenir que « l'annulation d'un conseil général était peu de chose en comparaison d'un changement de préfet. » Un homme, qui depuis s'est illustré par la perpétration et la défense de coupables abus de pouvoir, Billault, alors conseiller-général et député de Nantes, entraîna ses collègues à donner leur démission, et l'avantage demeura comme toujours du côté des citoyens à qui en définitive appartient toujours le dernier mot dans ces sortes de conflits.

Sous le régime de la monarchie constitutionnelle la Bretagne brilla surtout dans les lettres et dans les sciences; à cette époque de son histoire, elle donne à la magistrature Carré et Toullier, de Rennes; à la science, Broussais, de Saint-Malo; Laënnec, de Quimper; Puillon de Boblaye, de Pontivy; à l'armée, Lamoricière, Bedeau et Leflô; aux lettres, après Châteaubriand et Lamennais, Geoffroy, l'inventeur du feuilleton littéraire; Elisa Mercœur, H. Violeau, de la Morvonnais, Boulay-Paty, et surtout Brizeux, de Lorient, dont les poésies expriment, malgré de fréquents défauts, toutes les pittoresques beautés de la Bretagne. A côté de ces remarquables esprits, elle produisit dans des genres différents : les légistes Gerbier, Legraverend; les historiens Duchâtellier,

Pitre-Chevalier, Mellinet, Guépin ; les écrivains : H. de la Villemarqué, qui le premier a reproduit en langue celtique et dans une traduction française les compositions inimitables chantées de père en fils par les paysans bretons ; de Villeneuve, Maillet, Marteville, Cunat, Pol de Courcy, connus par des travaux historiques et descriptifs spéciaux aux différentes localités bretonnes ; Emile Souvestre, H. Lucas, Zaccone, Paul Féval, féconds romanciers dont les œuvres ont acquis une renommée européenne, etc., etc.

C'est surtout à cette époque que les faits insurrectionnels de la Vendée et de la chouannerie prirent ce caractère d'héroïsme légendaire et poétique que nous avons signalé dans notre introduction. Un certain nombre des écrivains que nous venons de citer, Pitre-Chevalier surtout, de la Villemarqué, une multitude de nouvellistes et de poètes locaux, n'ont eu d'admiration que pour les insurgés vendéens et bretons, baptisés sous la Restauration du nom de *défenseurs du trône et de l'autel,* mis à la mode par la prose de M. de Barante dans les mémoires de Madame de la Rochejacquelein et par les vers royalistes de V. Hugo. Les écrivains bretons ont même poussé l'abus du parti pris jusqu'à présenter les résultats sanglants de l'ignorance et de l'égoïsme des campagnards bretons comme les derniers efforts du courage national en faveur de l'indépendance de la Bretagne. L'imagination peut se permettre bien des écarts, mais l'histoire n'admet que la déduction rigoureuse des faits. Dans ces paysans qui en 1790 saluaient les premiers événements de la Révolution comme l'aurore d'un jour heureux et, dans leur impatience, couraient sus aux nobles avec leurs faulx et leurs fusils, brûlaient leurs châteaux pour les forcer à renoncer à leurs droits féodaux ; dans ces mêmes paysans qui, trois ans après, excités par le clergé se ruaient avec les mêmes armes sur les républicains pour n'avoir pas à payer l'impôt du sang à la patrie en danger, l'histoire ne verra jamais les défenseurs d'une nationalité quelconque ; elle verra des hommes misérables et ignorants, indignement abusés par leurs prêtres, et cédant en 1790 aussi bien qu'en 1793, au sentiment aveugle de l'intérêt personnel. Malgré la fleur de lys et la devise *Dieu et mon roi* appliqués en forme de cachet sur l'insurrection par les meneurs, l'histoire impartiale ne se laissera pas surprendre, et perçant au travers découvrira la réalité et les vraies causes déterminantes.

Quand elle voudra chercher dans la période révolutionnaire des défenseurs de la nationalité bretonne ou, pour parler plus correctement, des libertés bretonnes, elle les retrouvera plutôt dans ces bourgeois virils et intelligents qni vécurent de 1789 à 1830 ; qui luttèrent dès 1788, aux applaudissements de toute la France, pour assurer au peuple de Bretagne, et par suite à tout le peuple français, le droit d'opérer lui-même les réformes et de fonder la liberté, qui, en 1790, provoquèrent à la fraternisation ou fédération des provinces, fraterniser, se fédérer n'impliquant pas abandon de la nationalité mais l'affirmant au contraire par la libre participation à l'acte, au traité qui crée l'union; qui seuls, en 1793, se levèrent en masse dans le but unique de sauver la République et de conserver aux provinces cette liberté que le pouvoir central allait désormais accaparer; qui les premiers, en 1815, firent preuve d'initiative locale en reconstituant la fédération bretonne; qui les premiers, en 1829, sous le coup d'une nouvelle usurpation du pouvoir central, parlèrent de refuser l'impôt, non en qualité de citoyens français, mais à titre de Bretons, en affirmant que la Bretagne ayant, en 1789, renoncé à ses franchises et priviléges dans la nuit du 4 août par l'intermédiaire de ses représentants, sous la condition que la liberté s'établissait en France, cette renonciation devenait nulle et non-avenue, du moment que la liberté disparaissait du sol français; alors la Bretagne ressaisissant son ancienne liberté était maîtresse de briser le pacte et de ne plus fournir ses ressources à un pouvoir illégal, oppresseur, usurpateur. Qui donc, après de tels actes, des royalistes ou des républicains bretons ont le plus fait pour la nationalité bretonne? pour cette nationalité qui n'implique nullement séparation d'avec la France, mais qui veut dire avant tout liberté provinciale, et la liberté s'étendant à toutes les provinces, liberté française?

D'ailleurs que firent donc en 1832, lors de la tentative de la duchesse de Berry, ces paysans si dévoués à l'autel et au roi, ces soi-disant défenseurs légendaires de l'indépendance bretonne? Rien. Quelques poignées de Vendéens seulement prirent les armes et furent aussitôt écrasés. Le Morbihan fut à peine agité. On a pu compter une à une les résistances individuelles qui s'y manifestèrent pendant toute la durée du règne. Ces résistances furent toutes le fait de paysans isolés qui refusaient, conformément à la tradition inaugurée en 1793, de se plier à la loi du service militaire. Elles donnèrent lieu jusqu'en 1848, à de petites collisions et au meurtre de quelques malheureux gendarmes; mais la masse énorme des paysans, par intérêt bien plus encore que par conviction politique, se trouva entièrement gagnée à la grande cause de la Révolution.

CHAPITRE XI

DEPUIS 1848 JUSQU'A NOS JOURS

La corruption électorale pendant le règne de Louis-Philippe. — Affaire Drouillard, à Quimperlé. — Révolution de 1848. — La République acclamée en Bretagne. — Etat des esprits. — Louis Bonaparte. — La garde nationale de Lesneven et le général Le Flô. — Le coup d'Etat. — Le second Empire. — Voyage de Napoléon III en Bretagne. — Fâcheux effets de la brusque inauguration du suffrage universel. — Affaissement des esprits dans les petites villes du centre. — Inconvénients et abus du despotisme impérial. — La guerre contre la Prusse. — Chute de l'Empire. — Les Bretons au gouvernement de la défense nationale et au siége de Paris. — Le camp de Conlie. — M. de Kératry. — Gambetta et l'armée de Bretagne. — Ce que sont aujourd'hui les paysans bretons. — La division Gougeard. — Les Bretons à la bataille du Mans. — Le général Trochu. — Considérations générales.

Un des griefs les plus légitimes de la nation contre le pouvoir central sous le règne de Louis-Philippe avait été le maintien d'un système électoral qui donnait le droit de vote à une moyenne de deux cents citoyens seulement par circonscription : on comprend qu'avec un pareil système la corruption dut jouer un grand rôle, dans les cas surtout où il suffisait de quelques voix pour déterminer la majorité. Un honteux exemple de trafic électoral se produisit en Bretagne dans les dernières années du règne. Aux élections de 1846, le banquier Drouillard soutenu par le parti légitimiste posa sa candidature dans l'arrondissement de Quimperlé, et l'emporta de deux voix sur son concurrent. Une violente protestation s'éleva dans la ville contre cette élection, et les faits parurent assez graves pour que le procureur du roi de Rennes en fit le sujet d'un rapport à la Chambre des pairs qui déféra l'affaire aux tribunaux. Drouillard et ses complices, accusés les uns d'avoir acheté des voix, les autres de les avoir vendues, vinrent s'asseoir dans le courant de l'année 1847 sur les bancs de la cour d'assises du Maine-et-Loire. Il fut prouvé qu'il y avait eu dans l'élection des promesses, des offres et acceptations d'argent considérables. Des auberges ouvertes à tout-venant avaient hébergé gratuitement tous les électeurs qui se présentaient. A des gens trop délicats pour se vendre de la main à la main, on avait offert soit des cadeaux, comme des couverts d'argent, soit l'agrément d'un voyage à Paris accompli aux frais du candidat. On avait exploité jusqu'aux croyances religieuses : des électeurs furent conduits en pélerinage à Sainte-Anne d'Auray aux frais du candidat. Le jour de l'élection une messe spéciale fut dite à Quimperlé, exprès et exclusivement pour les électeurs douteux. Après plusieurs jours d'interrogatoires et de plaidoieries, Drouillard et ses complices furent condamnés, malgré l'éloquence de Berryer qu'ils avaient pris pour défenseur, à cinq ans d'interdiction de leurs droits civiques et à de fortes amendes. La corruption du reste avait envahi jusqu'aux plus hautes fonctions publiques. La même année un ministre fut convaincu d'avoir vendu sa signature; un pair de France de l'avoir achetée. L'opposition, dont les demandes les plus justes étaient systématiquement rejetées, poussée à bout, organisa la campagne des banquets, et aux journées de février 1848, le trône de Louis-Philippe roulait à terre comme celui de Louis XVI et de Charles X.

La population de Paris nomma un gouvernement provisoire composé de Dupont de l'Eure, Arago, Lamartine, Ledru-Rollin, Marie, Crémieux, Garnier-Pagès. Ce gouvernement, obéissant à la pression populaire, commit la même faute que la Chambre des députés de 1830, et usant d'un droit qui ne lui appartenait pas, proclama la République. La France accepta le fait accompli. En Bretagne, le renversement de Louis-Philippe causa une satisfaction unanime. Lamballe, Saint-Brieuc, Rennes, Nantes, Guingamp, Morlaix accueillirent avec des transports de joie la proclamation de la République. A Dinan un individu ayant voulu abattre le drapeau tricolore fixé sur la malle-poste qui apportait la nouvelle, fut saisi et conspué par la foule. A Lannion une compagnie de volontaires se forma immédiatement pour maintenir l'ordre. A Lorient, le conseil municipal se constitua momentanément en comité suprême d'administration. Au centre de la Bretagne, à Pontivy, la foule se porta avec acclamation vers la vaste caserne où un régiment de cavalerie tenait garnison : une manifestation solennelle fut décidée. Le lendemain la garde nationale et la garnison fraternisèrent sur la grande place et défilèrent ensemble aux cris mille fois répétés de : « Vive la République ! » Une adresse rédigée à l'hôtel de ville fut couverte de signatures ; des patriotes furent désignés pour la porter à Paris. Enfin une souscription fut ouverte le jour même en faveur des Parisiens blessés pendant les journées de février.

Les légitimistes et les cléricaux de la Bretagne accueillirent la République avec la même satisfaction que les libéraux. Les légitimistes la considérèrent comme une porte rouverte à leurs espérances, et se hâtèrent de se faire inscrire sur les contrôles de la garde nationale ; les cléricaux pensèrent qu'ils pourraient arriver au pouvoir par la République aussi bien qu'à la faveur d'une dynastie quelconque. Fait digne de remarque, les opérations du tirage au sort qui concordaient avec l'installation du nouveau gouvernement s'accomplirent pour la première fois dans toute l'étendue de la Bretagne sans donner lieu au plus petit désordre : jamais, depuis cette époque, l'obligation du service militaire n'y a soulevé de difficultés. Les élections à l'Assemblée nationale, faites sous le régime du suffrage universel brusquement inauguré fournirent un nombre mêlé de républicains, de légitimiests, de cléricaux. Le Finisterre et l'Ille-et-Vilaine furent au nombre des dix départements qui donnèrent une majorité à Lamartine. L'avenir s'ouvrait souriant; mais déjà commençaient à Paris les fautes nombreuses qui devaient perdre cet essai de République.

Le coup mortel lui fut porté aux journées de juin : cent mille ouvriers sans ouvrage mirent leurs bras au service des jacobins de l'époque, des *rouges* comme on les appelait, propagateurs de doctrines socialistes et communistes dont Aristophane se moquait déjà dans Athènes deux mille ans auparavant; de nombreux agents bonapartistes, travaillant pour le compte du prince Louis, fils de la reine Hortense, poussèrent en même temps à l'insurrection. La guerre civile la plus infâme éclata dans les rues de Paris. Mais le général Cavaignac, revêtu par l'Assemblée de tous les pouvoirs, écrasa les rebelles. La France, au premier appel du pouvoir, s'était levée tout entière pour marcher sur eux. Les gardes nationales de Bretagne prirent par la Normandie la route de Paris. Les Normands qui n'avaient pas oublié les vigoureux efforts des Bretons de 1793 en faveur des lois, leur firent un éclatant accueil. Normands et Bretons marchaient ensemble encore une fois sur les insurgés lorsque la nouvelle de la victoire leur fit rebrousser chemin. Cette déplorable guerre eut pour effet de persuader aux populations qu'il fallait selon l'expression consacrée, une main ferme pour gouverner la France, en d'autres termes un pouvoir despotique. C'est de nos jours seulement que le peuple français a commencé à comprendre qu'il trouvera plutôt l'honneur, la sécurité, la prospérité sous le régime d'institutions libres étayées sur le *ferme respect* des lois, ce qui vaut mieux que d'être gouverné par une *main ferme* agissant au dehors de tout contrôle.

Au fond de la question sociale il y avait des intérêts dignes de sollicitude : c'étaient ceux de cette classe nombreuse d'hommes qui ne soutiennent leur existence que par le travail de leurs bras, et qui alors, en échange d'un pénible labeur ne recevaient qu'un médiocre salaire. Les ouvriers des villes de Bretagne s'intéressèrent peu à cette question : on ne voit guère que l'association républicaine de Nantes et le club démocratique de Fougères qui aient pris une part active à la polémique qui agitait toute la France. Un groupe d'ouvriers Nantais s'associa au pétitionnement des autres grands centres dans le but d'affirmer l'existence en tant que classe, des ouvriers, et la nécessité pour eux d'avoir au Corps législatif des représentants de leurs intérêts. Cette tendance des ouvriers à se constituer en une classe à part n'a jamais été vue avec faveur par la nation et a toujours paru contraire à ce principe de la Révolution qui ne reconnaît plus qu'une seule classe de citoyens.

On est aujourd'hui porté à établir plutôt une division entre ceux qui, par le travail, sans distinction de spécialités, produisent et augmentent les ressources de la nation, et ceux qui, passant leur existence dans l'oisiveté, ne travaillent pas, et ne produisent ni pour l'accroissement de la richesse publique ni pour le délassement ou l'instruction du peuple.

Le prince Louis Bonaparte, fils incontesté de la reine Hortense, n'avait pas dans les veines, selon l'opinion la plus accréditée, une goutte du sang de Napoléon. Le roi de Hollande, Louis, frère du premier empereur, nous a laissé des lettres où il parle de sa femme comme d'une Messaline, et se plaint de ce qu'elle lui a fait plusieurs fois subir ce triste sort auquel les têtes couronnées n'échappent pas plus que celles de beaucoup de simples mortels. La voix grandissante et persistante de l'opinion a depuis longtemps attribué pour père au futur souverain de la France l'amiral hollandais Verhuell. Quand Louis Bonaparte reparut en France, l'immense majorité des citoyens vit en lui l'héritier du nom et des desseins de Napoléon. Celui-ci, malgré les écrasants revers de la fin, subsistait dans la légende publique avec toute son auréole de gloire; on crut qu'un deuxième Napoléon ramènerait la gloire et, instruit, par l'expérience du premier, saurait éviter les désastres. La France, appelée à élire un président de la République, nomma donc à une majorité de plusieurs millions de voix le prince Louis Bonaparte. En Bretagne, le seul département du Morbihan vota presque tout entier pour Cavaignac : ce résultat était dû surtout à l'influence cléricale et légitimiste ; les prêtres et les rares partisans des Bourbons considéraient, les premiers à tort, les seconds avec raison, que le rétablissement de l'empire mettrait à néant leurs plus chères espérances.

La République n'en continua pas moins à être énergiquement affirmée dans les villes. Nantes, Rennes, Brest, Saint-Brieuc, Quimper, Lorient, Morlaix, devinrent des centres actifs de polémique et de publications où furent abordées toutes les questions sociales et politiques à l'ordre du jour. La Bretagne se montra comme toujours ennemie implacable de l'anarchie et désireuse de voir l'ordre se consolider en France par l'établissement d'une bonne constitution. Mais la France devait subir plus d'une fois encore l'éternel inconvénient de son excessive centralisation, inconvénient qui consiste en ce que tout parti victorieux au centre possède les plus grandes facilités pour imposer au reste du pays sa domination. L'ambitieux aventurier qu'elle venait de mettre à sa tête se préparait déjà à exploiter cette situation.

En attendant, des esprits éminents crurent le salut possible par l'union intime de l'armée active et des milices nationales. C'est ce que le général Le Flô s'attacha à faire ressortir en présence de ses compatriotes de Lesneven qui lui offraient leurs voix pour la députation à la Constituante : « C'est avec bonheur, leur dit-il, que je me trouve en présence de votre garde nationale, à laquelle je puis exprimer, sans crainte d'être démenti, au nom de toute l'armée, ses profondes affections, son dévouement inaltérable. La garde nationale et l'armée, les deux forces les plus vitales de la France, sœurs désormais par les mêmes dangers subis, par les mêmes services rendus, ont sauvé la France et la République au mois de juin, et les sauveraient encore si les circonstances l'exigeaient. Elles ont fait plus encore, elles ont sauvé la société tout entière, attaquée dans ses bases les plus essentielles de la religion, de la famille et de la propriété, par des hommes en démence, honte de toute nation. Honneur à la garde nationale de Paris, dont toutes les veines se sont ouvertes dans cet abominable combat de la civilisation contre la barbarie. Honneur aussi à ces braves gardes nationaux de la France, à vous, dignes et nobles enfants de la Bretagne, qui êtes accourus au premier signal d'alarme au secours de vos frères de Paris. » L'avenir devait trop facilement prouver que de telles paroles, accueillies avec faveur par quelques groupes de citoyens éclairés, ne pénétraient pas dans les masses. La France, si virile devant l'insurrection de la populace, se trouvera sans force et sans cohésion devant l'insurrection du pouvoir, et se prostituera d'elle-même à l'aventurier usurpateur du nom et de la couronne de César.

L'Assemblée constituante, déplorablement divisée, consumait en discussions et en querelles sans cesse renaissantes un temps précieux pour la France. Les partis orléanistes, légitimistes, bonapartistes, républicains, y étaient représentés en forces à peu près égales. L'avenir semblait appartenir incontestablement au parti bonapartiste dont le chef avait été élu président de la République à une si formidable majorité. Les esprits libéraux comptaient toutefois sur les élections qui devaient avoir lieu en 1852 pour faire arriver à la Chambre une majorité capable d'assurer sur les bases d'une République fortement constituée la liberté et la sécurité de la nation. Louis Bonaparte eut soin de prévenir une échéance qui pouvait le précipiter du pouvoir : il mit l'armée entre les mains de généraux dont il acheta la fidélité par des promesses de grades supérieurs et de dignités : il s'entoura de préfets vendus, sénateurs futurs de l'empire qu'il allait instituer ; et dans la nuit qui précéda le 2 décembre 1851, il fit arrêter à leurs domiciles tous les députés notoirement opposés à ses vues, hommes pour la plupart, considérables par leurs talents, leur renommée, leurs lumières, les Thiers, les Hugo, les Quinet, les Bedeau, les Le Flô, etc., etc., et les envoya en prison, puis en exil. Ayant par ce coup de violence mis la force entre ses mains, il interrogea alors la nation et lui demanda si elle acceptait et si elle approuvait le fait accompli. Une immense majorité de citoyens, émerveillés de cet acte audacieux, persuadés que dans la nuit du 2 décembre, c'était surtout le parti insurrectionnel des rouges qui avait été frappé, la donnèrent pleine et entière. Or jamais la loi et les constitutions de la France n'avaient été plus indignement violées que cette nuit là; et jamais la France ne donna un exemple plus grand d'ignorance ou de lâcheté qu'en ratifiant ce qui avait été fait. Un article de la constitution ordonnait, en cas d'une pareille violation, la levée en armes de tous les citoyens pour s'y opposer. De nombreux citoyens, à Paris et dans vingt-six départements du midi, se couvrirent d'un éternel honneur en obéissant à la constitution. Le reste de la France n'ayant pas bougé, ces braves défenseurs de la loi furent mitraillés, traqués dans les bois et exportés par milliers. Dérision amère! leurs compatriotes, dont les représentants librement élus avaient fait les lois, les traitèrent d'*insurgés* parcequ'ils se levaient pour défendre ces lois, et Bonaparte, le véritable insurgé, fut couvert d'acclamations! Tel avait été le sort des Bretons en 1793, lorsqu'en une circonstance analogue ils s'élancèrent contre les Montagnards. Les hommes de Paris et du Midi ne furent pas plus appuyés en 1851 que ne l'avaient été jadis les hommes de l'Ouest. La Bretagne du reste, complètement trompée, crut que le Président n'avait fait que prévenir par un coup hardi une insurrection prochaine des socialistes et qui devait être plus formidable encore que celle de juin; elle accepta donc l'usurpation qui venait de se produire comme une inévitable nécessité, mais, il faut le dire à son honneur, sans enthousiasme.

Ce fut donc sur les souffrances de citoyens illégalement emprisonnés, exilés, déportés, sur les cadavres de nombreux défenseurs de la loi que s'éleva le second Empire. Il serait puéril de nier les développements considérables que prirent l'industrie, le commerce, la prospérité publique dans les années qui suivirent ; mais il serait tout aussi puéril de considérer ces développements comme un résultat exclusivement dû aux institutions de l'Empire; la Restauration, le règne de Louis-Philippe furent témoins de recrudescences pareilles dans le développement des ressources nationales : c'est au génie productif de la nation qu'il faut en faire honneur et non à l'influence directe de tel ou tel régime : les intérêts matériels s'accommodent avant tout de l'ordre, de la paix, de la sécurité sans s'inquiéter du nom ou de la légalité du régime qui les lui donne ; mais il y a autre chose dans une nation que des moëllons, des machines et des champs de blé, il y a des intelligences ; et quand les intérêts intellectuels ne sont pas satisfaits, on ne tarde pas à s'apercevoir que les intérêts matériels s'en ressentent.

Le second Empire, né dans un coupe-gorge à la suite d'un coup nocturne, faisant reposer la transmission du pouvoir sur une lignée dynastique, fut la négation même de la liberté. La confiance immense de la France en Napoléon III l'empêcha d'abord de s'en apercevoir : elle s'était livrée pieds et poings liés, et parce qu'elle s'était empressée d'attacher elle-même les chaînes qu'on lui jetait, elle pouvait, étrange illusion, se croire encore libre. Nous avons dit que la Bretagne avait accepté le joug, mais sans enthousiasme. La glace se rompit en 1858. Jamais souverain n'avait parcouru dans toute son étendue, cette intéressante et patriotique province. François Ier, Henri IV, Napoléon s'y étaient à peine montrés, soit à Rennes, soit à Nantes. Quand Napoléon III, accompagné de sa femme, entouré du prestige que nos soldats venaient de lui conquérir en Crimée, se présenta dans les villes de Bretagne et les parcourut une à une, l'enthousiasme se fit jour avec d'autant plus d'éclat qu'il avait été longtemps contenu. Bourgeois, ouvriers, paysans, se précipitèrent sous les pieds de ce meurtrier qui reconnaissait lui-même avoir commis un crime dont la nation, disait-il, l'avait absout : il était loin de soupçonner alors qu'un jour, revenue de sa surprise, elle lui en demanderait compte. Les notes discordantes d'opposition furent rares ; le clergé lui-même, comblé de faveurs par le régime impérial, arracha les paysans du fond de leurs campagnes et les entraîna sur les routes par bandes innombrables pour saluer César à son passage. Le parti légitimiste qui n'a d'influence en Bretagne qu'autant que le clergé veut bien lui en laisser prendre se trouva complètement annihilé.

On sait que le suffrage universel, brusquement appliqué en 1848, restreint par l'Assemblée constituante, fut rétabli au lendemain du coup d'Etat. La France a fait sous le second Empire l'expérience que ce mode de votation, si avantageux chez les nations dont les citoyens possèdent des éléments suffisants d'instruction, devient un véritable fléau entre les mains de citoyens aussi profondément ignorants que l'étaient alors la plupart des Français. Plus qu'aucune autre province la Bretagne a souffert de l'introduction de ce système. A la faveur du suffrage universel les partis réactionnaires, les prêtres, les propriétaires légitimistes et cléricaux, meneurs de paysans sans connaissances, sans initiative, sans idées politiques nettement déterminées, ont pris contre les villes leur écrasante revanche de la période révolutionnaire. On connaît le moyen imaginé par l'Empereur et ses ministres pour tenir la nation dans un état de tutelle permanent : ils découvrirent le système célèbre des candidatures officielles. « Nous vous reconnaissons le droit, disaient aux populations l'empereur et ses ministres, de contrôler nos actes; seulement nommez pour nous contrôler des hommes qui soient nos amis et qui approuvent tous les comptes que nous leur présenterons. » Et les populations nommaient ! cela se passait en France il y a quelques années. Quand l'esprit public s'aperçut enfin de la défectuosité du système, et que les villes de Bretagne, en particulier, voulurent réagir, leurs votes furent engloutis sous les innombrables bulletins des campagnards, machines inconscientes, qui dirigés par le préfet, l'évêque et les curés, marchaient au scrutin par obéissance et ne soupçonnaient nullement la gravité de l'acte qu'ils accomplissaient.

En 1863, la Bretagne, ayant une population de près de trois millions d'habitants, ne fut représentée à la Chambre que par deux députés indépendants, Lanjuinais, fils du célèbre conventionnel, élu à Nantes, et Glais-Bizoin, élu dans les Côtes-du-Nord. M. Thiers qui avait été porté dans ce département obtint seulement quatre mille suffrages. Si l'on songe à l'état de la France à cette époque et au petit nombre de représentants de l'opposition qui furent élus, on trouvera que ces résultats étaient beaux. Mais en 1869, les villes, quoique l'esprit d'indépendance s'y fût réveillé, furent absolument écrasées : en vain les voix destinées à l'opposition présentèrent un ensemble aussi imposant qu'en toute autre partie de la France ; les voix réunies des campagnes furent plus nombreuses encore, et dans l'infortunée Bretagne le triomphe de l'ignorance abjecte sur l'intelligence instruite et éclairée fut plus complet que jamais. La province ne put parvenir à faire passer un seul député qui ne fût marqué à l'estampille du gouvernement. Le docteur Guépin échoua dans la Loire-Inférieure, Glais-Bizoin dans les Côtes-du-Nord, Thiers dans le Finisterre, Jules Simon, un des plus honorables représentants du progrès contemporain, ~~célèbre pour avoir été à la Chambre l'un des cinq opposants qui seuls dans les premières années de l'Empire se tinrent debout au milieu de la prostration générale, Jules Simon,~~ n'obtint pas deux mille voix dans le Morbihan son département natal. Parmi les députés de la période impériale qui bien que candidats officiels firent preuve aux Chambres d'une louable indépendance, on ne peut citer que MM. de Janzé et Carré-Kérisouët, tous deux de la circonscription électorale de Loudéac. M. de Kératry qui fit à l'empire, dans la dernière année, une si vigoureuse opposition fut élu plus tard dans la circonscription de Brest.

Les paroles qu'Ogée prononçait au siècle dernier sur l'état d'abjection matérielle des populations centrales de la Bretagne aurait pu avec de légères modifications s'appliquer de nos jours à l'état scientifique et intellectuel de ces mêmes populations. Si l'activité maritime et commerciale des régions côtières contribua, pendant la période impériale, à soutenir le niveau de l'esprit public dans la plupart des villes que baignent la Manche et l'Océan, aucun stimulant n'imprima son action aux petites villes du centre : l'influence meurtrière d'une centralisation sans contrôle s'y exerça avec des effets désastreux, et une sorte de mort politique s'étendit bientôt sur les habitants de petites cités telles que Ploërmel, Josselin, Guémené, Pontivy, qui s'énorgueillissaient autrefois de marcher sur la même ligne que les centres les plus avancés. Aux élections de 1869, la circonscription de Ploërmel-Pontivy fut dans toute la Bretagne la seule où le candidat impérial ne rencontra point de concurrents : les citoyens éminents qui auraient pu entrer en lice avaient jugé inutile de se présenter à des hommes qui ne semblaient plus l'être que de nom. Voici du reste la principale explication de cet affaissement singulier. Napoléon Ier, désireux de faire pénétrer jusqu'au fond des campagnes bretonnes les idées de la Révolution dont il se disait le représentant, et frappé de ce que Pontivy avait été choisi deux fois pour point de réunion par la fédération bretonne, avait entrepris de faire de cette localité une ville importante : il y fit commencer des travaux considérables et lui donna son nom dont la Restauration la débarrassa en 1815. Elle le reprit à l'avènement du second empire, et dans l'attente d'une nouvelle pluie de faveurs, perdit avec son ancien nom le vieil esprit d'indépendance qui la caractérisait. C'est sous l'influence de cet état de choses que les habitants de la contrée, s'abandonnant eux-mêmes, prirent pendant le règne de Napoléon III l'habitude de laisser l'administration et les prêtres agir et penser à leur place. Depuis la chûte de l'empire des efforts ont été tentés pour ramener la vie publique dans ces régions. La plupart des villes ont commencé à reprendre leur libre et antique esprit, mais il reste actuellement aux habitants à ressaisir au milieu de leurs campagnes une influence qu'ils n'auraient jamais dû perdre, à se faire, à l'aide du contact journalier, les instructeurs de leurs paysans, et à les gagner à leur cause, qui est la cause nationale, par une action modérée, mais persistante.

Les inconvénients du despotisme impérial avaient

fini par frapper les regards les moins pénétrants : un nouvel ordre de priviléges, où l'avantage de la naissance avait il est vrai moins de part que sous l'ancien régime, s'était formé en faveur des citoyens et des familles amis de l'empereur et de sa dynastie : les fidèles obtenaient à l'envie emplois, gros traitements, honneurs, dignités. On voyait de hauts fonctionnaires absorber sur l'épargne du pays des rentes annuelles de trois à quatre cents mille francs, somme qui aurait suffi à faire vivre chaque année tous les habitants d'un gros bourg de Bretagne; l'empereur et sa famille dévoraient à eux seuls quarante à cinquante millions par an. Une duchesse de Morny, une femme de sénateur, déjà riches des traitements énormes de leurs maris, continuaient après la mort de ceux-ci à toucher des pensions de six à dix mille francs, tandis que de pauvres veuves d'employés ou de soldats chargées d'enfants s'estimaient heureuses quand elles pouvaient recevoir une rente de cent et quelques francs; on cite même une institutrice qui après avoir passé quarante ans de sa vie à instruire les enfants de sa commune, reçut pour soutien annuel de sa vieillesse la rente dérisoire de cinquante-quatre francs !

L'armée, si instruite, si solide au début du règne était en pleine décadence : si quelques esprits éminents parvenaient à percer malgré les obstacles, tel n'était pas toujours le sort du mérite qui, dans l'armée comme dans les autres grands corps d'administration, voyait le plus souvent l'incapacité souple et rampante arriver avant lui. L'ignorance, la frivolité, l'incapacité d'une foule d'officiers des dernières années de l'empire ont pendant la guerre prussienne excité en France la plus douloureuse émotion, en Europe la pitié des uns, la risée des autres selon la sympathie ou la haine que les nations avaient pour nous. Mais nous n'en finirions plus et nous sortirions tout-à-fait de notre cadre si nous nous laissions entraîner à examiner ici tous les sujets de mécontentement qui faisaient présager un cataclysme prochain.

Quand la nation indignée, éclairée sur la nature coupable du coup d'État de 1851, commença à s'agiter et à gronder, l'empire inquiet prépara des semblants de réforme, rouvrit les clubs où des agents payés par lui ressuscitèrent les théories sociales et communistes de 1848, et firent retentir les réunions publiques de discours incendiaires; après quoi il soumit de nouveau son pouvoir à la sanction nationale. Le peuple effrayé une seconde fois se replaça sous le joug à une majorité de plusieurs millions de *oui*. Quinze-cent mille citoyens cependant avaient osé cette fois répondre: *non* ! La Bretagne, qui décidément avait perdu la mémoire des grands jours de son histoire, rendit en cette circonstance à l'empire une forte partie des voix qu'elle lui avait retirées en 1863 et en 1869. Une année aprés éclatait la guerre contre la Prusse, guerre inévitable, mais maladroitement et prématurément engagée par le pouvoir impérial qui sentait le terrain manquer sous lui et qui dans sa précipitation à se sauver saisissait à la hâte l'occasion de se raccrocher à de la gloire.

Les tristes évènements de cette guerre sont présents à toutes les mémoires. Pour trouver dans notre histoire des exemples de désastres comparables à ceux que nous avons éprouvés, il faut remonter aux temps du moyen-âge, et citer les noms de Crécy, d'Azincourt et de Poitiers. Les Prussiens trouvèrent dans nos rangs pour alliés sûrs et fidèles la routine, les entraves absurdes d'une mauvaise administration, l'indiscipline des soldats, l'ignorance, la négligence, la monstrueuse incapacité d'un grand nombre de chefs. On sait comment fut dévorée en trois semaines l'unique armée française qui fût capable, malgré ses défauts, de lutter avec quelque avantage contre les armées de l'Allemagne. L'empire tomba sur le champ de bataille de Sédan. La population de Paris, la vraie, la grande population, et non les émeutiers de Belleville et de la Villette, ainsi que des hommes intéressés ont osé l'écrire, n'eut qu'à se montrer sur la place de la Concorde, le 4 septembre 1870, pour voir disparaître les derniers vestiges d'un régime déshonoré. Paris, comme en 1848, offrit à la France la République et un gouvernement, qui prit le titre de gouvernement de la Défense nationale. Bien que l'installation de cette République ne fut ni légale, ni régulière, il était impossible en un pareil moment que la France n'acceptât pas.

Les villes de Bretagne accueillirent la République avec le même entraînement qu'en 1848, et le peuple de Nantes, saisi d'un élan semblable à ceux de 89 et de 92, chanta à genoux la Marseillaise.

La Bretagne fut représentée au gouvernement de la Défense nationale dans une proportion supérieure aux services qu'elle avait, comme province, rendus sous l'empire, à la liberté. Elle y compta d'abord un des noms les plus honorablement connus du public et de l'armée, le général Trochu qui y fut appelé à une présidence plus honorifique que réelle et qui avait déjà été chargé par le gouvernement impérial de la défense de Paris ; elle y compta ensuite Jules Simon, Glais-Bizoin ; puis le général Leflô au ministère de la guerre, Kératry à la préfecture de police. Cette composition eut pour effet de surexciter au plus haut point le sentiment national breton qui a sa source, non dans le secret désir de faire bande à part comme des hommes éminents l'ont quelquefois pensé, mais dans la satisfaction et le légitime orgueil des services rendus de tout temps à la grande patrie. Les Bretons se souvinrent des jours où Duguesclin sous Charles V, où Olivier de Clisson sous Charles VI, où Arthur de Richemont à côté de Jeanne Darc chassaient les Anglais de France : ils se levèrent en masse avec enthousiasme et devançant l'appel de plusieurs semaines formèrent à la hâte de nombreux bataillons de gardes-mobiles et de gardes-nationaux mobilisés.

L'enthousiasme dans Paris n'était pas moindre, et le peuple s'y trouvait porté à un degré d'exaltation qui permettait d'en attendre tous les héroïsmes. Diverses circonstances trompèrent cependant encore une fois l'espoir de la France. D'abord le gouvernement de la défense composé d'un trop grand nombre de membres à peu près égaux en influence manqua forcément d'unité. Comme l'a reconnu trop tard le général Trochu, il eût mieux valu que, dans la prévision d'un siége, le gouvernement s'établît tout entier en province et laissât Paris à la discrétion du pouvoir militaire. Dans les conditions où il se trouva placé le général perdit trop tôt confiance et manqua de l'énergie nécessaire pour obtenir de son entourage une discipline et par suite une unité d'action dont la population de Paris avait sur-le-champ fort bien compris la nécessité. D'autre part des discordes intestines étaient à redouter : le gouvernement, bien loin de les étouffer lorsqu'elles n'étaient encore qu'au germe, commit la faute de leur préparer l'avenir en comprenant impolitiquement et en dehors de tout droit, dans son décret d'amnistie, une poignée de misérables qui quelques jours auparavant avaient pour la première fois levé le drapeau de la Commune et massacré à la Villette deux ou trois citoyens inoffensifs. Lorsque de pareils faits se renouvelleraient à l'avenir, quel tribunal oserait désormais frapper des crimes innocentés une première fois par le gouvernement lui-même ; c'était se condamner par avance à une longue impuissance. Il était évident que ce gouvernement qui se montrait dès le début si faible et si partial ne saurait jamais, comme le Comité de salut public en 1793, introduire parmi ses milices de citoyens la règle et la vigueur indispensables pour sortir avantageusement d'une crise plus terrible assurément qu'aucune de celles qui menacèrent la France pendant la période révolutionnaire. En vain le général Trochu déféra plusieurs fois aux conseils de guerre, composés d'officiers de la garde nationale, des hommes coupables du délit d'indiscipline : ces hommes furent constamment acquittés.

La leçon ne tarda pas à se présenter rude, implacable. Le 8 octobre, trois cents gardes nationaux de Belleville guidés par Flourens descendirent sur l'Hôtel-de-Ville : M. de Kératry se hâta d'y introduire par les souterrains le bataillon des mobiles d'Ille-et-Vilaine ; un bataillon de la garde nationale accourut en même temps au dehors sur la place, et le péril fut momentanément conjuré ; mais M. de Kératry ne put obtenir ni du commandant de la garde républicaine ni du général Trochu qui déclina sa compétence les forces et les moyens nécessaires pour opérer l'arrestation de Flourens : le préfet de police se démit de ses fonctions et quitta Paris par ballon pour aller solliciter, mais vainement, les secours de l'Espagne, puis pour revenir organiser en province les forces de la Bretagne.

Flourens, épargné une première fois, revint à la charge comme on devait s'y attendre : il saisit le prétexte de pourparlers engagés pour la conclusion d'un armistice. Le 31 octobre, il envahit l'Hôtel-de-Ville : dans l'espace de deux mois les quinze insurgés graciés de la Villette étaient devenus une armée de six à sept mille hommes. Le général Trochu, et plusieurs de ses collègues, enveloppés par ces bandes demeurèrent captifs dans la salle du conseil. La garde nationale descendit en armes et les délivra : un bataillon de mobiles bretons acheva de dégager l'Hôtel-de-Ville. Dans le conseil tenu le lendemain par le gouvernement de la Défense, MM. Rochefort et Trochu se prononcèrent presque seuls pour une répression énergique et immédiate : la majorité du conseil fut d'un avis contraire. Flourens, incarcéré néanmoins quelques jours après, put avec la plus grande facilité s'échapper de prison. Sa coupable tentative demeura une seconde fois impunie.

Tandis que ces choses se passaient à Paris, M. Gambetta à la tête d'une délégation du gouvernement, faisait en province sortir des armées de terre. Certes les plus tristes abus, une organisation exécrable rendaient ces armées des instruments bien fragiles en face des troupes les mieux disciplinées de l'Europe : cependant le nombre et une bonne direction pouvaient suppléer à l'indiscipline des conscrits et à l'inexpérience d'une foule d'officiers de hasard. Malheureusement la direction fit défaut. M. Gambetta qui, malgré ses fautes, se présentera dans l'histoire avec l'honneur considérable d'avoir puissamment contribué à faire la France tenir debout quatre mois encore après que tout le monde la croyait abattue, se trompa quand il prétendit marcher au secours de Paris par les plaines découvertes de la Beauce au lieu d'agir par les terrains accidentés et couverts de bois de la Normandie, ainsi que le souhaitaient M. de Kératry et le général Trochu : la nature de ce dernier champ de manœuvre annulait les effets supérieurs de l'artillerie prussienne et donnait l'avantage à ce courage individuel que les Français possèdent au plus haut degré. Il commit une autre erreur en laissant opérer, en dépit des efforts deux fois tentés par le général Chanzy pour l'en détourner, une diversion sur Béfort à cent cinquante lieues de Paris. En se conformant à l'avis du général Chanzy qui était de faire une tentative contre la ligne prussienne du côté de Nancy, on courait plus sûrement la chance de la couper et de dégager du même coup Paris et Béfort; car à Nancy, en plein pays français, les Prussiens étaient certainement plus vulnérables qu'autour de Béfort où ils avaient pour base d'opérations l'Allemagne elle-même. De plus, en attaquant vers Nancy, point éloigné de toute frontière, on évitait indubitablement la catastrophe dont Bourbaki a été victime.

Mais l'erreur la plus grave peut être de M. Gambetta, et qui doit occuper dans ce récit une place exceptionnelle, est celle qu'il paraît avoir commise à l'égard de l'armée de Bretagne. M. de Kératry qui connaissait la province et tout le parti qu'on pouvait en tirer avait sollicité et reçu de M. Gambetta la mission d'organiser les forces mobilisées de la Bretagne et d'en former une armée destinée à agir par la Normandie pour ravitailler Paris. Accueilli à Vannes et à Lorient par les cris de : « Vive la République ! » M. de Kératry fit à Nantes, à la salle Graslin et au club de la Renaissance, appel à tous les Bretons sans distinction de parti, et cet appel, eu égard aux circonstances, était peut-être le seul raisonnable. La plus vive ardeur s'empara de toute la Bretagne. Le comité de Nantes demanda l'examen immédiat des ressources contenues dans les arsenaux de Lorient et de Brest. Le comité de Lorient demanda qu'on mît sur-le-champ à la disposition des citoyens toutes les armes et tous les projectiles non compris dans la défense de la rade et du port, ainsi que les objets d'équipement et d'habillement; ajoutant que si on les refusait, la ville de son côté refuserait le départ des gardes nationaux mobilisés et n'entendrait accepter à aucun prix la responsabilité de désastres certains; les Lorientais allèrent jusqu'à déclarer que dans tous les cas ils saisiraient ces armes, munitions et effets, pour les besoins de la défense de la Bretagne. En attendant les envois du gouvernement, Nantes et Brest armèrent elles-mêmes leurs bataillons de fusils Snider; en même temps les bretons des villes et des campagnes accoururent au camp de Conlie. Certes on peut dire que dans les circonstances critiques où se trouvait la France l'attitude de la Bretagne fut digne des anciens jours. Quelques lâchetés isolées d'individus qui se cachèrent dans certaines villes pour échapper au devoir, ne sauraient entacher la province entière, si grande, si héroïque.

M. de Kératry comptait employer une couple de mois à l'armement et à l'organisation de son armée. Il établit à six lieues en arrière du Mans, à Conlie, un camp qui n'avait aucune importance stratégique et qui dans sa pensée ne devait être qu'un camp d'instruction. Des derniers jours d'octobre aux premiers jours de décembre ce camp reçut cinquante mille Bretons tirés du Morbihan, de la Loire-Inférieure, des Côtes-du-Nord, du Finisterre, de l'Ille-et-Vilaine et de la Mayenne. M. de Kératry avait choisi pour administrateur M. Carré-Kérisouët, pour contrôleur M. de Kerjégu. Le général Le Bouëdec avait le commandement du camp; MM. Rousseau, ingénieur civil de Brest, et Jullien, colonel d'artillerie en avaient tracé les fortifications. Quand il fut question d'obtenir des armes, des difficultés sans nombre furent suscitées par les administrations de la guerre et de la marine. M. de Kératry alla jusqu'à reprocher à M. Gambetta d'armer, de préférence aux mobilisés, des étrangers qui venaient à Tours crier sous ses fenêtres : *Vive la République !* Les Bretons de Conlie n'étaient à la vérité pas plus en état de crier *vive la République* que *vive le Roi*, mais décidés à se bien battre, et cette raison aurait dû suffire pour leur donner des armes. Il faut ajouter que quelques municipalités bretonnes à qui on s'adressa pour le même objet montrèrent soit la même impuissance, soit la même mauvaise volonté que le gouvernement de Tours. M. de Kératry qui depuis un mois faisait exercer les hommes avec des bâtons, parvint enfin au prix de difficultés inouïes et en partie à l'aide de sacrifices offerts par des particuliers à armer douze mille hommes. Au même instant il reçut un appel désespéré de M. Gambetta qui l'invitait à marcher avec tout ce qu'il avait de troupes disponibles pour appuyer la division du capitaine de vaisseau Jaurès, fait général, et pour former obstacle aux Prussiens qui se dirigeaient sur le Mans. Dans la dépêche on lisait cette phrase : « Je vous conjure d'oublier que vous êtes Breton, pour ne vous souvenir que de votre qualité de Français ! » Quels actes d'hostilités les Bretons, depuis la consécration par le temps de l'union intime des provinces qu'ils provoquèrent eux-mêmes en 1790, avaient-ils donc commis envers la France pour que l'on conçût d'eux cette injuste méfiance ? Et le général en chef lui-même en quoi s'était-il montré plus Breton que Français ? M. de Kératry n'en marcha pas moins à l'ennemi avec ses douze mille hommes, renforcés de trois mille recrues tirées des dépôts de la ligne établis au fond de la Bretagne, et d'une artillerie composée de quatre batteries et de cinq mitrailleuses ; trois de ces batteries furent traînées à bras par les marins, faute d'attelages, pendant treize heures. L'armée s'établit en avant d'Yvrée-l'Evêque, poussant des reconnaissances vers Bouloire, Connerré et Saint-Calais; les troupes qui n'avaient pas eu le temps d'apprendre à tirer à la cible, s'exercèrent sur les positions qu'elles occupaient. Les Prussiens étonnés de rencontrer des forces n'osèrent attaquer et battirent en retraite.

Après cette expédition, M. de Kératry, mandé à la préfecture du Mans, y reçut verbalement de M. Gambetta l'injonction de se mettre avec l'armée de Bretagne aux ordres du capitaine de vaisseau Jaurès. En même temps M. de Freycinet lui reprocha de n'avoir pas, dans l'expédition qui venait d'avoir lieu, fait preuve d'assez de promptitude. M. de Kératry eût peut-être mieux fait de se souvenir de Kléber et de Marceau conservant au milieu de déboires beaucoup plus cruels, leurs services à la patrie, de Moreau se mettant en Italie, quoique déjà illustre, sous les ordres de l'incapable Schérer; mais dans ce temps de susceptibilités où nous vivons, venant d'ailleurs d'hommes qui devaient surtout au hasard des circonstances un pouvoir dépourvu de toute sanction légale, la pilule parut amère. M. de Kératry donna sa démission entraînant avec la sienne celle de son ami, M. Carré-Kérisouët.

Le général de Marivault remplaça au camp de Conlie l'ex-général en chef de l'armée de Bretagne; la division des douze mille Bretons d'Yvrée-l'Evêque qu'avait formée M. de Kératry et à la tête de laquelle il avait mis le général Gougeard, chef énergique et dur, passa au 21ᵉ corps commandé par le général Jaurès. Les Bretons continuèrent d'affluer au camp, mais ne furent pas plus armés qu'auparavant. En proie à l'inaction et aux rigueurs de l'hiver ils croupirent plusieurs semaines dans les boues restées célèbres de Conlie. Le général de Marivault dut n'en garder au camp que quelques milliers, il dispersa les autres dans les villes de Bretagne. La population de Rennes, sans distinction de parti, fut saisie d'une douloureuse émotion à la vue de ces infortunés, hâves, décharnés, sans fusils, à peine couverts de vêtements. Leur retour en Bretagne fut marqué par des décès nombreux dont le pays a gardé le pénible souvenir. Ainsi avorta ce noble effort d'une province qui, malgré les maux causés chez elle par les partis réactionnaires et par les partis autoritaires, a occupé longtemps et occupe encore aujourd'hui une place des plus honorables au sein de la grande famille française.

Quatre-vingt mille Bretons, d'octobre à janvier passèrent au camp de Conlie. La Défense utilisa seulement les douze mille hommes du général Gougeard. Après un examen attentif des dépêches, ordres et documents, il est impossible de ne pas reconnaître chez les membres du gouvernement de Tours, à partir d'un certain moment, la volonté arrêtée de ne pas faire concourir à la défense commune les forces mises sur pied par la Bretagne, et cette volonté est évidemment inspirée par la crainte de voir tomber plus tard aux mains des meneurs royalistes de ce pays une force considérable toute prête et toute organisée. M. Gambetta qui accepta avec empressement le concours des hommes de tous les partis, évita avec infiniment de raison de donner des commandements trop étendus aux principaux des chefs royalistes si antipathiques à l'immense majorité de la nation française, mais s'il crut apercevoir dans l'armée de Conlie l'instrument futur d'une tentative de restauration monarchique, il se trompa complètement, victime qu'il fut de la fâcheuse ignorance et des vaines frayeurs de son entourage. Il fallut que les délégués à la guerre eussent l'imagination bien surexcitée pour se figurer que des hommes qui depuis soixante ans ont accepté sans murmure tous les régimes qui ont passé sur la France allaient s'éprendre tout-à-coup d'un bel amour pour la royauté et faire usage de leurs armes au profit de Henri V, eux qui en 1815, sur trois ou quatre cent mille valides qu'ils étaient, se levèrent au nombre de quatre à cinq mille à peine contre le retour de Bonaparte, et qui depuis n'ont jamais remué à quelques troubles que la France ait été en proie.

En général, les paysans bretons n'ont pas d'opinion politique ; ils commencent à peine à en avoir une aujourd'hui et cette opinion, malgré les maladresses et l'injuste méfiance dont ils ont été l'objet, les porte en assez grande partie vers la République. La plupart de ces paysans sont malheureusement ignorants. Au jour du scrutin, ils vont sous la surveillance des prêtres, auxquels ils obéissent par habitude, mettre dans l'urne un bulletin qu'ils sont hors d'état de lire ; mais il n'est certes pas d'hommes, en dehors des agents de l'autorité, sans distinction de gouvernements, qui aient sur eux assez d'influence pour leur faire prendre les armes. Nous l'affirmons ici sans crainte d'être démenti : dans le cas où par un malheur aujourd'hui improbable de nouvelles discordes civiles viendraient à éclater sur la France, tous les prêtres et tous les hobereaux réunis de la Bretagne ne parviendraient pas à armer contre les villes, dans les cinq départements, une troupe de vingt campagnards. De 1790 à 1793, leurs excitations furibondes ont à peine provoqué trois émeutes ; il a fallu pour déterminer le soulèvement formidable de 1793, que la Révolution, aux yeux de ces paysans abusés, parût vouloir prendre leurs corps pour en faire de la chair à canon. Pour occasionner aujourd'hui un soulèvement pareil il faudrait que les hommes des villes, après avoir détruit les églises s'emparassent de leurs bestiaux et missent le feu à leurs chaumières, suppositions absurdes. Les paysans bretons qui aiment la Bretagne comme le parisien aime Paris, comme le marseillais Marseille, sont d'excellents Français, et l'ont prouvé dans cette guerre en offrant en masse leurs bras et leurs vies contre les Prussiens ; si l'on a repoussé leur concours, leur dévouement n'a pas été moins méritoire ; ils ont réparé en 1871 leur grande erreur de 1793 ;

beaucoup d'entre eux ont quitté femmes et enfants pour accourir devant l'ennemi : honneur à eux, ils ont bien mérité de la patrie.

La division du général Gougeard rendit à l'armée de la Loire les plus éminents services. Pendant toute la durée de la campagne elle se fit remarquer par sa solidité dans la résistance, par son intrépidité dans l'attaque. A Fréteval, dans une de ces charges téméraires auxquelles on ne doit avoir recours que dans les cas extrêmes, c'est le capitaine Collet qui s'élance sur les Prussiens à la tête de ses marins, et se fait tuer, malheureusement sans utilité. Dans la retraite après Vendôme, le général Gougeard serré de près par l'ennemi se voit attaqué à Droué ; ses mobiles ébranlés reculent ; il les rallie, les dispose derrière les haies, les porte en avant et culbute les Allemands qui sont chassés du village ; la division continue sa retraite en sécurité. Au Mans, les Bretons se couvrent de gloire ; voici en quels termes en parle le général Chanzy dans son rapport à M. Gambetta : « Devant la panique de la 2e division, le général de Colomb donna au commandant des troupes de Bretagne l'ordre de reprendre Auvours, coûte que coûte. Cette mission périlleuse était en bonnes mains : le général Gougeard se mettant lui-même à la tête d'une colonne d'attaque d'environ deux mille hommes, composée du premier bataillon des volontaires de l'Ouest, des mobiles des Côtes-du-Nord et de quelques débris ralliés du 17e corps, aborda résolument la position et la reprit après une action des plus brillantes et des plus vigoureusement menées. Les volontaires de l'Ouest s'étaient montrés héroïques. Ils avaient soutenu sans hésitation la terrible fusillade qui les accueillit et s'étaient battus corps à corps, mais leurs pertes étaient considérables. Les autres troupes les avaient imités. Le général Gougeard avait eu son cheval percé de six balles ; le général en chef le nomma sur le champ de bataille commandeur de la légion d'honneur. »

Malheureusement à l'autre aile de l'armée les choses ne se passaient point ainsi. Ah ! si les soixante mille Bretons qui avaient été renvoyés dans leur pays après avoir piétiné six semaines dans les boues avaient pu accourir prendre part à la bataille, il n'est pas douteux que les choses eussent changé de face ! Au lieu de cette belle armée détruite sans avoir vu le feu, on fit venir les quelques bataillons d'Ille-et-Vilaine qui étaient restés au camp ; avant de les faire partir on leur mit entre les mains des fusils Snider rouillés, encrassés, avec lesquels ils n'eurent pas même le temps de s'exercer à la cible. Ces malheureux allèrent se poster à la Tuilerie, naïvement persuadés que puisque l'on n'avait pu les faire périr par les boues et par les maladies, on voulait s'en débarrasser en les livrant aux Prussiens. Dans le dessein du général Chanzy leurs bataillons ne devaient être employés que pour faire rideau ; la division du général Curten désignée pour venir les remplacer n'arriva pas. Dès les premiers coups de feu, la plupart de leurs fusils ratèrent ; le plus grand nombre s'enfuit dans une déroute inexprimable ; pour les arrêter un officier eut la barbarie d'en tuer deux sans produire plus d'effet sur les autres. Le bataillon de Redon, appuyé d'une compagnie de chasseurs tint jusqu'à la nuit, mais les chasseurs ayant épuisé leurs munitions battirent en retraite, le bataillon les suivit. En recevant les dépêches qui annonçaient la bataille et la défaite du Mans, le ministère de Tours eut la faiblesse de supprimer une phrase relative à l'héroïsme de la division Gougeard, et de faire ressortir que le désastre définitif était dû à la défection des Bretons. La Bretagne, dans l'histoire de nos libertés comme dans l'histoire de nos guerres, possède une page trop belle pour ne pas sourire de cette petite injustice.

Après le désastre du Mans, M. Gambetta reconnut, mais trop tard, l'erreur qu'il avait commise en n'utilisant pas les forces de Bretagne qui auraient pu être employées si à propos. Mais comme il arrive souvent, on tomba d'un excès dans l'excès contraire ; après avoir repoussé le concours de l'armée de Bretagne dans la croyance erronée qu'elle aurait pu devenir une armée de royalistes, il ne fut question de rien moins que de lever cent mille Bretons et de mettre à leur tête M. de Charette ou tout autre chef soi-disant national ; on eut toutefois la sagesse de revenir sur ces velléités, et l'on nomma le général de Colomb au commandement en chef de toutes les forces de la Bretagne, mais on admit que les positions intermédiaires pourraient être infestées de royalistes, et pour commencer il fut décidé que MM. de Charette et Cathelineau commanderaient chacun un corps de douze à quinze mille hommes. Or, nous ne saurions trop le redire, peu importait alors aux paysans bretons qu'ils fussent commandés par Charette, Jacques ou Philippe, pourvu qu'ils fussent réellement commandés, réellement organisés et bien conduits. Qu'il y ait en Bretagne des royalistes, cela n'est pas douteux, qu'ils y soient forts, cela est encore indubitable, mais ils ne le sont point par les convictions qu'ils inspirent, ils le sont par l'ignorance des masses sur lesquelles ils s'appuient et qui seraient souvent fort en peine de dire si ceux qu'elles soutiennent sans le savoir sont ou royalistes, ou impérialistes, ou républicains. Nous n'hésitons pas à mettre en fait qu'au moment de la guerre contre la Prusse, sur mille paysans bretons, il n'y en avait pas deux qui connussent l'existence de descendants des anciens chefs vendéens Charette et Cathelineau. Pendant toute la durée de la guerre trois hommes furent surtout connus des Bretons : Napoléon III qu'ils rejetèrent avec toute la France, Trochu dont la présence au gouvernement de la défense nationale fit pénétrer jusqu'au fond des campagnes l'idée que la République pouvait être une bonne chose, et Gambetta qui aurait pu, par une conduite plus nette et plus habile, achever de les conquérir, mais qui se laissa complétement fourvoyer à leur endroit.

Toutes les forces de la Bretagne n'étaient pas à Conlie. Dès le début de la guerre de nombreux bataillons de mobiles s'étaient portés à Paris : le Finisterre, les Côtes-du-Nord, le Morbihan, la Loire-Inférieure, l'Ille-et-Vilaine y furent largement représentés. Les mœurs et les croyances de Paris ne sont pas les mêmes que celles de la Bretagne : les mobiles bretons allaient volontiers à la messe, mais ils allaient au feu d'aussi bonne grâce. En matière de guerre, il ne faut pas trop chicaner les populations sur leurs croyances : les Grecs qui adoraient Zeus, les Romains Jupiter, les Croisés Jésus, les Turcs Allah produisirent d'admirables guerriers. Les Bretons dont la divinité suprême est une statue trouvée il y a deux cents ans à Sainte-Anne d'Auray, n'en sont pas moins de bons soldats qui pendant toute la durée du siége ont bravement fait leur devoir, depuis le combat de Châtillon, où ils restèrent les derniers sur le champ de bataille, jusqu'à celui de Montretout, où trois cents d'entre eux entraînés par leur ardeur jusqu'au milieu des Prussiens se virent couper la retraite et ne se rendirent qu'après avoir épuisé vivres et munitions. La Bretagne comptait aussi de nombreux enfants parmi ces intrépides marins qui avaient pris l'habitude de n'aborder l'ennemi qu'avec la hache, et dont l'apparition remplissait l'Allemand d'épouvante : les murs du Bourget en gardent encore le souvenir.

N'oublions pas non plus de signaler la rude campagne des francs-tireurs nantais qui s'illustrèrent à la défense de Châteaudun, et plutôt que de battre en retraite préférèrent, avec tous les braves qui prirent part à l'action, s'ensevelir sous les ruines de la ville héroïque. Enfin l'unique fait d'armes accompli dans toute cette guerre par la marine française agissant sur son élément, l'a été par le capitaine de vaisseau Franquet, du port de Lorient. Cet officier, monté sur le *Bouvet*, ne craignit pas d'engager aux Antilles avec le navire prussien le *Météore* une lutte devenue bientôt inégale par la supériorité du tir ennemi : le capitaine Franquet ne trouva pas de plus sûr moyen pour se soustraire aux fâcheux effets de cette supériorité, que de se porter en avant ; il se lança à toute vapeur sur son adversaire : celui-ci déconcerté vira de bord et mit fin au combat par une fuite précipitée.

Les généreux efforts de la France ne furent pas récompensés. Il fallut se résoudre à subir une paix désastreuse. L'un des hommes dont l'opinion publique a le plus chargé la responsabilité est le général même à qui furent confiées la présidence du gouvernement et la défense de la capitale : on a attribué exclusivement à son insuffisance la catastrophe finale à laquelle Paris a succombé. Certes, si au lieu du général Trochu la capitale avait eu dans ses murs quelqu'un de ces antiques guerriers qui appartiennent aussi à la Bretagne, Duguesclin, Clisson, Richemont, il est permis de croire que les choses, même avec l'insuccès en perspective, eussent été plus rudement conduites. Cependant, au point de vue politique, le général Trochu a rendu à la Défense un énorme service en lui apportant l'adhésion d'une autorite militaire considérable. Au point de vue des opérations de guerre, il a fait preuve d'une mollesse manifeste, et cette mollesse a été déterminée par un ensemble de difficultés politiques qu'il ne s'est pas trouvé de taille à surmonter mais qu'aucun autre, pas même M. Gambetta, n'a pu dominer, et qui, sans excuser entièrement la faute de n'avoir pas fait un plus vigoureux usage de toutes les forces que Paris pouvait fournir, seront cependant pour lui dans l'avenir une circonstance atténuante. Il se mit surtout dans une fausse position vis-à-vis du sentiment public en promettant de tirer de la situation plus qu'il ne la croyait capable de produire : Paris, quoique sans employer tous ses moyens, se battit aussi souvent et aussi bien que n'importe quelle armée de province, la comparaison entre les chiffres des morts afférents aux différentes armées en donne la preuve ; mais il y eut explosion dans le peuple quand on vit que le résultat tournait en sens inverse de ce que le gouvernement avait fait espérer. Maintenant, Paris aurait-il pu avec ses seules forces vaincre l'armée assiégeante? Les positions que les Prussiens avaient pu occuper sans coup férir et fortifier au début du siége, ont été par beaucoup de monde jugées inexpugnables, et le principal souci des hommes de guerre actuels est de placer Paris dans des conditions telles qu'un investissement semblable ne soit plus possible et que les forces consacrées à la défense de la capitale puissent désormais, sans être obligées de compter sur des secours extérieurs, accomplir des opérations pour les sorties et le ravitaillement, regardées comme inexécutables dans les conditions antérieures. Enfin quiconque voudra se prononcer sur cette question tant controversée de la possibilité d'une défense victorieuse de la capitale en 1870-1871, devra réfléchir que les ressources et les forces furent, sur les points de la province où l'on combattit, aussi considérables qu'à Paris et que cependant la fin des opérations conduites par Gambetta, par Chanzy, par Bourbaki, par Faidherbe, fut la défaite, aussi complète, aussi écrasante que sur les bords de la Seine où en somme ce fut la famine qui triompha.

Dans les circonstances où la France se trouva tout-à-coup après Sedan, était-il même permis de compter sur la victoire? Bien que cette question s'éloigne un peu de notre cadre il ne sera pas sans utilité d'y consacrer deux lignes. L'histoire est aujourd'hui suffisamment éclairée pour pouvoir répondre : oui, si l'unité d'action avait présidé à la direction générale des forces qui restaient à la France. Or il était bien difficile qu'une direction sérieuse s'établit dans un centre où chacun de son côté se croyait capable de conjurer le péril public et prenait sans façon une initiative qui aurait dû être soumise à l'impulsion d'un seul. M. Thiers, le fin vieillard, le comprit bien quand il déclina l'honneur que voulaient lui faire les membres du gouvernement de la Défense en le solicitant de prendre place au milieu d'eux : il se contenta de faire des vœux pour le succès de leur entreprise, mais n'eut garde d'y mettre la main. Sa vieille expérience lui avait fait voir d'abord l'improbabilité de la réussite. Nous n'en devons pas moins notre estime à ceux qui ont aimé assez la France pour essayer de la tirer d'embarras. Quoiqu'ils aient échoué, ils ont, à cette époque critique mieux mérité de la patrie que ceux qui se sont abstenus. D'ailleurs, il ne faut pas l'oublier, sans les infâmes calculs de cet homme qui livra notre plus sûr rempart et à qui son ancien compagnon d'armes a daigné accorder la grâce de survivre au déshonneur dont il s'est couvert, les plus grandes chances de réussite tournaient de notre côté. Ne nous abaissons donc pas à insulter les hommes qui, au 4 septembre, ont recueilli entre leurs mains les débris à moitié pourris de la France. Ne cherchons ni à pallier, ni à exagérer leurs fautes; signalons-les telles qu'elles sont, non pour le plaisir de les signaler, mais pour apprendre à ne les plus commettre; et bien loin de lancer de la boue à ces hommes qui eurent assez de patriotisme pour risquer leur réputation, tandis que les plus prudents s'éloignaient, levons-nous à leur aspect, et, comme le sénat antique, remercions-les de n'avoir pas dans des circonstances aussi funestes désespéré du salut de la patrie. En continuant la guerre, ils ont d'ailleurs obéi à l'immense pression de l'opinion publique qui voulait au moins sauver l'honneur, et l'honneur en effet a été sauvé.

CONCLUSION

Les élections de 1871. — La Commune. — Charles Beslay à la Banque de France. — État politique des dernières années. — Initiative de la Bretagne dans les applications successives du principe fédératif à la France. — Fédération veut dire *union*. — Preuves historiques. — Exemples tirés de la Suisse, de l'Amérique, de la France. — Inconvénients d'une excessive centralisation. — Les provinces, détruites administrativement en 1789, n'ont pas cessé d'exister. — La reconstitution, dans une certaine mesure, de provinces ou régions formerait un puissant obstacle au succès des coups d'Etat et des insurrections. — Des Assemblées provinciales ou régionales. — Importance future de l'armée territoriale dans les questions intérieures. — Le peuple est-il capable de se gouverner lui-même ?

Après la guerre désastreuse de 1870 — 1871, la France, sans gouvernement légal, ne pouvait confier qu'à des mandataires régulièrement élus le soin de conclure la paix. Epuisée, fatiguée, mécontente, placée entre ceux qui voulaient continuer la guerre, et ceux qui, comme elle, considéraient la lutte comme désormais impossible, elle vota de préférence pour ces derniers sans trop tenir compte des opinions politiques. En Bretagne, les villes découragées votèrent cependant pour des républicains, mais firent peu d'efforts pour entraîner les campagnes: le clergé eut beau jeu; ne pouvant plus se rallier décemment au bonapartisme, il se raccrocha au drapeau blanc. Le jour de l'élection il enrégimenta selon sa coutume le paysan qui par exception cette fois eut une opinion, et cette opinion était la paix, il lui introduisit un papier dans la main et lui dit: « Tu mettras ça dans la boite. — Et nous aurons la paix? — Oui, nous aurons la paix. » Le paysan alla, sentant fixé sur lui l'œil du prêtre, il mit dans la boite le bulletin fatidique. Le lendemain la Bretagne possédait à l'assemblée nationale une soixantaine de députés dont cinquante légitimistes. La présence à l'assemblée de ces cinquante législateurs élus de la façon que nous venons d'indiquer a pendant quatre longues années fait peser sur la France l'effort écrasant de la Bretagne ignorante et, il faut ajouter, inconsciente. Que de fois, dans les moments de crise, il eût suffi d'un déplacement de quatorze ou quinze voix pour former une majorité qui eût répondu plus dignement aux aspirations libérales de la France! Si la Bretagne avait voté dans les mêmes proportions que les départements des autres provinces, ce déplacement n'aurait pas manqué de se produire, et bien des moments pénibles eussent été épargnés à la patrie.

Lorsqu'éclata l'infâme guerre de la Commune, les vœux de la Bretagne furent, comme ceux de toute la France, pour le triomphe de la loi. La vieille province fut cependant représentée dans le mouvement communaliste par quelques Bretons, et notamment par Charles Beslay, de Dinan, ancien député de Pontivy sous Louis-Philippe, à qui son grand âge autant que sa réputation de démocrate fit décerner par les insurgés les fonctions de président de la Commune. Mais là encore le génie breton se révéla : Charles Beslay employa tous ses efforts à retenir sur le terrain légal le mouvement qui était, comme l'on sait, rationnel à l'origine, n'ayant alors pour objet que la sauvegarde des libertés municipales. Plus tard, quand les hommes de la Commune eurent pris les armes pour se mettre à la place de cette Assemblée que la France, à tort ou à raison, venait d'élire ; lorsqu'ils eurent ensuite commis le plus grand des crimes en versant les premiers, en dehors de tout motif légal, sur la place Vendôme, le sang de leurs compatriotes sans armes ; lorsqu'ils eurent enfin renouvelé en pleine paix, sans autre mobile que le besoin d'assouvir leurs abominables passions, les massacres et les assassinats de 1793, Charles Beslay, saisi d'horreur et de dégoût, se retira à la Banque de France : là l'énergique vieillard se cantonna comme dans un poste inexpugnable ; il ne cessa d'en défendre jour et nuit la porte contre les troupes des pillards et des bandits armés aux mains desquels était tombé Paris ; il ne faillit pas un instant à la tâche qu'il s'était donnée, et la France dut à son courage et à son sang-froid de ne pas assister à une catastrophe financière dont le choc eût ruiné le pays, et dont les contre-coups eussent amené des éboulements dans le monde entier.

Dans ces derniers temps la Bretagne a commencé à se relever du profond abaissement politique où vingt années de second empire avaient achevé de la précipiter. Elle a envoyé dans l'espace de quatre ans à l'Assemblée nationale, par des élections complémentaires ou partielles, plus de députés libéraux et républicains que de députés réactionnaires. Le plus grand nombre des villes, tantôt à l'occasion du renouvellement des Conseils généraux et des Conseils municipaux, tantôt sous forme d'adresses, de lettres, de pétitions, ont à chaque instant manifesté leurs opinions républicaines, et fidèles à la tradition inaugurée par elles en 1790, 1792 et 1793, n'ont cessé de le faire en se plaçant sur le terrain solide de la loi. Sous le singulier régime dit, de l'*ordre moral*, plusieurs localités bretonnes ont vu la persécution s'abattre dans leurs murs : des hommes qui, sans la République, ne seraient jamais arrivés au pouvoir ont donné, en combattant la République elle-même, un juste critérium de leur moralité. La violence et l'arbitraire se sont déchaînés une fois de plus dans les villes : le calme et la sagesse des populations ont empêché que la réaction ne fût sanglante, elle n'a été que vexatoire et n'a pu qu'attenter aux consciences ou aux positions des personnes, mais elle n'en a pas été pour cela moins déplorable et moins pénible à supporter. Nantes, pour avoir réprouvé les manifestations scandaleuses d'une bande de pélerins ; Lorient, pour avoir assisté à des enterrements civils ; Brest, pour avoir donné ses votes à un député républicain ; Belle-Ile, pour avoir soutenu l'enseignement laïque de préférence à l'enseignement clérical ; et bien d'autres localités, pour différentes raisons, se sont senties une fois de plus atteintes par le pouvoir central. Aussi, lorsque le chef de ce pouvoir, l'homme qui a bien voulu mettre trente années de réputation militaire pour servir de pivot au système, s'est présenté dans les villes, a-t-il été accueilli, à Rennes, à Saint-Malo, à Saint-Brieuc, à Morlaix, à Brest, à Quimper, à Lorient, à Vannes, à Nantes, tantôt par les cris répétés de « Vive la République ! » tantôt par un silence glacial. La Bretagne marche actuellement d'un pas rapide à la République : pour se reconnaître, et pour se retrouver dans la grande famille française à un rang digne d'elle, elle n'a qu'à s'étudier dans son passé et à s'imiter elle-même.

Dans le récit que nous avons fait des principaux événements de ce passé, on remarque quelques traits particulièrement saillants, et qui pendant la durée d'une génération se reproduisent presque périodiquement, indices éclatants d'une idée, d'une conception politique soumise par la Bretagne à la

France avec une persistance singulière et quelquefois avec un succès qui par malheur ne fut que momentané, nous voulons parler de l'idée et de l'application à notre pays du principe fédératif. La Bretagne était en effet, de toutes les provinces de France, celle qui avait le plus conservé ses privilèges et son autonomie ; elle fut la première, en 1789, à en faire le sacrifice en faveur de l'union de la grande patrie, et elle conclut avec l'Anjou, en 1790, un pacte fédératif qui, imité dans toute la France, fut solennellement renouvelé et juré par toutes les provinces au 14 juillet. Dans l'accomplissement d'un tel acte, chaque province, libre et autonome, n'avait pas cru enchaîner sa liberté et perdre son autonomie en faveur d'un pouvoir quelconque, mais bien apporter le concours de ses forces à l'œuvre du salut commun et au triomphe de la Révolution. On crut pendant quelques mois à l'existence et à la vitalité de la fédération française. Les dangers de l'année 1793 déterminèrent la concentration des forces nationales entre quelques mains énergiques ; cette concentration fut obtenue par la violation des lois et au détriment des libertés provinciales. La Bretagne, dont la conduite politique fut, de 1788 à 1793, admirable à tous les points de vue, comprit qu'on roulait aux abimes et que c'en était fait à la fois de la liberté et de la République ; elle prit les armes pour sauver l'une et l'autre ; mais elle fut presque seule à marcher sur Paris ; l'isolement où elle se sentit, beaucoup plus que les menaces de la Montagne, la fit reculer après l'affaire insignifiante de Vernon. Le despotisme jacobin et montagnard l'emporta, la fédération fut détruite; le Comité de salut public écrasa les hordes étrangères, mais quand le pouvoir échappa de ses mains, la France broyée à l'intérieur, horriblement divisée, saignait de toutes parts; la République haletante ne tarda pas à s'effondrer sous la botte d'un soldat. En 1815, à l'occasion du retour de l'île d'Elbe, en présence de nouveaux dangers intérieurs et extérieurs, la Bretagne renouvelle à Rennes la fédération de Pontivy, et indique pour la troisième fois à la France le moyen de faire face au péril; la France comprend et applaudit; mais l'empereur s'alarme et repousse l'emploi des forces populaires. En 1829, pour lutter contre la réaction bourbonienne plus menaçante que jamais, les cinq départements de la Bretagne s'entendent et veulent refuser l'impôt; toutes les provinces de France forment aussitôt des associations semblables. C'est encore le principe fédératif qui révèle sa force et sa puissance. On peut donc dire que la fédération a sa place marquée dans l'histoire de France par quatre dates, 1790, 1793, 1815 et 1829; et chaque fois c'est la Bretagne qui a donné le signal. Malheureusement, il faut en même temps constater que le principe fédératif qui aurait si bien assuré dans notre pays l'union et la liberté, a été chaque fois ou annulé ou combattu au point de cesser ses effets avant d'avoir pu produire des résultats durables. Cet avortement fâcheux nous amène à entrer dans un ordre de considérations qui seront la conclusion naturelle de notre travail.

Nous n'apprendrons rien de nouveau à personne en disant que le nombre des malentendus de l'esprit humain est incalculable. Un des plus curieux et de ceux auquels on s'attendrait le moins est celui qui s'est produit en France, où d'ordinaire les esprits sont si pénétrants et si sagaces, au sujet de cette idée et de ce mot *fédération*. Ne s'est-il pas trouvé et ne se trouve-t-il pas encore des hommes, renommés pour leurs lumières et leurs talents qui soutiennent et affirment sur un ton qui semble n'admettre pas de réplique, que *fédération* n'a et ne peut avoir d'autre sens que celui de *division !* S'ils avaient une connaissance plus complète de l'histoire, c'est-à-dire des faits dont l'autorité courbe toutes les intelligences, ils n'oseraient plus mettre à la place de la réalité le produit de leurs propres conceptions ou souvent la simple expression d'une opinion qu'ils ont reçue d'autrui en négligeant de l'approfondir. Élevons-nous donc un instant au-dessus de notre sujet, et prouvons, l'histoire des peuples à la main, que fédération, bien loin de signifier division, veut dire au contraire *union*.

Quand les peuples de la Grèce se furent alliés pour vaincre les Perses, et que, leur alliance sans durée, sans consistance, ayant croulé dans les querelles civiles, Philippe et Alexandre eurent fait passer sur leurs têtes le joug de la Macédoine, *unissons-nous, fédérons-nous*, dirent les Grecs en joignant l'action à la parole, et de la fédération achéenne résulta la délivrance de la Grèce, et, au dire de Polybe et de Plutarque, la démocratie la plus parfaite de l'antiquité. Quand les Gaulois, jusqu'alors divisés, se trouvèrent attaqués par César, *unissons-nous, fédérons-nous,* dirent-ils, et il fallut à César dix ans de guerres terribles pour les dompter Il est reconnu qu'ils auraient vaincu César si leur fédération avait été plus complète. Au moyen-âge, l'Italie vit ses belles plaines envahies par les soudards allemands. Frédéric Barberousse et Frédéric II détruisaient à plaisir les villes et les villages. *Fédérons-nous,* s'écrièrent les villes de Lombardie; elles se fédérèrent, et Frédéric Barberousse, Frédéric II furent vaincus. A la même époque, après les défaites des deux Frédéric, l'Allemagne fut en proie aux plus horribles divisions intestines. Des agglomérations de citoyens se fédérèrent sous le nom de Hanse, et l'on vit comme par enchantement renaître l'ordre et la paix. La Suisse, les Pays-Bas, les colonies anglaises de l'Amérique employèrent de même la fédération pour lutter contre leurs terribles ennemis ; ils triomphèrent.

Le système fédératif, employé par la plupart de ces peuples d'une façon transitoire, a acquis chez quelques uns une permanence de plusieurs siècles; c'est ce système qui fait encore aujourd'hui la base des institutions en Suisse et aux États-Unis d'Amérique: ces deux nations s'en portent-elles plus mal? Ne sont-elles pas au contraire les plus libres de toute la terre, possédant la paix intérieure, et terribles à leurs ennemis toutes les fois qu'elles ont eu à se défendre contre des attaques étrangères? A propos des Etats-Unis d'Amérique on objectera peut-être que le système fédératif, bien loin d'avoir empêché la grande guerre entre le Nord et le Sud sur la question de l'esclavage, l'a au contraire favorisée. A cela nous répondrons tout-à-l'heure par la liste des guerres civiles qui ont éclaté depuis quatre-vingts ans dans la France autoritaire, et nous demanderons si l'application dans de certaines limites, du système fédératif à notre pays, bien loin de favoriser les discordes intestines, ne les aurait pas plutôt prévenues. La fédération, malgré la tentative séparatiste du Sud, a paru aux Américains si bonne à conserver, qu'il ne s'est trouvé chez eux aucun parti après la guerre pour demander la substitution au système fédératif d'un système centralisateur; quelques tentatives il est vrai se sont produites depuis, mais les succès électoraux des démocrates dans l'année qui vient de s'écouler prouvent que la grande majorité des Américains considère encore le système fédératif comme la garantie la plus sûre de leur indépendance et de leur liberté.

C'est aussi par la fédération que la nation française a renversé, le droit à la main, le pouvoir despotique le plus solidement établi qui fût au monde; c'est à la fédération qu'elle a dû ses premières victoires sur l'étranger, et les deux ou trois seules années de véritable liberté qu'elle puisse enregistrer dans ses annales. Mais une poignée d'hommes, abusés sous le coup d'événements terribles, et dominés par l'effroi, ont subitement, pour conjurer les périls, étouffé la fédération et toutes les libertés qui en découlaient. Ils ont mis à la place une dictature qu'ils ont crue plus forte, ne s'apercevant pas que la force la plus durable, et la plus efficace est celle qui repose sur la liberté même, et ils ont ainsi frayé la voie à tous les despotismes à venir. Nous avons raconté cependant ce qu'a fait une seule province à la faveur de la liberté : on peut augurer par là ce qu'eût pu faire la France entière. Mais, dira-t-on, le coup insurrectionnel qui a dévoyé la France en 1793, l'a sauvée de l'invasion européenne. Ce coup était-il absolument nécessaire pour vaincre l'étranger ? Quoi ! enveloppées d'ennemis plus nombreux proportionnellement et aussi redoutables qu'Autrichiens et Prussiens, puisque, villes ouvertes, elles voyaient leurs paysans venir en armes et par milliers massacrer leurs habitants jusqu'aux portes de leurs maisons, les villes de Bretagne ont pu se sauver elles-mêmes animées qu'elles étaient du seul feu de la liberté, et ce qu'une poignée de cités a pu faire, la France entière, si elle l'avait voulu, ne l'aurait pas pu ! A quelles atrocités, bon Dieu ! Paris si abominable quand l'ennemi n'était encore qu'aux frontières, se fût-il donc livré si du jour au lendemain il se fût trouvé en 1793, comme ces villes de Vannes, de Roche-Bernard, de Pontivy, de Saint-Pol, d'Ancenis, de Rennes, de Nantes, etc., tout-à-coup entouré d'ennemis trois et quatre fois supérieurs en nombre, et que les paysans de l'Ile-de-France s'élançant soudainement dans ses rues fussent venus jusqu'aux Champs-Elysées assommer les Parisiens à coup de crosse et couper leurs cadavres avec des faulx ! C'est dans des circonstances pareilles que les habitants de la Bretagne, attachés à la vie, sensibles à l'honneur, embrasés d'amour pour la grande patrie autant au moins que la populace des faubourgs parisiens, ont respecté la loi et ont vaincu.

Quoiqu'il en soit, Jacobins et Montagnards, à la suite de leur triomphe passager, nous ont légué ce système de centralisation à outrance sous les étreintes duquel la France se débat depuis quatre-vingts ans, système grâce auquel tout parti victorieux à Paris devient en un instant maître et bientôt oppresseur de la nation entière, système absolument nuisible à l'établissement d'une sage et stable liberté. Tout en reconnaissant l'utilité de la centralisation dans certains grands services publics, dans plusieurs grands corps de l'État, comme la magistrature, l'armée active, la marine, les finances, il faut s'élever vigoureusement contre l'excessive centralisation politique. Si la centralisation en effet a contribué à l'abaissement de l'Europe par la France depuis 1793 jusqu'en 1806, abaissement mérité par les nations qui s'étaient mal à propos mêlées de nos affaires ; si elle a assuré ensuite, longtemps après, de 1852 à 1866, un rang prééminent à la France parmi ces mêmes nations ; ses excès nous ont livré trois fois dans l'espace de soixante ans à l'invasion étrangère, en 1814, en 1815, en 1870 ; de 1815 à 1830 elle a fait de la France la vassale de l'Europe; de 1830 à 1848 elle en a fait la fable et la risée ; enfin elle a causé ou facilité depuis 1793 jusqu'à nos jours une quantité inouïe de changements et de tentatives de changements par voies violentes dans le gouvernement : au 31 mai, au 9 thermidor, au 11 germinal, au 13 vendémiaire, au 18 fructidor, au 22 floréal, au 30 prairial, au 18 brumaire ; guerres de la Vendée et de la chouannerie; destitution en 1815 de Napoléon par le Sénat, retour de l'île d'Elbe, rentrée des Bourbons ; violation de la Charte par Charles X, résistance illégale de la royauté aux journées de juillet 1830; insurrections de Lyon, de Grenoble ; affaire de la rue des Prouvaires, barricades de l'église Saint-Méry ; tentative de la duchesse de Berry ; tentative de Louis-Napoléon à Boulogne; mouvement provoqué par Barbès et Blanqui, le 12 mai 1839 ; nouvelle tentative de Louis-Napoléon à Strasbourg; révolution de 1848, journée du 15 mai; journées de juin ; émeutes du 29 janvier et du 13 juin 1849 ; coup d'État du 2 décembre 1851, fusillades illégales dans Paris et au midi dans les départements soulevés pour la défense de la loi ; journée du 4 septembre; journées insurrectionnelles pendant le siège de Paris ; insurrection et guerre de la Commune. Nous n'avons compris dans cette nomenclature ni les complots, ni les tentatives d'assassinat contre les différents chefs du pouvoir exécutif qui se sont successivement remplacés en France à la faveur d'une anarchie presque continuelle.

Cette incroyable succession de coups et de contre-coups émanés de tous les partis prouve en même temps que jamais la France n'a été plus divisée que depuis la formation de cette prétendue unité, qualifiée admirable par tous ceux qui l'ont exaltée comme le chef-d'œuvre de la centralisation. Il faut avouer que ni la Suisse, ni les États-Unis d'Amérique ne présentent un pareil ensemble. Les États-Unis et la Suisse ne sont pas la France, sera-t-il objecté gravement ; le peuple français a besoin d'être conduit. Ceux qui le disent sont sans doute ceux qui se sentent de taille à le conduire, bien qu'il ait infligé de temps en temps d'assez rudes leçons à ceux qui se sont trop laissés aller à cette présomption. Nous sommes de ceux qui croient le peuple français très-capable de se gouverner lui-même en s'appuyant sur des institutions solides, émanées de son sein, et non sur les capricieuses et fragiles visées de quelques hommes ambitieux et despotiques. Loin de nous cependant la pensée de demander pour chacune de nos provinces une indépendance aussi complète que celle qui est le partage des États de l'Amérique et des Cantons de la Suisse. Mais que l'on veuille y réfléchir un instant : si nos vieilles et valeureuses provinces, si fidèles à l'unité française même sous la monarchie des deux ou trois derniers siècles, auxquelles il eut été si absurde de supposer, même dans les plus terribles crises de la Révolution, des idées de sécession que quelques individus purent avoir pour se soustraire à la tyrannie, mais que le peuple n'y partagea jamais, si ces provinces, au lieu d'être morcelées en départements isolés les uns des autres, avaient conservé leur cohésion individuelle et une certaine liberté d'allure, croit-on que la France eut manqué, dans ces conditions, d'énergie pour se défendre contre l'étranger et que les innombrables violences, tant du peuple que du pouvoir, que nous avons énumérées plus haut eussent eu quelque chance de réussite, par conséquent eussent même été tentées? Quels résultats auraient pu avoir un 31 mai, un 13 vendémiaire, un 18 brumaire, une tentative de Boulogne ou de Strasbourg, une insurrection à Paris, si chaque province de France avait été habituée à considérer sa liberté particulière comme le plus précieux des biens et comme un fragment inviolable de la liberté de tous? Tous ces différents mouvements n'auraient-ils pas complètement échoués, et le premier n'ayant pas réussi, l'histoire aurait-elle eu à enregistrer les suivants? Ces raisons en faveur de la décentralisation ne sont pas nouvelles, nous avons seulement voulu en livrant au public l'histoire de la Bretagne républicaine, apporter des arguments de plus aux partisans d'une sage mais cependant vigoureuse décentralisation.

En vain nos législateurs, en 1789, dans un moment d'entraînement très-justifié à cette époque, ont décrété la suppression des anciennes provinces de France, et les ont remplacées par un nombre triple et quadruple de départements, l'amour de la province est encore aujourd'hui dans certaines régions aussi vivant au cœur du peuple qu'il l'était sous Louis XIV et sous Louis XV. Oui, un Breton parle toujours avec fierté de la Bretagne, un Normand de la Normandie, un Bourguignon de la Bourgogne, un Champenois de la Champagne. Le voyageur, étranger ou français, a conservé l'habitude de dire : « Je vais en Auvergne, dans le Berry, en Alsace. » Et chacun des provinciaux, tout en aimant sa province, aime-t-il donc moins la France qu'il ne l'aimait du temps de Louis XIV et de Louis XV ? N'est-il pas, comme autrefois, joyeux de ses triomphes, attristé de ses défaites, toujours prêt à donner son or et son sang pour elle ? Et si chaque province, si même chaque localité venait dire : « Je veux plus d'air, plus d'espace ; je sens le besoin de retrouver quelque chose de mon ancienne initiative ; mes fils qui depuis si longtemps ont laissé à d'autres le soin de penser et d'agir pour eux se sont remis à penser eux-mêmes et se sentent de nouveau capables d'agir par eux-mêmes. Je veux des institutions qui permettent à leurs facultés de se développer plus qu'elles ne l'ont fait jusqu'ici ; moi, province, j'y gagnerai en force et en vigueur, et puisque je suis française, il est clair que c'est la France qui y gagnera et deviendra d'autant plus forte et vigoureuse que chacune de ses localités, chacun de ses départements, chacune de ses provinces sera forte et vigoureuse. Plus de centralisation poussée au point excessif où nous la voyons. Loin ce monstre dont les yeux ardents sont à Paris et dont les mille tentacules, s'étendant sur toute la France, suçent le meilleur de son sang et excitent en elle depuis bientôt un siècle tant de convulsions ! De l'air, de la lumière, de la liberté ! »

En présence d'un tel langage, que tiennent depuis longtemps du reste à Paris et dans les départements un nombre considérable de citoyens, on est amené à rechercher par quels moyens la province pourrait retrouver l'activité et la vie qui lui manquent. Nous nous contenterons de les indiquer sommairement aux réflections du lecteur : si nous entrions dans des développements, cette conclusion d'un premier ouvrage deviendrait bientôt le premier chapitre d'un second. Répétant d'abord ce que d'autres ont dit souvent, nous pensons qu'il faut élargir les libertés communales et départementales. Déjà sur la proposition d'un député breton, M. de Tréveneuc, il a été voté à l'Assemblée de Versailles une loi qui en cas de dispersion de l'Assemblée par la force, fait passer une partie du pouvoir exécutif aux mains des conseils généraux de nos départements. Cette loi, dit-on, a été faite pour garantir les intérêts réactionnaires. Quels que soient les mobiles secrets qui l'ont inspirée, elle est juste et bonne en elle-même, et tout le monde peut en profiter. Mais du département au pouvoir central l'intervalle est trop grand : si le pouvoir central en effet commet une iniquité, viole les lois, les départements sont trop isolés, trop éloignés, trop faibles pour s'entendre et pour empêcher l'injustice; ils sont condamnés d'avance à subir le coup de quelque part qu'il vienne pourvu qu'il soit fort. Inaccoutumés d'ailleurs au maniement des affaires politiques, dépourvus de toute autorité administrative, il est à craindre, le cas se présentant pour les conseils généraux de saisir les rênes, que les pouvoirs publics, habitués à suivre l'impulsion tant légale qu'illégale partie du centre, ne leur refusent pour la plupart l'obéissance. Où puiseront-ils alors des moyens assez efficaces pour mettre la loi en application? Dans les conditions actuelles cette loi si sage risque donc fort au moment critique de rester lettre morte. C'est pourquoi il importe de rendre le plus tôt possible aux conseils généraux des droits plus étendus d'initiative et une plus grande liberté d'action; il importe surtout de laisser les départements se fédérer comme se fédérèrent les provinces en 1790, car l'on a beau dire, les Français de deux ou plusieurs départements voisins vivent trop isolés aujourd'hui, trop étrangers les uns aux autres : ils auraient besoin de renouveler un peu connaissance. Il faudrait que les conseils généraux des départements situés dans une même région eussent la faculté de se réunir et de former périodiquement des Assemblées provinciales ou régionales s'occupant de tout ce qui peut intéresser une région sur les questions politiques et administratives, ainsi que le fit à Pontivy, en février

1790, la grande Assemblée des conseils municipaux de la Bretagne et de l'Anjou dont les travaux prirent à ce moment une place si honorable et une si heureuse influence dans la Révolution française.

L'Assemblée régionale ou provinciale, voilà en effet l'intermédiaire indispensable à placer entre le département et le pouvoir central, le contrepoids qui manque à la machine française et dont l'absence la met en état permanent d'équilibre instable, le moyen de substituer à un centre unique dont une seule lésion met tout l'édifice en péril, plusieurs centres forts et puissants qui puissent résister encore lorsque l'un d'eux est atteint. Trente régions fortes, unies, conservant leurs départements, jouissant des mêmes droits, de la même liberté, assujetties aux mêmes devoirs, feront un ensemble plus puissant que quatre-vingt-neuf départements faibles, isolés, opprimés, concentrés tout d'une pièce sous une seule main. Un faisceau composé de plusieurs fragments vigoureux n'offrira-t-il pas toujours plus de résistance aux chocs qu'une colonne d'un seul bloc qu'un coup unique peut briser ? Ne l'a-t-on pas vu sous François Ier, alors que le pouvoir central vaincu et captif, l'union et la résistance des provinces redressèrent vers l'honneur un règne tombé d'abord dans l'humiliation ? D'autre part les départements centralisés aux mains de la Montagne, de Napoléon Ier, de Napoléon III, de M. Gambetta, sauvèrent-ils la France, d'abord de l'écrasement intérieur et de l'anarchie pendant la période révolutionnaire, ensuite de l'étranger en 1814, 1815, 1870, 1871?

Oui, la reconstitution dans une certaine mesure de nos vieilles provinces, si valeureuses, si grandes, si patriotiques, si fières des services qu'elles ont chacune dans le cours de leur existence rendus à la France, aurait encore de féconds résultats pour la grandeur et l'avenir de la patrie. Il est bien entendu que, quand nous parlons de la reconstitution de ces provinces, nous ne voulons point réclamer le rétablissement des privilèges, douanes, parlements, États, et autres institutions justement tombées, propres au régime antérieur à quatre-vingt-neuf. Si nous demandons la reconstitution de la province par la réunion en Assemblées périodiques des Conseils généraux d'une même région, nous n'entendons nullement nuire à la cohésion indispensable du pouvoir central dont serait dépositaire, si l'on veut, une Assemblée nationale, expression de la France entière; la reconstitution de la province, telle que nous la comprenons, doit avoir surtout pour effet de raviver les ressources intellectuelles et politiques des régions et des localités, et d'assurer enfin la liberté en formant une barrière infranchissable aux ambitions individuelles des chefs de partis et des chefs de gouvernement. N'est-il pas déplorable que si une émeute éclate à Paris ou à Marseille toute la France est en émoi et se précipite sous l'oppression du vainqueur quel qu'il soit? n'est-il pas déplorable que si un chef de l'État, à Paris, saute par dessus les lois et que le saut réussisse, tous les Français, comme les moutons de Panurge, sautent après lui?

Diverses institutions de l'époque où nous sommes nous conduisent forcément d'ailleurs vers l'organisation régionale ou provinciale. L'institution de l'armée territoriale est peut-être celle qui va nous mener le plus rapidement. On sait que l'armée active, après avoir reçu et cimenté tous les Français venus de tous les points du territoire, les rend au bout de quelques années à la région d'où ils sont sortis avec la qualité de soldats de la réserve, puis de l'armée territoriale, cette dernière toute composée de soldats-citoyens armés, organisés, groupés par province, par région. On peut donc dire que si l'armée active restera toujours la grande armée nationale française, l'armée territoriale deviendra forcément un jour l'armée provinciale: on peut dire aussi qu'à cette époque les coups d'État et les insurrections auront perdu considérablement de leurs chances de succès. L'armée active sera toujours assez forte pour réprimer une insurrection locale, l'armée provinciale assez forte aussi pour s'opposer à un coup d'État et pour donner à toute la nation le temps de revenir de sa surprise. Mais ce résultat serait atteint beaucoup plus vite si la province était constituée, si les Assemblées régionales étaient revêtues de quelques pouvoirs politiques secondaires qu'il appartiendrait aux hommes mêmes des provinces de demander plus qu'il n'appartient à un simple particulier de les déterminer. Il faudrait surtout conserver cette loi votée récemment qui, en cas de violation de l'Assemblée nationale, ferait immédiatement passer tous les pouvoirs légaux aux mains des Assemblées provinciales et aux députés amis de la loi.

L'idée des Assemblées provinciales, sortie des entrailles mêmes de la Révolution, rencontrera sans doute beaucoup d'adversaires, et au premier rang tous les esprits despotiques qui veulent que la France, broyée sous le cylindre niveleur d'une centralisation exagérée, soit toujours entre leurs mains dominatrices un instrument flexible. Depuis 1793 en effet la France a été alternativement la proie des Jacobins, des Impérialistes, des Légitimistes, des Orléanistes; chacun de ces partis s'est servi, pour arriver, du nom de liberté, et à peine au pouvoir s'est empressé d'étouffer la chose. Eh bien ! dira-t-on, le peuple français a en définitive laissé faire, a accepté, cela vous prouve encore une fois qu'il est incapable de se conduire, qu'il éprouve lui-même instinctivement le besoin d'un maître, puisqu'il accepte toujours si facilement le fait acquis. Si l'on ne considérait que le résultat de la plupart des faits généraux accomplis jusqu'à ce jour, il faudrait en effet finir par se ranger à cette opinion. Mais, selon nous, le peuple français n'a pas encore dit son dernier mot : jamais, plus qu'aujourd'hui il n'a exprimé sa volonté ferme et persévérante d'atteindre à la liberté, et d'y atteindre à l'aide de pas sérieux dans une voie raisonnable de décentralisation ; il a devant lui l'avenir, et c'est lui-même en somme qui résoudra la question. Mais si cependant il est vrai que ce peuple soit imbécile, comme tant de gens qui se croient des aigles le prétendent ; s'il est vrai que la province, c'est-à-dire la France, ne puisse avoir une ombre de liberté sans qu'il en résulte un danger pour la patrie ; s'il est constaté que le peuple français est incapable, à l'encontre du peuple suisse, du peuple américain, de se gouverner lui-même ; cessez donc, orateurs, cessez, poëtes, cessez, hommes politiques, de le couvrir publiquement de flatteries ridicules tout en le déclarant inepte dans vos conversations privées, ainsi que la plupart d'entre vous l'ont fait jusqu'ici ; cessez de le peindre, vainqueur ou vaincu, comme le plus grand de la terre ; mettez vos paroles d'accord avec vos pensées, et avouez qu'un peuple qui ne peut marcher sans obéir à un maître, sous quelque nom que ce maître se dissimule, ne mérite pas d'être appelé un grand peuple.

PRINCIPAUX DOCUMENTS ET OUVRAGES CONSULTÉS

ADRESSE des citoyens composant la garde nationale de Brest, et de la Société des Amis de la Constitution de la même ville, à l'Assemblée nationale (6 janvier 1791). — *Lille, imp. de Boubers, in-4°.*

ADRESSE du Conseil général des Côtes-du-Nord en permanence, adoptée et souscrite par toutes les autorités constituées et par les citoyens de la ville de Saint-Brieuc réunis en section permanente, à la Convention nationale et aux citoyens de Paris (16 juillet 1793). — *Saint-Brieuc, J.-M. Beauchemin.*
(Protestation contre le 31 mai).

AFFAIRE DE LORIENT (meurtre de Gérard). Instruction. Copie de la lettre écrite par la Société des Amis de la Liberté et de l'Égalité au président de la Convention nationale, le 11 octobre 1792. — *Paris, imp. de Guérin, in-8°.*
(Avec la réponse de Lequinio.)

ARMÉE DE LA LOIRE (LA DEUXIÈME) par le général Chanzy. — *Paris, E. Plon.*

Assemblée extraordinaire des députés et adjoints des gardes nationales des ci-devant provinces de Bretagne, Anjou et Dauphiné, tenue en l'une des salles des Feuillants, le 17 juillet 1790. — *Paris, 1790, in-8°.*

Aux 48 sections de Paris. Signé : Les citoyens composant la Société des Amis de la Liberté et de l'Égalité établie au port de la Liberté (Port-Louis), 14 novembre 1792. — *Lorient, imp. de veuve Baudoin.*

Barzaz-Breiz, chants populaires de la Bretagne, recueillis, traduits et annotés par le vicomte Hersart de la Villemarqué, membre de l'Institut. — *Paris, Didier et Cie. 1 vol. gr. in-8°.*

Bretagne (la) ancienne et moderne. — La Bretagne moderne, depuis sa réunion à la France jusqu'à nos jours. — Histoire des États et du Parlement, de la Révolution dans l'Ouest, des guerres de la Vendée et de la Chouannerie, par Pitre-Chevalier. — *Paris, librairie Didier et Cie, gr. in-8°.*

Bretagne (la), par Jules Janin. — *Paris, Bourdin.*

Bretagne contemporaine (la), sites pittoresques, monuments, costumes, scènes de mœurs, histoire, légendes, traditions et usages ; avec une introduction historique par M. de la Borderie, un texte descriptif par MM. de Courson, Pol de Courcy, Gaultier du Mottay, de la Gournerie, de Labigne-Villeneuve, Ropartz et un épilogue sur la poésie bretonne par M. de la Villemarqué. — *Nantes, H. Charpentier. 1861. 5 vol. gr. in-f°, avec planches.*

Bretagne (la), paysages et récits, par M. Eugène Loudun. — *Paris, P. Brunet, 1862.*

Confédération nationale du 14 juillet 1790, ou description fidèle de tout ce qui a précédé, accompagné et suivi cette auguste cérémonie. — *Paris, rue Hautefeuille, 1790, in-8°.*

Confédération nationale, ou récit exact et circonstancié de tout ce qui s'est passé à Paris, le 14 juillet 1790, à la fédération, avec le recueil de toutes les pièces officielles et authentiques relatives, des principales pièces littéraires auxquelles elle a donné lieu, et le détail de toutes les circonstances qui ont précédé, accompagné et suivi cette auguste cérémonie. — *Paris, Garnery, l'an second de la Liberté, in-8°.*

Consultation sur les domaines congéables de la Bretagne. Signé: Ferey, Du Verne, Collet. 28 décembre 1790. — *Paris, imp. de Guillaume Junior.*

Corsaires français (les) sous la République et sous l'Empire, par L. Gallois. — *1847. in-8°.*

Côtes-du-Nord (les), histoire et géographie de toutes les villes et communes du département, par Benjamin Jollivet. — *Guingamp, 1854.*

Dénonciation des crimes et attentats contre la société et la République, commis à Nantes et dans tout le département de la Loire-Inférieure, pendant la mission du représentant du peuple Carrier, et par le comité révolutionnaire de Nantes, faite par Phelippes, dit Tronjolly, accusé détenu (11 fructidor 1794), — *in-8°*.

DÉNONCIATION DES EXCÈS COMMIS DANS LE BAS-LIMOUSIN, LE QUERCY ET LA BRETAGNE, faite à l'Assemblée nationale, le 28 janvier 1790, par M. le vicomte de Mirabeau. (Extrait des comptes-rendus des séances de l'Assemblée nationale.)

DISCOURS DE MM. LES COMMISSAIRES DES ÉTUDIANTS EN DROIT ET JEUNES CITOYENS DE BRETAGNE, en présentant leurs arrêtés à M. le comte de Thiard, commandant de la province. — ASSEMBLÉE GÉNÉRALE DE MM. LES ÉTUDIANTS EN DROIT ET JEUNES CITOYENS DE BRETAGNE, réunis à Rennes, à eux joints par procuration et adhésion, les jeunes citoyens des villes de Nantes, Lorient, Saint-Malo et autres villes de la province. Du dimanche, 20 janvier 1789. — *Pièce, Bibliothèque nationale.*

DISCOURS prononcé le 24 juin 1791 par M. Besné, officier municipal à Saint-Brieuc, à l'occasion de l'enlèvement du roi, devant les gardes nationales et troupes de ligne du 35e régiment, assemblées à l'extraordinaire, pour prêter le serment de fidélité à la nation et à la constitution de l'État. — *Rennes, J. Robiquet, in-8°.*

DISCOURS prononcé par le républicain Durville, membre de la Société montagnarde de Port-Malo, à la séance du 12 nivôse. — *Port-Malo, imp. de Hovius*

ENQUÊTE PARLEMENTAIRE sur les actes du gouvernement de la Défense nationale. — Dépositions et rapports.

ÉTUDES SUR LA RÉVOLUTION EN BRETAGNE, principalement dans les Côtes-du-Nord, par J. Geslin de Bourgogne et A. de Barthélemy. — *Paris, Dumoulin, 1858, in-8°.*

ÉVÉNEMENTS DE NANTES pendant les journées des 28, 29, 30 et 31 juillet 1830, par plusieurs témoins oculaires. — *Nantes, Burolleau, in-8°.*

EXTRAIT DE L'ARRÊTÉ de la commune de Rennes, qui félicite Lanjuinais d'être sur la liste des vingt-deux membres proscrits de la Convention, et qui demande la levée d'une garde départementaire. — *Paris, Bibliothèque nationale, in-8°.*

EXTRAITS de différentes lettres sur l'insurrection des paysans en Bretagne. — *Séance de la Convention du 27 mars 1793.*

EXTRAIT d'une lettre des commissaires Guermeur, Sévestre, Lemailhaud, Billault-Varennes, datée de Rennes, le 23 mars 1793, relative à la guerre civile qui désole la Bretagne. — *Séance de la Convention du 26 mars.*

EXTRAIT d'une lettre de Rennes, du 19 mars 1793, relative à l'insurrection d'Ille-et-Vilaine, et portant communication des mesures défensives prises par les administrateurs du Conseil général du département, du directoire du district et du Conseil général de la commune. — *Moniteur du 25 mars 1793.*

EXTRAIT d'une lettre du général Labourdonnaye, datée de Rennes, sur l'insuffisance numérique des troupes régulières en Bretagne pour faire face à l'insurrection. — *Séance de la Convention du 26 mars 1793.*

EXTRAIT du registre des délibérations de la commune de Moncontour. (Félicitations aux députés du tiers sur leur constitution en Assemblée nationale.) — *Paris, Bibliothèque nationale.*

HISTOIRE DE LA RÉVOLUTION DANS LES DÉPARTEMENTS DE L'ANCIENNE BRETAGNE, rédigée sur les documents du conventionnel Guesno, représentant du peuple à l'armée du général Hoche, par A. Duchatellier. — *Nantes, Mellinet, 6 vol. in-8°.*

HISTOIRE DE LA RÉVOLUTION FRANÇAISE, par A. Thiers.

HISTOIRE DE LA RÉVOLUTION FRANÇAISE, par J. Michelet.

HISTOIRE DE NANTES, par A. Guépin. — *Nantes, Prosper Sébire, in-8°.*

HISTOIRE DE ROBERT SURCOUF, par Ch. Cunat. — *Paris, 1847, in-8°*

HISTOIRE DES DEUX RESTAURATIONS, par Ach. de Vaulabelle.

HISTOIRE DES GUERRES DE L'OUEST, par Th. Muret.

LA SOCIÉTÉ DES AMIS DE LA LIBERTÉ ET DE

L'ÉGALITÉ, séante à Quimperlé, aux 48 sections de Paris, 14 novembre 1792. — *Lorient, imp. de veuve Baudoin.*

LE CONSEIL GÉNÉRAL DU DISTRICT DE PORT-BRIEUC aux habitants des communes ravagées par les chouans, 27 pluviôse 1795. — *Port-Brieuc, Beauchemin.*

LES ADMINISTRATEURS DU DÉPARTEMENT D'EURE-ET-LOIRE à leurs frères et concitoyens. Proclamation relative au soulèvement de la Loire-Inférieure. — *Séance de la Convention du 28 mars 1793.*

LES CITOYENS SEVESTRE ET BILLAULT-VARENNES à la Convention nationale. Rennes, le 22 mars 1793. — Lettre relative aux soulèvements d'Ille-et-Vilaine et de plusieurs départements voisins. — *Séance du 25 mars.*

LETTRE AUX DIX DÉPARTEMENTS : Bouches-du-Rhône, Côte d'Or, Dordogne, Finisterre, Gironde, Ille-et-Vilaine, Nord, Saône-et-Loire, Seine, Seine-Inférieure, par M. de Lamartine, 25 août 1848. — *Paris, Michel Lévy, frères.*

LETTRE DATÉE DE BREST à la Convention, relative au soulèvement du Finisterre. — *Séance du 26 mars 1793.*

LETTRE DATÉE DE LORIENT, du 15 mars 1793, portant communication d'un appel désespéré des administrateurs de la Loire-Inférieure à ceux du Morbihan, avec nouvelles de l'insurrection dans ce dernier département. — *Moniteur du 24 mars 1793.*

LETTRE DE GOHIER, président du Conseil exécutif provisoire au président de la Convention, en date du 10 avril 1793, annonçant la répression de l'insurrection dans l'Ille-et-Vilaine, les Côtes-du-Nord, la Loire-Inférieure. — *Séance du 11 avril 1793.*

LETTRE DE LEBRUN, président du Conseil exécutif provisoire, au président de la Convention, en date du 30 mars 1793, annonçant la défaite de l'insurrection sur plusieurs points de la Bretagne. — *Séance du 30 mars 1793.*

LETTRE DE M. RIVOALLAN, député du département des Côtes-du-Nord, aux communes qui lui ont fait adresser des pétitions sur divers amendements à la loi des domaines congéables et à celle des droits féodaux, 5 avril 1792. — *Paris, imp. nationale.*

LETTRE DES ADMINISTRATEURS DE LA LOIRE-INFÉRIEURE à la Convention, en date du 19 mars 1793, relative à l'insurrection des campagnes. — *Séance du 24 mars.*

LETTRE DES COMMISSAIRES DE LA CONVENTION NATIONALE dans le département de la Loire-Inférieure, annonçant la répression de l'insurrection en Bretagne, après lecture de laquelle la Convention décrète la mention honorable de la conduite des gardes nationales. — *Séance du 7 avril 1793.*

LETTRE DES COMMISSAIRES DE LA GARDE NATIONALE DE RENNES, relative au projet d'une confédération générale des gardes nationales du royaume, datée du 20 avril 1790. — *Rennes, imp. de veuve Vatar, 1790.*

LETTRE DU CITOYEN FOUCHÉ, commissaire de la Convention dans le département de la Loire-Inférieure. Nantes, le 28 mars 1793, l'an II de la République française. Relative à l'insurrection des paysans sur les deux rives de la Loire.— *Séance de la Convention du 31 mars 1793.*

LETTRE DU GÉNÉRAL LABOURDONNAYE au ministre de la guerre, du quartier général de Rennes, le 28 mars, relative à l'insurrection du Morbihan. — *Séance de la Convention du 30 mars 1793.*

LETTRE SUR L'ARMÉE FRANÇAISE. Les Amis de la Constitution de Dinan à tous les départements, à toutes les sociétés patriotiques établies dans l'étendue du royaume, salut. — *Paris, Bibliothèque nationale, in-4°.*

MANIFESTE des travailleurs de Fougères, 8 avril 1848. — *Fougères, imp. de Gastel, in-f°.*

MÉMOIRE des députés du Conseil général de la commune de Lorient à la Convention nationale, au sujet du meurtre du négociant Gérard, 18 octobre 1792. — *Paris, imp. de Didot, aîné.*

MÉMOIRES DE BAILLY.

MÉMOIRES DE KLÉBER.

MÉMOIRES DE LOUVET.

MÉMOIRES mis sous les yeux du roi, de la reine et des ministres de Sa Majesté par les députés du tiers-état de Bretagne, à Paris. — *Bibliothèque nationale.*

MÉMOIRE sur les domaines congéables de Bretagne régis par les usements de Brouërec, Cornouailles, Tréguier et Gouello, par M. Desnos, aîné. — *Paris, imp. de N. H. Nyon, 1790, in-8°.*

NANTES (de) A BREST ET A SAINT-NAZAIRE, par M. Pol de Courcy. — *Paris, librairie Hachette et Cie.*

NOUVELLES DE LA BRETAGNE. Discours, protestations et arrêtés des différents régiments en garnison à Rennes, ensemble l'extrait d'une lettre de cette ville, en date du 17 juillet 1789, et journal de tout ce qui s'est passé depuis l'annonce de l'exil de M. Necker jusqu'au 19 de ce mois. Du 24 juillet 1789. — *Paris, Nyon, jeune in-8°.*

NOUVELLES, 9 juin 1793, l'an II de la République française. Arrêté du Conseil général du département du Morbihan, séance du 2 juin 1793, où étaient les citoyens Esnoult, président ; Le Febvrier, Le Tohic, Lucas fils, Danet aîné, Le Bouhellec fils, Boullé cadet, d'Haucour, Fages, Poussin, Dubodan, Dufeigna, Gaillard-Kerbertin, Lemerer, Boullé aîné, administrateurs ; Gaillard, procureur-général, syndic. (Protestation contre les événements du 31 mai. Le Conseil général considérant que les circonstances dans lesquelles se trouve la République nécessitent des mesures extraordinaires décrète la levée d'une force départementale.) — *Paris, Bibliothèque nationale.*

ŒUVRES ORATOIRES de Mirabeau.

ORGANISATION (de l') des Assemblées provinciales, de département, et municipales. — *Versailles, Beaudoin, 1789.*

PÉTITION de plusieurs chefs d'atelier et ouvriers de Nantes pour la nomination de députés ouvriers. — *Nantes, imp. de V. M. 1848, in-f°.*

PHELIPPES, DIT TRONJOLLY, accusé détenu, ex-président des tribunaux criminel et révolutionnaire de la Loire-Inférieure, à la Convention nationale, à la République française et à ses juges, 11 fructidor 1794. *Paris, Bibliothèque nationale.*

PRINCIPAUX JOURNAUX parus successivement depuis 1789 jusqu'à nos jours : *Constitutionnel, Débats, Moniteur, Phare-de-la-Loire, Siècle, etc., etc.*

PROCÈS-VERBAL de l'Assemblée de la Bretagne et de l'Anjou, tenue à Pontivy, les 15 et autres jours de février 1790. — *Paris, Desenne, 1790.*

PROCÈS-VERBAL des événements de Pluméliau et de Pontivy, 14 et 15 mars 1793. — *Archives communales de Pontivy.*

PROCÈS-VERBAL des séances tenues par les Jeunes Citoyens de Bretagne et d'Anjou, extraordinairement assemblés en la ville de Pontivy, le 15 janvier 1790 (jusqu'au 19) suivi de la correspondance de l'Assemblée. — *Imp. Baudoin.*

PROCÈS-VERBAUX des séances du gouvernement de la Défense nationale.

PROCLAMATION DU GÉNÉRAL HOCHE aux paysans

bretons. Au quartier général des Côtes de l'Océan, à Rennes, le 19 germinal, 4e année républicaine. — *Le Mans, imp. de Picron.*

RAPPORT fait au comité féodal sur les usements de la Basse-Bretagne, avec projet de décret sur les domaines congéables, par M. Baudouin de Maisonblanche, député de Lannion et Morlaix, à l'Assemblée nationale. — *Paris, imp. nationale.*

RENNES (de) A BREST ET A SAINT-MALO par M. Pol de Courcy. — *Paris, Hachette et Cie.*

RÉUNION DE CITOYENS, membres de l'Université, au sujet de la liberté d'enseignement. Signé : F. Laferrière président ; Le Goff, secrétaire, 17 mars 1848. — *Rennes, imp. de A. Marteville et Lefas, in-4°*

ETC. ETC.

FIN.

TABLE DES MATIÈRES

FIN DE LA TABLE.

www.ingramcontent.com/pod-product-compliance
Ingram Content Group UK Ltd.
Pitfield, Milton Keynes, MK11 3LW, UK
UKHW020154250726
13967UKWH00003B/1051

9 782012 887527